谨以此书献给
中国共产党成立 100 周年

国家出版基金项目
NATIONAL PUBLICATION FOUNDATION

中国共产党百年教育史研究丛书

丛书主编：吴德刚

中国共产党教育方针百年历史研究

中国教育科学研究院　著

教育科学出版社
中共党史出版社
·北 京·

出 版 人　李　东
责任编辑　刘明堂　何　蕴　张玉荣
版式设计　郝晓红
责任校对　马明辉
责任印制　叶小峰

图书在版编目（CIP）数据

中国共产党教育方针百年历史研究／中国教育科学
研究院著. —北京：教育科学出版社：中共党史出版
社，2021.9（2023.9重印）
（中国共产党百年教育史研究丛书／吴德刚主编）
ISBN 978-7-5191-2782-4

Ⅰ.①中…　Ⅱ.①中…　Ⅲ.①中国共产党—教育思想
—思想史—研究　Ⅳ.①G40-092

中国版本图书馆CIP数据核字（2021）第195179号

中国共产党百年教育史研究丛书
中国共产党教育方针百年历史研究
ZHONGGUO GONGCHANDANG JIAOYU FANGZHEN BAINIAN LISHI YANJIU

出 版 发 行	教育科学出版社　中共党史出版社			
社　　　址	北京·朝阳区安慧北里安园甲9号	**邮　　编**	100101
总编室电话	010-64981290	**编辑部电话**	010-64989421
出版部电话	010-64989487	**市场部电话**	010-64989009
传　　　真	010-64891796	**网　　址**	http://www.esph.com.cn
经　　　销	各地新华书店		
制　　　作	北京京久科创文化有限公司		
印　　　刷	唐山玺诚印务有限公司		
开　　　本	720毫米×1020毫米　1/16	**版　　次**	2021年9月第1版
印　　　张	25.5	**印　　次**	2023年9月第3次印刷
字　　　数	279千	**定　　价**	79.00元

图书出现印装质量问题，本社负责调换。

本书编委会

主　任：崔保师　　殷长春

编　委：史习琳　马　涛　刘建丰　刘贵华　于发友

编写组成员

吴安春　储朝晖　姚宏杰　徐卫红　王晓燕　程方平

刘巧利　黄晓磊　李　洋　陈金芳　金紫薇　万作芳

郭元婕　杨志娟　傅海燕　高正亮　杨　阳　王　军

王　涛

目 录

第一编 新民主主义革命时期的教育方针

第二编　社会主义革命和建设时期的教育方针

第三编　改革开放和社会主义现代化建设新时期的教育方针

第四编　中国特色社会主义进入新时代的教育方针

导　论

2021 年是中国共产党成立一百周年。一百年来，在中国共产党的领导下，中国教育取得了举世瞩目的辉煌成就。在艰苦卓绝的新民主主义革命中，中国教育焕发了新生；在恢宏伟大的社会主义建设中，中国教育为提高人民科学文化素质，维护和发展劳动人民受教育权作出了历史性贡献；在波澜壮阔的改革开放和中国特色社会主义建设中，中国教育为社会主义现代化建设培养了大量人才；进入新时代，开启了加快推进教育现代化、建设教育强国、办好人民满意的教育的新征程。在百年教育发展历程中，教育方针从根本上指导中国教育事业的发展，集中体现了党的教育思想主张和行动纲领。

一、研究中国共产党教育方针的重要意义

中国共产党的教育方针是党的理论和路线方针政策在教育领域的集中体现，是党在革命、建设和改革开放各个历史时期，根据党在该历史时期的工作重心和党的事业根本需要，把握社会发展和人

的发展要求，在教育方面确立的具有战略意义的工作总方向，是党领导整个教育事业发展与改革的基本方略的总概括，在教育事业发展中具有根本性地位和作用，是中国共产党创造的弥足珍贵的教育理论财富。

党的教育方针明确了教育"培养什么人，怎样培养人，为谁培养人"等全局性和根本性的重大理论与实践问题。

确定了"培养什么人"的教育内涵

一百年来，中国共产党对"培养什么人"的问题的认识历经曲折，但在总体目标上具有高度的一致性和延续性。从新民主主义革命时期的唤醒民众、培养干部到新中国成立初期的民族的、科学的、大众的文化教育；从社会主义改造和过渡时期的"有社会主义觉悟的有文化的劳动者"到改革开放起步和全面展开时期的"德智体全面发展，又红又专"的人；从改革开放全面深化时期的"德智体等方面全面发展的社会主义事业的建设者和接班人"到党的十八大提出的"德智体美全面发展的社会主义建设者和接班人"，再到党的十九大提出的"德智体美劳全面发展的社会主义建设者和接班人"，中国共产党对"培养什么人"的认识不断明晰。在不同时期"培养什么人"的表述有所差别，但其核心要义和精髓都是强调人才培养的马克思主义价值取向，体现了党领导教育事业的不变初心和坚定信心。

指出了"怎样培养人"的教育实践路径

新民主主义革命时期中国共产党就提出"教育必须与劳动紧密结合"，在实践中广泛开展工农教育，开展各种形式的群众教育和劳动教育。在中华人民共和国成立初期及社会主义建设时期，中国共产党再次强调"教育与生产劳动相结合"。党的十一届三中全会以后，提出"知识分子与工人农民相结合，脑力劳动与体力劳动相结合"的方针。为适应全面建设小康社会的新形势、新任务以及知识经济时代对人的素质要求，在强调与生产劳动结合的基础上，进一步提出教育要与社会实践结合。2017年，党的十九大强调，"落实立德树人根本任务，发展素质教育，推进教育公平"①。

　　明确了"为谁培养人"的方向

　　为党育人、为国育才，为人民服务是党的教育方针的根本要求。虽然在不同时期面临不同的历史任务，但党的教育方针的根本要求始终未变，体现出为革命、建设、改革等特定历史任务服务的方向；体现为提高国民素质，为国家富强、民族兴旺培养人才，办人民满意的教育。革命时期，中国共产党根据革命和建设实际，提出教育"为革命战争与阶级斗争服务"；全民族抗战时期，提出教育"造就一大批为民族解放而斗争到底的先锋队"②；中华人民共和国成立后，提出培养为"人民服务"的"建设人才"③；在社会主义改造和过渡时期，提出培养"有社会主义觉悟的有文化的劳动

---

① 《决胜全面建成小康社会 夺取新时代中国特色社会主义伟大胜利——在中国共产党第十九次全国代表大会上的报告》，人民出版社2017年版，第45页。

② 中共中央文献研究室编：《毛泽东文集》第二卷，人民出版社1993年版，第42页。

③ 何东昌主编：《中华人民共和国重要教育文献（1949—1975）》，海南出版社1998年版，第1页。

者"①；党的十一届三中全会后，党和国家的工作重心转向经济建设，1981 年党的十一届六中全会通过的《关于建国以来党的若干历史问题的决议》明确指出培养"又红又专"的人。1995 年《中华人民共和国教育法》明确提出培养社会主义事业的建设者和接班人。党的十六大提出"坚持教育为社会主义现代化建设服务，为人民服务"②。2019 年 3 月 18 日，习近平总书记在学校思想政治理论课教师座谈会上强调要"坚持教育为人民服务、为中国共产党治国理政服务、为巩固和发展中国特色社会主义制度服务、为改革开放和社会主义现代化建设服务"。

中国共产党成立之初即与文化教育有着天然的联系，中国共产党的早期成员从马列主义经典著作中获得先进教育理念，并结合实践加以发展，其成果成为后来党的教育方针的理论源头。历史是最好的教科书，教育方针研究对于党和国家的教育战略的研究具有重大的现实意义，对于理解党在马列主义理论指导下的教育探索具有重要的理论意义，对于研究中国共产党一百年奋斗历程具有极高的历史价值。

教育方针研究的现实意义在于深入推进教育现代化，加快建设教育强国

习近平总书记在庆祝中国共产党成立一百周年大会上的讲话中庄严指出："党的十八大以来，中国特色社会主义进入新时代，我

---

① 中共中央文献研究室编：《毛泽东文集》第七卷，人民出版社 1999 年版，第 226 页。

② 《江泽民文选》第三卷，人民出版社 2006 年版，第 560 页。

们坚持和加强党的全面领导，统筹推进'五位一体'总体布局、协调推进'四个全面'战略布局，坚持和完善中国特色社会主义制度、推进国家治理体系和治理能力现代化，坚持依规治党、形成比较完善的党内法规体系，战胜一系列重大风险挑战，实现第一个百年奋斗目标，明确实现第二个百年奋斗目标的战略安排，党和国家事业取得历史性成就、发生历史性变革，为实现中华民族伟大复兴提供了更为完善的制度保证、更为坚实的物质基础、更为主动的精神力量。中国共产党和中国人民以英勇顽强的奋斗向世界庄严宣告，中华民族迎来了从站起来、富起来到强起来的伟大飞跃，实现中华民族伟大复兴进入了不可逆转的历史进程！"①党对教育事业发展也作出一系列战略部署。习近平总书记高度重视和关心教育工作，就教育改革和发展作出重要论述，指出教育是国之大计、党之大计，并强调要全面贯彻党的教育方针，坚持优先发展教育事业，为党育人、为国育才，为实现教育现代化、建设高质量教育体系、加快建设教育强国，培养担当民族复兴大任的时代新人。

我国当前正在稳步实现 2018 年全国教育大会所确定的教育现代化目标，逐步推进教育治理体系与治理能力现代化，增强教育改革的系统性、整体性、协同性；优化教育结构、学科专业结构、人才培养结构，完善全民终身学习推进机制；聚焦国家战略需要，立足服务国家区域发展战略，优化区域教育资源配置，加快形成点线面结合、东中西呼应的教育发展空间格局，提升教育服务区域发展战略水平。

---

① 《在庆祝中国共产党成立 100 周年大会上的讲话》，人民出版社 2021 年版，第 6–7 页。

教育方针研究的理论意义在于加强马克思主义教育理论研究，丰富完善中国特色社会主义教育理论体系

党的教育方针是中国共产党在不同历史时期对马克思主义教育理论不断研究所获得的认识结晶，是对马克思主义"人的全面发展"理论运用于教育实践的经验总结。对党的教育方针的历史的研究不仅是对马克思主义教育中国化的研究，也是对中国特色社会主义教育理论体系的研究。

在党的坚强领导下，全面贯彻党的教育方针，坚持马克思主义指导地位，坚持中国特色社会主义教育发展道路，坚持社会主义办学方向，立足基本国情，遵循教育规律，坚持改革创新，以凝聚人心、完善人格、开发人力、培育人才、造福人民为工作目标，培养德智体美劳全面发展的社会主义建设者和接班人，加快推进教育现代化、建设教育强国、办好人民满意的教育，离不开对教育方针的深刻认识和准确把握，必须不断总结教育实践经验，丰富和发展马克思主义教育理论，推进中国特色教育理论的完善。

在新时代，提高教育质量与实现教育公平的诉求日益强烈，提高教育效率的需求与之相伴随，应处理好各种诉求与各种矛盾，确保教育的人民性。为了更好地坚持社会主义办学方向，把立德树人作为教育的根本任务，坚持用习近平新时代中国特色社会主义思想武装全党、教育人民，发挥教育在培育和践行社会主义核心价值观中的重要作用，有必要对中国共产党在各个历史时期的教育方针进行系统梳理、深入分析、全面研究，以完整地理解党的教育方针，提高理论认识，明晰初心。

教育方针研究的历史意义在于做好党的教育方针的存史工作

党的十九届五中全会通过的《中共中央关于制定国民经济和社会发展第十四个五年规划和二〇三五年远景目标的建议》明确提出，要"推动理想信念教育常态化制度化，加强党史、新中国史、改革开放史、社会主义发展史教育"，党的教育方针是"四史"教育的重要内容。

研究党的教育方针是做好存史工作的需要。受多重因素的影响，党的教育方针的研究不多，高质量的研究少见，权威性不足，缺少完整、系统的研究。

在中国共产党成立一百周年之际，通过对历史文献的系统搜集、整理、分析，完整呈现不同历史时期党对教育方针的表述，探明其深刻内涵，明晰历史变化的轨迹，找准历史坐标定位，是党史和教育史交叉研究的一项重大的历史任务。

二、研究中国共产党教育方针的指导思想和研究方法

本研究为基于史实的专题研究。依据历史文献梳理出中国共产党在各个时期关于教育方针的表述，尽可能完整呈现其历史背景，深入准确分析其内涵，还原各历史时期在教育方针指导下的主要实践，并从中提炼出经验和启示。

本研究主要采用文献研究法，组织专业人员系统搜集了一百年来与党的教育方针相关的历史文献，认真研读、分类，进行多种资

料的相互印证、分析，以使表述尽可能接近历史原本。

本研究通过全面系统搜集史料，实事求是地准确记载和全面反映、深入认识和分析教育方针的历史变化，提供历史借鉴和启示，尽可能为社会提供可信、可取的信息，既充分反映党在革命、建设、改革不同时期教育工作中取得的伟大成就和积累的宝贵经验，又正确对待党在前进道路上经历的失误和曲折，对有代表性的历史虚无主义观点以富有说服力的历史事实予以批驳。

本研究遵循以下原则。

坚持马克思主义指导

本研究坚持以马克思列宁主义、毛泽东思想、邓小平理论、"三个代表"重要思想、科学发展观和习近平新时代中国特色社会主义思想为指导。运用历史唯物主义和辩证唯物主义世界观，采取史论结合、理论联系实际的方法。

研究党的教育方针具有鲜明党性，承担着政治和学术双重使命，必须深刻领会习近平总书记有关党史与教育方面重要讲话精神，把党和人民放在最高位置，牢牢把握正确的政治方向，严格依据党的相关历史决议及文献表述事实和观点；同时也要弘扬专业精神，以期实现在"史实"基础上明晰"史是"，做经得起党性标准、专业标准和时间检验的研究。

坚持理论与实践相结合

在教育方针研究领域，历史现象纷繁复杂，相关文献浩繁，各种观点纷呈。既要全面客观，尽可能真实地再现历史；又要辩证分析，运用改革开放以来积累的政治经验与学术资源对历史进行重新审视、分析、探索，进而形成新认识、得出新结论。特别是以习近平新时代中国特色社会主义思想为指导，以党中央关于历史问题的最新认识作为评价依据，充分运用新的思想、新的研究方法，统一理论逻辑和历史逻辑，深化认识、总结经验、揭示规律。

在呈现历史时，首先注重把"怎么说"写清楚。出于多种原因，各个时期党的教育方针出现过不同情境下表述的文字差异、重点不同、语气变化，本研究尽可能筛选出其中最准确、最权威的表述，并尽可能准确阐述这些表述的科学内涵、精神实质。为了更加完整地理解"怎么说"，本研究比较完整地概述了各个时期教育方针指导下的主要实践，也就是"怎么做"，两者可相互印证，使中国共产党一百年的教育方针与各时期教育方针指导下的一系列教育活动组成历史画卷，更鲜活地展现党的教育思想理论与教育事业的发展过程，更丰满地呈现党领导人民贯彻落实党的教育方针政策和决策部署、不断发展教育事业的历史过程，更好地体现出历史发展的完整性、生动性。

坚持现象与本质相统一

关于党的教育方针存在一些历史问题的争议，一些观点更偏重于现象，另一些观点更偏重于本质，未能恰当地将现象与本质相统一来观察、分析问题。

本研究尽可能在全面占有资料的基础上，分析各种观点的偏颇所在，透过现象看本质，依据本质更为准确地阐释和表述现象。既不忽视各种个别的、具体的、多样的现象，又不拘泥于孤立的现象本身，在分析、比较各种现象的基础上更准确地把握一般的、共同的、根本性的、内在的本质；再从本质出发辨别现象真伪，慎重对待、处理、阐释与本质不一致的现象。特别是对不同阶段的教育方针表述变化，在看清其相对稳定不变的本质的基础上进行分析和讨论。

坚持尊重历史与服务现实相统一

完整陈述党的教育方针发展历史是本研究的基本目标，考虑到党的教育方针是党史和教育史研究的薄弱领域，甚至在一些问题上还存在长期未能澄清的误解或未能解决的突出问题，本研究更加注重资料的完整性，尽可能从理论高度对历史作陈述。回顾过去的时候又紧紧围绕党在现阶段的奋斗目标和教育现代化的中心任务来选择史料、立论，以更好地服务党和政府正在推进的教育现代化。

本研究从理论与实践两个方面全程全景勾勒出党的百年教育方针演变历史的整体轮廓和关键节点。研究团队认真学习贯彻习近平总书记在党史学习教育动员大会上的讲话精神，坚持把《中国共产党简史》（2021 年版）、《中国共产党历史》（第一卷、第二卷）、《中国共产党的九十年》等党史权威著作以及中国教育科学研究院（原中央教育科学研究所）在教育方针方面的已有著作作为重要依据和基本参考，吸纳其中精华和有益成分，并邀请院外专家提出宝贵的修改意见，进行了多次、反复、大范围的讨论。

三、研究中国共产党教育方针的历史分期和重点

中国共产党成立后不同时期所确定的教育方针的阶段性特征明

显，同时又具有延续性。不同的历史时期有不同的教育方针表述，同一个历史时期因形势需要强调某个方面，教育方针的表述也会有所不同，后一阶段的教育方针是前一阶段的教育方针的调整和深化。

本研究有两个重要成果：一是明确教育方针的历史分期与党史分期基本吻合，党的教育方针始终与相应时期党的中心任务、战略目标相适应；二是将党的教育方针分为四个时期，即新民主主义革命时期、社会主义革命和建设时期、改革开放和社会主义现代化建设新时期、中国特色社会主义进入新时代。

新民主主义革命时期的教育方针

新民主主义革命时期的教育方针包括苏区的文化教育总方针、全民族抗战和解放战争时期的文化教育总方针。

1921 年 7 月，中国共产党正式成立，这是开天辟地的大事变。1927 年以后，中国共产党领导建立红色根据地，成立苏维埃政府。1934 年 1 月，毛泽东总结概括各革命根据地的教育经验，在第二次全国苏维埃代表大会上提出，苏维埃文化教育的总方针"在于以共产主义的精神来教育广大的劳苦民众，在于使文化教育为革命战争与阶级斗争服务，在于使教育与劳动联系起来，在于使广大中国民众都成为享受文明幸福的人"①。在这一方针的指引下，苏区克服各种困难，探索和发展适合当时革命战争和苏维埃建设实际需要的新的教育体制，开展教育实践，取得了巨大的成就，有力地推动了革命斗争的发展。

---

① 《苏维埃中国》，中国现代史资料编辑委员会 1957 年翻印本，第 285 页。

全民族抗战开始后，在中华民族面临生死存亡的危急关头，中国共产党高举抗日民族统一战线旗帜，实行抗战教育政策，使教育为抗日战争服务。1940年，毛泽东发表《新民主主义论》，提出民族的、科学的、大众的新民主主义文化教育的总方针。① 新民主主义教育方针继承了苏维埃教育方针的精神，对于各抗日根据地、解放区的教育实践产生了深刻的影响。解放战争时期，解放区继续实行新民主主义教育方针。新中国成立前夕，《中国人民政治协商会议共同纲领》规定，"中华人民共和国的文化教育为新民主主义的，即民族的、科学的、大众的文化教育"②。这一方针被确立为新中国成立初期教育改革和建设的指导方针，为新中国教育的顺利起步和发展打下了坚实的基础。

社会主义革命和建设时期的教育方针

社会主义革命和建设时期的教育方针包括社会主义改造和过渡时期的教育方针与社会主义建设时期的教育方针。

新中国成立初期，我国开始探索社会主义教育方针。《中国人民政治协商会议共同纲领》和第一次全国教育工作会议确立的教育方针仍然沿用的是民族的、科学的、大众的新民主主义教育方针。经过不断探索和总结，毛泽东于1957年在《关于正确处理人民内部矛盾的问题》一文中提出，"我们的教育方针，应该使受教育者在德育、智育、体育几方面都得到发展，成为有社会主义觉悟的有

---

① 《毛泽东选集》第二卷，人民出版社1991年版，第706—709页。
② 何东昌主编：《中华人民共和国重要教育文献（1949—1975）》，海南出版社1998年版，第1页。

文化的劳动者"①。这是党的教育方针的经典表述，这一方针重点强调培养"德育、智育、体育几方面都得到发展"和"有社会主义觉悟的有文化的劳动者"，成为社会主义改造和过渡时期教育方针的基本遵循，为党的教育事业的发展奠定了坚实的基础。

社会主义制度基本建立后，中国共产党领导全国各族人民进行全面的大规模的社会主义建设，对适合中国国情的社会主义建设道路进行了艰辛探索。继 1957 年毛泽东提出的教育方针之后，由于国内外形势的变化，中共中央、国务院于 1958 年 9 月 19 日发布的《关于教育工作的指示》提出："党的教育工作方针，是教育为无产阶级的政治服务，教育与生产劳动结合。为了实现这个方针，教育工作必须由党来领导。"② 这成为社会主义建设时期的教育方针。

改革开放和社会主义现代化建设新时期的教育方针

改革开放和社会主义现代化建设新时期的教育方针分为改革开放起步和全面展开时期的教育方针、改革开放全面深化时期的教育方针。

党的十一届三中全会标志着我国进入了改革开放和社会主义现代化建设新时期，明确党和国家的工作重点转移到社会主义现代化建设上来，教育从"为无产阶级的政治服务"转变为"为社会主义建设服务"。

改革开放起步和全面展开时期，党中央对教育的认识不断深

① 中共中央文献研究室编：《毛泽东文集》第七卷，人民出版社 1999 年版，第 226 页。

② 何东昌主编：《中华人民共和国重要教育文献（1949—1975）》，海南出版社 1998 年版，第 859 页。

化。其中，具有里程碑意义的是 1981 年党的十一届六中全会通过的《关于建国以来党的若干历史问题的决议》明确提出的"坚持德智体全面发展、又红又专、知识分子与工人农民相结合、脑力劳动与体力劳动相结合的教育方针"①。这一教育方针以"全面发展""又红又专"和两个"相结合"为关键词，辩证地吸收了 1957 年和 1958 年教育方针的精华，是党的教育方针在改革开放和社会主义现代化建设新时期的创新与发展。这标志着在拨乱反正后党的教育方针得到了重新阐释和发展。在党的教育方针的指引下，教育事业得到全面恢复和快速发展，为社会主义现代化建设培养了大批的建设者和接班人。

在改革开放全面深化时期，党的教育方针不断丰富和完善，推动了教育改革不断深化。1995 年 3 月，八届全国人大三次会议通过《中华人民共和国教育法》，将党的教育方针以法律形式作了明确规定，即"教育必须为社会主义现代化建设服务，必须与生产劳动相结合，培养德、智、体等方面全面发展的社会主义事业的建设者和接班人"②。与以往相比，这一教育方针不同之处在于，明确提出"教育必须为社会主义现代化建设服务"，并首次以法律形式正式提出培养"社会主义事业的建设者和接班人"。此后，党的十五大、十六大、十七大提出的教育方针均以此为基础进行补充、丰富和发展。在这一教育方针的指引下，各项教育改革稳步推进，为开拓新世纪教育工作的新局面作出了卓越贡献。

---

① 中共中央文献研究室编：《三中全会以来重要文献选编》下，人民出版社 1982 年版，第 842 页。

② 何东昌主编：《中华人民共和国重要教育文献（1991—1997）》，海南出版社 1998 年版，第 3790 页。

中国特色社会主义进入新时代的教育方针

中国特色社会主义进入新时代，党的教育方针取得了创新性发展和深化发展。

党的十八大提出，"全面贯彻党的教育方针，坚持教育为社会主义现代化建设服务、为人民服务，把立德树人作为教育的根本任务，培养德智体美全面发展的社会主义建设者和接班人"[①]。与改革开放全面深化时期党的教育方针相比，这一时期党的教育方针的内涵更加突出把立德树人作为教育的根本任务并确立下来。2015 年12 月修订的《中华人民共和国教育法》规定，"教育必须为社会主义现代化建设服务、为人民服务，必须与生产劳动和社会实践相结合，培养德、智、体、美等方面全面发展的社会主义建设者和接班人"[②]，增加了为人民服务、社会实践和美育等方面的要求。在党的教育方针指引下，我国教育取得了全方位、开创性的历史成就，为经济发展、社会进步和民生改善作出了重要贡献。新时代教育方针取得了创新性发展。

2017 年，党的十九大胜利召开。在全面建成小康社会决胜阶段、中国特色社会主义进入新时代的关键时期，党的教育方针进一步得到深化发展。2018 年 9 月 10 日，全国教育大会在北京召开，会议首次提出德智体美劳"五育并举"的教育要求，并用"九个坚持"梳理概括了党的十八大以来习近平总书记关于教育的重要论

[①] 《坚定不移沿着中国特色社会主义道路前进　为全面建成小康社会而奋斗——在中国共产党第十八次全国代表大会上的报告》，人民出版社 2012 年版，第 35 页。

[②] 《中华人民共和国教育法》，中国法制出版社 2016 年版，第 8 页。

述，形成了系统完整的新时代中国特色社会主义教育理论体系，标志着中国共产党对教育规律的认识达到了新高度。2019 年 3 月 18 日，习近平总书记在主持召开学校思想政治理论课教师座谈会上发表重要讲话，强调落实立德树人根本任务，培养担当民族复兴大任的时代新人，培养德智体美劳全面发展的社会主义建设者和接班人，进一步拓展了新时代党的教育方针的内涵。2021 年 4 月修订的《中华人民共和国教育法》第五条提出，"教育必须为社会主义现代化建设服务、为人民服务，必须与生产劳动和社会实践相结合，培养德智体美劳全面发展的社会主义建设者和接班人"，首次以法律形式把劳动教育纳入党的教育方针，依法治教，推进学校重视劳动教育。在新的教育方针的指引下，中国特色社会主义教育制度体系的主体框架基本确立，教育面貌正在发生格局性变化，为如期全面建成小康社会提供了重要支撑。

中国共产党教育方针经过百年历练，日臻完善。回望历史是为了不忘初心，更是为了百尺竿头更进一步、再创辉煌。

第一编

新民主主义革命时期的教育方针

1919 年爆发的五四运动是新民主主义革命的伟大开端。十月革命一声炮响，给中国送来了马克思列宁主义。1921 年 7 月，中国共产党正式成立，这是开天辟地的大事变。中国共产党早期组织起草的《中国共产党宣言》指出，"共产主义者的目的是要按照共产主义者的理想，创造一个新的社会"①。为此，要通过革命的阶级斗争，推翻资产阶级政权，建立无产阶级专政。1927 年 8 月，中国共产党开始独立领导武装革命，实行工农武装割据，建立苏维埃政权，开展土地革命。1934 年 1 月，毛泽东总结概括各革命根据地的教育经验，在第二次全国苏维埃代表大会上提出，苏维埃文化教育的总方针"在于以共产主义的精神来教育广大的劳苦民众，在于使文化教育为革命战争与阶级斗争服务，在于使教育与劳动联系

① 中央档案馆编：《中共中央文件选集》第一册（一九二一——一九二五），中共中央党校出版社 1989 年版，第 548 页。

起来，在于使广大中国民众都成为享受文明幸福的人"①。在这一方针的指引下，苏区克服各种困难，探索和发展适合当时革命战争和苏维埃建设实际需要的新的教育体制，开展教育实践，取得了巨大的成就，有力地推动了革命斗争的发展。

全面抗战时期，中国共产党总结历史经验，在马克思主义教育理论中国化上取得了重大的理论成果，形成了新民主主义教育理论。民族的、科学的、大众的新民主主义教育方针继承了苏维埃教育方针的精神，对于各抗日根据地、解放区的教育实践产生了深刻的影响。在党的领导下，根据地和解放区教育在教育制度、教育内容和教育方法等方面大胆改革、不断创造，有力推动了人民教育事业的发展，培养了大批革命干部和知识分子，为抗战胜利和新民主主义革命胜利作出了重要贡献。新中国成立前夕，新民主主义教育方针被确立为新中国成立初期教育改革和建设的指导方针，为新中国教育的顺利起步和发展打下了坚实的基础。

---

① 《苏维埃中国》，中国现代史资料编辑委员会 1957 年翻印本，第 285 页。

第一章
苏区的文化教育总方针

　　1921 年 7 月，中国共产党成立。从一大到六大，党先后提出了不同的教育纲领。1927 年后，中国共产党领导建立红色根据地，成立苏维埃政府。苏区从无到有，从小到大，由少到多，党的教育方针也随之发展和完善起来。最初，各个根据地为了推动教育的发展，从斗争的实际出发，制定了各自的教育方针和政策，为制定中华苏维埃共和国文化教育的总方针提供了依据和经验。1934 年 1 月，在中华苏维埃共和国第二次全国苏维埃代表大会上，毛泽东作了《中华苏维埃共和国中央执行委员会与人民委员会对第二次全国苏维埃代表大会的报告》，正式提出，苏维埃文化教育的总方针"在于以共产主义的精神来教育广大的劳苦民众，在于使文化教育为革命战争与阶级斗争服务，在于使教育与劳动联系起来，在于使广大中国民众都成为享受文明幸福的人"[①]；其中心任务"是厉行全部的义务教育，是发展广泛的社会教育，是努力扫除文盲，是创造大批领导斗争的高级干部"[②]。在这一方针的指引下，苏区的红军教育、干部教育、社会教育、普通教育都得到积极发展，呈现出朝气

---

① 《苏维埃中国》，中国现代史资料编辑委员会 1957 年翻印本，第 285 页。
② 同①。

蓬勃的局面。这一方针具有非常鲜明的革命色彩，在我国新民主主义教育史上具有重要的历史意义。

一、历史背景

中国是一个历史悠久的东方大国。中国人民以自己的勤劳和智慧，创造出辉煌灿烂的古代文明，为人类的发展作出了重大贡献。从 1840 年鸦片战争开始，中国逐渐丧失独立的地位，沦为半殖民地半封建国家。中国人民进行了一系列反对外国帝国主义和本国封建统治的不屈不挠的斗争。五四运动以后，中国革命从旧民主主义革命转变为新民主主义革命，在中国共产党的领导下，教育的任务是提高工农的革命觉悟，为反帝反封建的政治斗争服务，为土地革命战争服务，为创造苏区新文化服务，为培养具有共产主义理想的共产主义者服务。

（一）反帝反封建的政治斗争要求教育提高工农大众的觉悟

"认清中国的国情，乃是认清一切革命问题的基本的根据。"①

自鸦片战争失败时起，中国逐步沦为半殖民地半封建社会，民族文化受到严重摧残，科学技术极端落后。为了改变这种状况，一些有识之士曾设想过文化教育改革的种种方案，但和他们政治上的改革一样，这些方案最后都失败了。在旧民主主义革命期间，孙中山曾试图解决这个问题，也没能成功。直到五四运动期间，中国无

---

① 《毛泽东选集》第二卷，人民出版社 1991 年版，第 633 页。

产阶级登上政治舞台，这个任务才历史地落到中国共产党的肩上。

五四运动是一次彻底的反对帝国主义、封建主义的爱国运动，中国从政治经济到文化教育都发生了深刻的变化，极大地推动了中国历史沿着民族解放与社会解放的道路前进。五四运动之所以产生如此大的影响，是与马克思主义的传播、资产阶级与无产阶级力量的发展分不开的。1914 年到 1918 年，第一次世界大战期间，西方帝国主义国家忙于战争，暂时放松了对中国的经济侵略，中国的民族资本主义经济得到了比较迅速的发展。与此相联系，中国的工人阶级和民族资产阶级的力量进一步壮大起来。1919 年五四运动前夕，中国产业工人已达 200 万人左右，成为一支日益重要的新兴社会力量。中国工人阶级深受帝国主义、资产阶级和封建势力三重压迫，具有坚决而彻底的革命性。但是，与资产阶级比较起来，中国工人阶级的文化水平较低，所以迫切需要通过教育来提高他们的文化知识水平和政治觉悟。这一时期，马克思主义在中国的传播以及中国工人阶级走上了历史舞台，为中国共产党的成立奠定了思想和组织基础。

1917 年，俄国发生了十月革命，对中国的工人阶级，特别是对先进的知识分子，产生了巨大的影响。毛泽东曾对当时的情况作这样的概括："中国人找到马克思主义，是经过俄国人介绍的。在十月革命以前，中国人不但不知道列宁、斯大林，也不知道马克思、恩格斯。十月革命一声炮响，给我们送来了马克思列宁主义。十月革命帮助了全世界的也帮助了中国的先进分子，用无产阶级的宇宙观作为观察国家命运的工具，重新考虑自己的问题。走俄国人的路——这就是结论。"①十月革命对中国产生的最大影响，就是给中国革命指出方向和道路。马克思主义给中国无产阶级提供了理论武器，而无产阶级为马克思主义理论提供了物质力量。由于这些情况的变化，五四运动以后，中国的革命虽然还是资产阶级民主革命性质，但已经由旧民主主义革命发展为新民主主义革命。革命的动力发生了很大的变化，革命的领导者已由资产阶级变为无产阶级。

早期共产党人认识到中国教育的革新必须以马克思主义为指导。1920年年底，毛泽东在回复萧子升、蔡和森的信中，对于蔡和森提出的"阶级战争——无产阶级专政"是"现世革命唯一制胜的方法"②，"表示深切的赞同"③，不赞成萧子升"主张温和的革命，以教育为工具的革命"④的意见。他认为"教育所以落在资本家手里"⑤，是因为他们掌握议会、政府、法律、军队和警察。如果无产阶级不夺取政权，"安能握得其教育权？"⑥马克思主义者坚持了革命救国的方向。他们把平民教育作为工人运动的一部分，通过平民学校宣传马克思主义，提高劳动群众的阶级觉悟与文化水平，树立推翻旧世界、创造新世界的革命理想。

1921年7月，中国共产党成立。从一大到六大，党的历次全国代表大会，针对教育为反帝反封建服务的任务，先后提出不同的教育纲领。

① 《毛泽东选集》第四卷，人民出版社1991年版，第1470-1471页。
② 中共中央文献研究室、中央档案馆编：《建党以来重要文献选编（一九二一——一九四九）》第一册，中央文献出版社2011年版，第448页。
③ 毛泽东：《致蔡和森等》，《毛泽东书信选集》，人民出版社1983年版，第8页。
④ 同③，第4页。
⑤ 同③，第5页。
⑥ 同③，第5页。

　　1921 年 7 月，中国共产党第一次全国代表大会通过中国共产党第一个决议。与教育相关的内容包括，在"工人组织"部分中规定："本党的基本任务是成立产业工会"，"党应在工会里灌输阶级斗争的精神"。在"工人学校"部分中规定："因工人学校是组织产业工会过程中的一个阶段，所以在一切产业部门均应成立这种学校"，"在这种学校里，除非常必要的情况外，不应教若干门不同的课程"，"学校管理处和校务委员会应完全由工人组成"，"党聘请的教员可以出席校务委员会的会议"，"工人学校应逐渐变成工人政党的中心机构，否则，这种学校就无需存在，可予以解散或改组"。并特别指出，"学校的基本方针是提高工人的觉悟，使他们认识到成立工会的必要"。在"工会组织的研究机构"部分中规定，"成立这种机构的主要目的，是教育工人，使他们在实践中去实现共产党的思想"。[①]这个决议中关于教育的内容，作为党对教育的纲领性指导意见，把教育同唤醒劳工参加革命斗争联系在一起，是同党在初创阶段发动广大劳工参加革命运动的中心任务紧密相关的。

　　1922 年 7 月，《中国共产党第二次全国代表大会宣言》规定了"中国共产党的任务及其目前的奋斗"，指出："中国共产党是中国无产阶级政党。他的目的是要组织无产阶级，用阶级斗争的手段，建立劳农专政的政治，铲除私有财产制度，渐次达到一个共产主义的社会。"[②]在具体奋斗目标的第七项"制定关于工人和农人以及妇女的法律"中明确提出了两条教育纲领："废除一切束缚女子的法律，女子在政治上、经济上、社会上、教育上一律亨〔享〕受平等

---

① 　中央档案馆编：《中共中央文件选集》第一册（一九二一——一九二五），中共中央党校出版社 1989 年版，第 6-7 页。
② 　同①，第 115 页。

权利","改良教育制度,实行教育普及"。① 这是作为反帝反封建的新民主主义革命纲领的组成部分而提出的。它把教育与要求民主平等、反对封建剥削和殖民统治、改善工人农民的生活等紧密联系起来;把教育当作革命斗争的一种武器,要求教育为民主革命的任务服务;把教育纲领作为制定关于工人、农民和妇女法律的内容而提出,为保证劳动人民接受平等的教育而"改良教育制度",把劳动人民当作"实行教育普及"的主要对象②。

1923 年 6 月,中国共产党第三次全国代表大会通过的《中国共产党党纲草案》提出:"实行义务教育,教育与宗教绝对分离。全国教育经费应严重保证。教员应享受年功加俸;到相当年龄应享受养老年金。"③其目的是要通过教育来推动"反对帝国主义和封建主义"的"民族解放之斗争"。在这些决议的推动下,在第一次国内革命战争时期,党领导下的职工教育、农民教育、妇女教育、士兵教育,特别是干部教育,有了很大的发展。

1927 年,中国共产党开展武装斗争,开始建立革命根据地,党的实践模式发生了根本性变化。党的教育方针内容更加具体化、实践化。同年 5 月,中国共产党第五次代表大会通过的《对于共产主义青年团工作决议案》指出,共产主义青年团"须要组织青年〈在〉农民协会之下,参加党所领导的土地革命建立农村政权的争斗,并发展农村中教育文化工作,在农民协会中设立青年工作部及

---

①　中央档案馆编:《中共中央文件选集》第一册(一九二一——一九二五),中共中央党校出版社 1989 年版,第 116 页。

②　郑登云编著:《中国近代教育史》,华东师范大学出版社 1994 年版,第 233 页。

③　同①,第 142 页。

团组"，"必须要继续争得童子团的领导，使广大的劳动儿童在共产主义的影响之下组织起来，教育成为无产阶级争斗的后备军"。共产主义青年团"应以为青年本身利益的争斗和文化体育等运动着手，引导青年群众参加党领导的一切政治争斗，这就是青年无产阶级的共产主义的革命教育"①。

1928 年 7 月，中国共产党第六次全国代表大会通过的《政治决议案》指出，目前党内的工作任务之一是"加紧党员群众的教育，增加他们的政治程度，有系统的宣传马克思列宁主义，研究中国革命过去几时期的经验"②。该决议案同时还指出，党在军事问题和士兵运动方面的任务之一是"最大限度的加紧工人和党员的武装训练"③。在随后召开的中国共产主义青年团第五次全国代表大会上通过的《教育宣传工作决议案》指出："对于团内一般不识字的同志可以组织平民学校性质的小组织或在支部中进行有组织的或者个别的训练，以消灭同志中不识字的现象，在苏维埃区域必须组织平民学校或夜校之类，教育一般青年劳动群众，教他们阅报及其他通俗政治书报，故此种学校同时又可作为政治宣传工作的一种帮

---

① 中央档案馆编：《中共中央文件选集》第三册（一九二七），中共中央党校出版社 1989 年版，第 91–92 页。"应以为青年本身利益的争斗"，在该书中为"应以习青年本身利益的争斗"，"为"误为"习"，文献依据是：本书编委会编：《红色历程——中国共产党从"一大"到"十七大"重大事件纪实》第二卷，中共中央党校出版社 2007 年版，第 657 页。

② 中央档案馆编：《中共中央文件选集》第四册（一九二八），中共中央党校出版社 1989 年版，第 320 页。

③ 同②，第 326 页。

助。"①1929 年 8 月，共青团五届二中全会通过的《教育宣传工作决议案》指出："加强土地革命，拥护红军准备武装暴动及苏维埃工农政权意义的宣传鼓动，向广大青年群众解释土地革命与苏维埃工农政权的内容及意义，说明中国革命的前途与准备武装暴动的重要，红军的作用及提高劳动青年群众志愿加入红军的志趣。""有系统的介绍马克思列宁主义及共产主义青年运动的基本理论与国际经验，提高一般同志注意理论武装的精神。"②

从一大到六大，党认为教育的根本性质是反帝反封建的；教育目标和内容是研究与宣传马克思主义，启发民众觉悟；教育的实现途径是通过创办报刊、组织社团活动、改革学校教育、组织革命青年勤工俭学或自学，以及举办工人补习学校等，建立反帝反封建的阵地，讲解革命道理，在建立政权的条件下发展民众的教育事业。

1928 年 10 月 5 日，在宁冈县步云山召开的中国共产党湘赣边界第二次代表大会上，毛泽东针对中共六大后的政治形势，对反帝反封建的革命动力作了科学的分析，再次强调了教育的重要性。他指出，"现在国民党新军阀的统治，依然是城市买办阶级和乡村豪绅阶级的统治，对外投降帝国主义，对内以新军阀代替旧军阀，对工农阶级的经济的剥削和政治的压迫比从前更加厉害"③。1928 年 11 月 25 日，毛泽东在写给中共中央的报告中分析革命性质问题时指出："中国现时确实还是处在资产阶级民权革命的阶段。中国彻底

---

① 中国新民主主义青年团中央委员会办公厅编：《中国青年运动历史资料1928》，1957 年版，第 174–175 页。

② 中国共产主义青年团中央委员会办公厅编：《中国青年运动历史资料 1929（7 月—12 月）》，1958 年版，第 176 页。

③ 《毛泽东选集》第一卷，人民出版社 1991 年版，第 47 页。

的民权主义革命的纲领，包括对外推翻帝国主义，求得彻底的民族解放；对内肃清买办阶级的在城市的势力，完成土地革命，消灭乡村的封建关系，推翻军阀政府。"①

在中国革命根据地和苏维埃政权建立起来后，中国共产党力求把马克思主义的普遍原理和中国革命的具体实际结合起来，结合革命总战略及教育实践，逐步形成了以反帝反封建为根本宗旨的新民主主义教育理论。中华苏维埃共和国成立后，中国共产党提出了苏区教育的总方针和中心任务，结束了中国长期以来存在的教育权为反动统治阶级所垄断、工农劳苦民众及其子女被排除于教育之外的历史，教育权由人民掌握，工农劳苦民众及其子女享有受教育的优先权，使得革命根据地的教育从此成为反帝反封建、解放劳动人民的重要武器。

（二）土地革命战争要求教育培养新型的劳动者和革命的中坚力量

马克思主义认为，经济决定政治，政治和文化现象是经济的反映，剖析历史事件必须首先把握当时社会的经济状况。五四运动前，中国的资本主义，包括民族资本主义和官僚资本主义，得到了快速发展，中国工人阶级迅速壮大。同时，社会上还存在大量的贫农和手工业工人。五四运动时期，中国约有1000万手工业工人、700多万雇农、2亿贫农，城乡无产者和半无产者合计约占当时全国人口半数以上。②五四运动以后，中国民主革命从旧民主主义革

---

① 《毛泽东选集》第一卷，人民出版社1991年版，第77页。

② 董纯才主编：《中国革命根据地教育史》第一卷，教育科学出版社1991年版，第3页。

命转变为新民主主义革命，工人阶级成为领导阶级。工人本身的阶级觉悟需要通过教育来提高。广大农民，特别是贫农和雇农，是工人阶级的天然同盟军，也需要通过教育来激发和引导他们的反抗精神与革命热情。

《中国共产党党纲草案》指出，中国农民占全中国人口 70% 以上。①一方面，封建土地所有制束缚了农村生产力的发展；另一方面，西方资本主义的经济入侵，使得中国农村原来自给自足的经济状态开始瓦解。农村的土地改革，成为新民主主义革命时期的一个重要问题。近代以来，中国农村土地兼并加剧，地权进一步集中，大量自耕农破产。随着地主对土地的激烈兼并和农民的不断失地破产，自耕农的数量明显减少。破产农民的土地，绝大部分落入了各类地主手中。②同时，商品经济的加速发展、地主贪欲的恶性膨胀，导致地租剥削的不断加重和佃农经济的进一步恶化。③

中国共产党领导的土地革命从改变农村的土地所有制出发，解决中国民主革命的根本问题，并使之成为胜利的重要保障。中国共产党从成立之日起，就把解决农民的土地问题列入议事日程。1920 年 11 月，《中国共产党宣言》指出，"共产主义者主张将生产工具——机器工厂，原料，土地，交通机关等——收归社会共有，社会共用"④。1921 年 7 月，中共一大明确提出，"消灭资本家私有制，

---

① 中央档案馆编：《中共中央文件选集》第一册（一九二一——一九二五），中共中央党校出版社 1989 年版，第 139 页。
② 汪敬虞主编：《中国近代经济史（1895—1927）》，人民出版社 2012 年版，第 793-794、796 页。
③ 同②，第 812 页。
④ 同①，第 547 页。

没收机器、土地、厂房和半成品等生产资料，归社会公有"①。1922
年 6 月 15 日，《中国共产党对于时局的主张》提出"没收军阀官僚
的财产，将他们的田地分给贫苦农民"②的政策，首次提出了给贫苦
农民分地的主张。1922 年 7 月，《中国共产党第二次全国大会宣言》
把农民划分为："（一）富足的农民地主；（二）独立耕种的小农；
（三）佃户和农业雇工"③。这是对中国农民阶级的初步分析，对农民
在中国革命中的作用进行了基本估计，同时提出了保障农民利益的
具体政策。1922 年 11 月，《中国共产党对于目前实际问题之计划》
分析了农民痛苦的原因以及解除农民痛苦的六条办法。④1923 年党
的三大通过的《中国共产党党纲草案》，对于农民在中国革命中的
地位以及关于农民利益的政策作了具体规定，提出了包括划一并减
轻田赋、革除陋规、规定限制田租的法律、承认佃农协会有议租权
等在内的保障农民利益和要求的政策措施。⑤

　　1924 年 11 月，中国共产党第四次发表对时局的主张，提出
"规定最高限度的租额，取消田赋正额以外的附加捐及陋规"⑥。1925
年 1 月，党的四大通过的《对于农民运动之决议案》对农民问题的
重要性以及党关于农民问题的方针政策与组织方法等作了系统阐述
和规定。1925 年 10 月，中共中央在北京召开第二次扩大执行委员

---

① 　中央档案馆编：《中共中央文件选集》第一册（一九二一——一九二五），
　　中共中央党校出版社 1989 年版，第 3 页。
② 　同①，第 45 页。
③ 　同①，第 113 页。
④ 　中共中央文献研究室、中央档案馆编：《建党以来重要文献选编（一九二一——
　　一九四九）》第一册，中央文献出版社 2011 版，第 198–199 页。
⑤ 　同①，第 142 页。
⑥ 　同①，第 307 页。

会会议，关于农民问题，在《中国现时的政局与共产党的职任议决案》中提出了"耕地农有"的口号，并指出，"我们现在所提出的过渡时期的农民要求"，如减租、减税等，"可以使农民革命化，可以组织农民起来，然而如果农民不得着他们最主要的要求——耕地农有，他们还是不能成为革命的拥护者"。①同年11月，《中国共产党告农民书》重申了"耕地农有"，并提出了农民自救的八条最低限度要求。②1926年3月，中共中央为贯彻中央特别会议精神，发出《中央通告第七十九号》，提出："这个会议，指出党在现时政治上主要的职任是从各方面准备广东政府的北伐；而北伐的政纲必须是以解决农民问题作主干。"③这把农民问题上升到决定中国革命成败的高度。1926年11月，中共中央政治局和共产国际代表联席会议拟出了《中国共产党关于农民政纲的草案》，政纲草案共九条，突出了农民政权和土地这两个根本问题。④这样，中国共产党的土地政策，既提出了实现"耕地农有"的目标，又指出了过渡时期减租、减税、减息的具体办法，同时把农民土地问题和大革命的成败联系起来，强调了农民政权和土地这些根本问题，达到了大革命时期中国共产党土地政策的最高水平。1928年年底，中国共产党在总结了湘赣边界一年来土地斗争经验的基础上，制定了《井冈山土地法》，规定"没收一切土地归苏维埃政府所有"，平均分配给

① 中央档案馆编：《中共中央文件选集》第一册（一九二一——一九二五），中共中央党校出版社1989年版，第462页。

② 中共中央党校党史教研室选编：《中共党史教学参考资料（二）第一次国内革命战争时期》，人民出版社1979年版，第171-177页。

③ 中央档案馆编：《中共中央文件选集》第二册（一九二六），中共中央党校出版社1989年版，第81页。

④ 同③，第434-437页。

农民耕种，土地经分配后"禁止买卖"。① 四个月后，《兴国县土地法》出台，纠正了《井冈山土地法》中没收一切土地的提法，规定只"没收一切公共土地及地主阶级的土地"②，但土地仍归苏维埃政府所有。1929 年 7 月，在毛泽东的具体指导和帮助下，中共闽西特委召开了闽西党的第一次代表大会，规定对大小地主区别对待，争取富农"中立"，团结中农，在土地分配上，采取以乡为单位，在原耕地基础上，用"抽多补少"的办法，按人口平均分配土地，等等。③1930 年 6 月，红四军前委和中共闽西特委在长汀召开联席会议，提出"应该于'抽多补少'之外还加上'抽肥补瘦'一个原则"④。到1930年年底前后，依靠贫农、雇农，联合中农，限制中立富农，保护中小工商业者，消灭地主阶级，变封建和半封建的土地所有制为农民土地所有制的土地革命路线，以及分配土地时，以乡为单位，在原耕地基础上，抽多补少、抽肥补瘦、按人口平均分配等重要的土地政策已经基本形成，为土地革命斗争的蓬勃发展提供了可靠的保证。土地问题的解决，极大地激发了广大农民的革命热情和生产积极性，壮大了红军队伍，发展了农业生产，巩固了革命根据地。

革命一方面要解决土地问题，一方面要教育农民。土地革命战争时期，以毛泽东同志为主要代表的中国共产党人逐步把党的工作重心由城市转向农村，开创了一条农村包围城市、武装夺取政权的

---

① 中国社会科学院经济研究所中国现代经济史组编：《第一、二次国内革命战争时期土地斗争史料选编》，人民出版社 1981 年版，第 267 页。
② 同①，第 277 页。
③ 同①，第 301–305 页。
④ 同①，第 408 页。

革命道路。这一时期，中国共产党接触的人民群体绝大部分是农民群众，因此，做好农民的教育工作，使之成为中国共产党领导土地革命中不可缺少的力量，显得极为重要。这一时期在教育内容上，主要是马克思主义理论教育、党的正确路线和方针政策教育、爱国主义和集体主义教育、科学文化知识教育等；在方式方法上，则是借助学校、报纸、刊物等载体，运用农民喜闻乐见的方式，在保障农民个人基本权益的基础上，引导他们正确处理现实与理想之间的关系。

瞿秋白在《在"八七"会议上的报告》中指出："七月十五日以前，我们参加政府还有由上面来帮助发展的条件，现已全国反动，现在主要的是要从土地革命中创造出新的力量来，我们的军队则完全是帮助土地革命。""农民要求暴动，各地还有许多武装，有这极好的机会，这极多的力量，我们必须要燃着爆发的火线，造成土地革命。"[1]他在《中国革命和农民运动的策略》中强调："中国革命的枢纽，是农民的土地革命。反对帝国主义的资产阶级民权革命里，无产阶级必须取得对农民群众的领导权。"[2]毛泽东则进一步对土地革命的重要性作了阐述，明确指出土地革命是民主革命的基本内容，因为没有土地革命或土地革命的政策不正确，得不到广大农民的支持，武装斗争就会失败。只有开展土地革命，消灭封建土地所有制，才能最广泛地发动和组织农民参加武装斗争，为保卫土地革命的成果、维护自己的生存而战。

土地革命战争必须发动组织农民，但在这一过程中，必须加强

---

① 《瞿秋白文集：政治理论编》第五卷，人民出版社 2013 年版，第 2-3 页。
② 《瞿秋白文集：政治理论编》第六卷，人民出版社 2013 年版，第 544 页。

宣传教育。1928年，《农民运动决议案》明确指出："工人阶级在农民中领导的巩固，是土地革命胜利的先决条件。农民运动与工人运动密切的联系，与巩固工人阶级与共产党在农民运动中思想上与组织上的领导，是土地革命胜利的先决条件。"①1929年4月24日，《中共中央关于湖北问题决议案》指出："农村工作的路线是发展农村中的斗争，在斗争中组织农民。……过去农村中很少做宣传工作，这也是一个缺点，对农民而没有宣传教育工作，则农民的意识将不能接受无产阶级的领导。"②毛泽东在总结斗争经验时说："以农业为主要经济的中国的革命，以军事发展暴动，是一种特征。"③"我们感觉无产阶级思想领导的问题，是一个非常重要的问题。边界各县的党，几乎完全是农民成分的党，若不给以无产阶级的思想领导，其趋向是会要错误的。"④

在土地革命时期，中国共产党领导中国革命深入农村，发动农民群众，创建革命根据地，开辟了一条农村包围城市、武装夺取政权的道路。1927年10月，毛泽东带领秋收起义部队到达井冈山地区，部队的党组织帮助地方党组织恢复和发展，开展游击战争，发动群众，建立了各级民主政权和农民协会，打土豪，分田地，实行土地革命。同时，军队帮助地方武装进行发展，乡村组织了暴动队，区、县成立了赤卫队。1928年4月，朱德、陈毅率领南昌起

---

① 中共中央文献研究室、中央档案馆编：《建党以来重要文献选编（一九二一——一九四九）》第五册，中央文献出版社2011版，第432页。

② 中共中央文献研究室、中央档案馆编：《建党以来重要文献选编（一九二一——一九四九）》第六册，中央文献出版社2011版，第166页。

③ 《毛泽东选集》第一卷，人民出版社1991年版，第79页。

④ 同③，第77页。

义的余部和湘南起义的农军在宁冈砻市与毛泽东所领导的部队会师，成立了工农革命军第四军，后称工农红军第四军，朱德任军长，毛泽东任党代表和军委书记。5月下旬，又选举产生了以毛泽东为书记的中共湘赣边界特委，成立了以袁文才为主席的湘赣边界苏维埃政府。此后，各地红军在南方各省建立了许多块根据地。从1927年12月到全民族抗战爆发以前，中国共产党先后创建的根据地主要有井冈山革命根据地、赣南根据地、闽西根据地、湘赣根据地、湘鄂赣根据地、闽浙赣根据地、左右江革命根据地、鄂豫皖根据地、川陕根据地、湘鄂西根据地、湘鄂川黔根据地、广东革命根据地、陕甘根据地、陕北根据地等。

苏维埃的任务是革命战争第一、军事第一。要争取革命战争的胜利，就必须办教育。苏维埃文化教育就是为土地革命战争时期的总路线总政策服务的，是为以农村包围城市进行持久战争的战略服务的。

1933年8月，少共中央局、中央教育人民委员部联席会议通过《关于目前教育工作的任务与团对教育部工作的协助的决议》，指出苏维埃教育工作的方针"就是满足战争的需要和帮助战争的动员，进行广泛的马克思共产主义的教育"[①]。9月15日，中央人民委员会发布的关于教育工作的训令指出："文化教育在整个苏维埃运动中占着极重要的位置，在目前粉碎敌人五次'围剿'的战争动员中是不可缺少的一个力量，加紧教育工作来提高广大群众的政治文化水平，启发群众的阶级觉悟，并培养革命的新后代，应成为目前

---

① 江西省教育厅编：《江西苏区教育资料选编》，江西教育出版社1960年版，第163页。

我们最主要的战斗任务之一。"①

1934 年 1 月，毛泽东在第二次全国苏维埃代表大会上指出："苏维埃的基本任务是革命战争，是动员一切民众力量去进行战争。环绕着这个基本任务，苏维埃就有着许多迫切的任务"，"他应该实行文化革命，武装工农群众的头脑"。②"为着革命战争的胜利，为着苏维埃政权的巩固与发展，为着动员民众一切力量，加入于伟大的革命斗争，为着创造革命的新时代，苏维埃必须实行文化教育的改革，解除反动统治阶级所加在工农群众精神上的桎梏，而创造新的工农的苏维埃文化。"③

1935 年 11 月 30 日，毛泽东在红一方面军营以上干部大会上所作的报告中指出，目前红一方面军的新任务之一："切实训练自己，提高方面军的战斗力到很高的程度，一方面着重射击教育与战术教育，一方面着重基本的政治教育与识字教育。""教育首先是干部教育，只有提高了干部的军事政治程度，才能使战斗员的军事政治程度真正提高。提高老干部的程度，创造许多的新干部，这是红军在大战争面前的迫切任务。"④

在土地革命时期，全国各个革命根据地，都努力发挥教育为革命战争服务的职能。在这一时期，中国共产党明确将"打土豪、分田地"确立为发展经济和社会建设的核心内容。从教育与经济革命的关系看，"打土豪、分田地"的经济革命必须依靠广大农民。农

---

① 《中央苏区文艺丛书》编委会编：《中央苏区文艺史料集》，长江文艺出版社 2017 年版，第 72 页。

② 《苏维埃中国》，中国现代史资料编辑委员会 1957 年翻印本，第 258 页。

③ 同②，第 282 页。

④ 中共中央文献研究室编：《毛泽东文集》第一卷，人民出版社 1993 年版，第 369 页。

民是"打土豪、分田地"的主力军，满足了农民的利益，农民才会拥护共产党，才会支持革命。通过"打土豪、分田地"，农民被空前地组织到革命中来。"在井冈山时期，就是打土豪、分田地，解决了农民提出来的这方面的要求，农民的积极性就起来了，出兵出粮，同军队一块战斗，男女老幼都动员起来。根据地有农民组织、妇女组织，儿童也组织了起来放哨。"① "打土豪、分田地"推动了苏维埃文化教育的发展，用马克思主义理论和社会主义思想启迪与教化了苏区民众。

（三）苏区新文化的创造和建设需要大力发展新教育

新文化运动提倡民主，在教育上反对特殊阶级的教育，主张教育平民化，提出了开办平民学校的问题。1915 年陈独秀在《今日之教育方针》一文中即提出"惟民主义"的教育方针，认为教育应该使人民觉醒，使人民身心得到发展。"今日教学相期者，第一当了解人生之真相，第二当了解国家之意义，第三当了解个人与社会经济之关系，第四当了解未来责任之艰巨。准此以定今日教育之方针。"② 他强调新教育应以人民为对象，反对旧学校的"个人主义"与"关门主义"，要求使"自大学以至幼稚园，凡属图书馆试验场博物院都应该公开，使社会上人人都能够享用"。③ 李大钊强调劳工的教育权利。他指出"Democracy 的意义，就是人类生活上一切福

---

① 中共中央文献研究室编:《邓小平文集（一九四九——一九七四）》下卷，人民出版社 2014 年版，第 339 页。
② 《陈独秀文集》第一卷，人民出版社 2013 年版，第 105 页。
③ 《陈独秀文集》第二卷，人民出版社 2013 年版，第 110–111 页。

利的机会均等"①，"因为 Democracy 的精神，不但在政治上要求普通选举，在经济上要求分配平均，在教育上、文学上也要求一个人人均等的机会，去应一般人知识的要求"②。"现代的教育，不许专立几个专门学校，拿印板的程序去造一班知识阶级就算了事，必须多设补助教育机关，使一般劳作的人，有了休息的工夫，也要能就近得个适当的机会，去满足他们知识的要求。"③"纯正的'平民主义'，就是把政治上、经济上、社会上一切特权阶级，完全打破，使人民全体，都是为社会国家作有益工作的人。"④他号召革命青年到工农群众中去，唤起他们的革命觉悟，即"去开发他们，使他们知道要求解放、陈说痛苦、脱去愚暗、自己打算自己生活的利病"⑤，去消灭痛苦的原因。人民有了觉悟，"这样的民主主义，才算有了根柢，有了泉源"⑥。

中国共产党自成立以来，就十分重视文化建设。毛泽东指出，"我们还要有文化的军队，这是团结自己、战胜敌人必不可少的一支军队"⑦。

教育作为改造旧文化建设新文化的重要内容，主要从以下几方面得以加强：一是要确定"教育事业之权归苏维埃掌管"，由中国

---

① 中国李大钊研究会编注：《李大钊全集》第二卷，人民出版社 2013 年版，第 407 页。

② 同①，第 408 页。

③ 同①，第 408 页。

④ 中国李大钊研究会编注：《李大钊全集》第四卷，人民出版社 2013 年版，第 160 页。

⑤ 同①，第 423 页。

⑥ 同①，第 425 页。

⑦ 《毛泽东选集》第三卷，人民出版社 1991 年版，第 847 页。

共产党领导，这是苏维埃新文化改造的最根本问题。1931 年 11 月，《中华苏维埃共和国宪法大纲》规定：中华苏维埃共和国是"工人和农民的民主专政的国家"，"全部政权是属于工人农民红军兵士及一切劳苦民众的"。①二是要让文化教育机关掌握在工农劳苦大众的手里，强调工农及其子女享有受教育的优先权。中华苏维埃共和国临时中央政府成立后，各革命根据地积极建设新文化，铲除旧文化残余。各省、县召开的工农兵代表大会，都把文化教育事业作为一项重要工作，列入议题，展开讨论，并作出决定，责成政府付诸行动。苏维埃中央政府的成立、苏区的巩固和壮大、土地革命的深入和发展，使苏维埃新文化建设进入一个新的历史阶段。各级苏维埃政府都把文化建设放到了重要位置，湘赣、闽浙赣、湘鄂赣等苏区召开的苏维埃代表大会，都通过了《文化问题决议案》，对文化工作的任务、指导思想、方针和政策措施等都作了具体规定。1931年 7 月，鄂豫皖区第二次苏维埃代表大会通过《文化教育政策》，规定"苏维埃政府定出整个教育计划，设立各级普通学校（苏维埃工作干部学校，工艺美术、农业学校等），造成苏维埃政府各方面所需要的人才"；要"审查各种教材，严格反对三民主义的、孔孟之道的、耶稣教会的以及一切地主、资产阶级思想的材料，统一教材的内容，严格以马克思—列宁主义为根据，同时编定各种模范课本，供给学校使用。实行生产训练，每个学生都要参加生产，实行生产化的教育"；在教师队伍建设方面，要"重新审查各方面文化教育的干部，广大的吸收非苏维埃的革命群众、文化教育工作人员到苏区来工作"；"苏维埃政府定下计划，建立公共图书

---

① 《苏维埃中国》，中国现代史资料编辑委员会 1957 年翻印本，第 17 页。

馆、博物馆、革命博物馆、公共阅报所、通信讲演场等群众教育组织"；"苏维埃政府须努力消灭文盲运动，除广大发展学校教育文化外，广泛组织识字班、读书班等组织"；"奖励书籍著作"；"利用文化教育机关，广大群众各种反迷信的宣传教育工作，提倡卫生运动"。[1]1931年9月23日，湘鄂赣省工农苏维埃第一次代表大会通过的《文化问题决议案》明确指出：第一，为使苏维埃政权得到巩固的社会基础，必须铲除旧社会遗留下来的一切旧道德、宗教、风俗、封建教育和礼教，建立工农阶级的各种文化事业。第二，文化工作具有重要的阶级斗争意义，在苏区进行马克思列宁主义及一切无产阶级革命理想的教育，提高群众的政治认识，加强群众的阶级意识，深入开展阶级斗争，发动人民起来与反动军阀和国民党的反动统治作斗争。第三，使人民群众享受文化娱乐，使人民知道和相信苏维埃政府是他们自己的政府，是为人民谋利益的，并培养大批干部到苏维埃政府来工作。第四，反对帝国主义的文化侵略，取消一切教会学校，收回教育权。第五，注意对苏维埃社会文化活动情形以及苏联文化建设的介绍，使苏区群众了解苏联人民实际生活的状况，在完成中国民权革命任务的前提下，努力争取苏区文化向社会主义的道路上前进。[2]1932年9月6日，湘赣省苏维埃政府第二次代表大会决议案规定："文化教育工作，是负有铲除旧社会遗留下来的一切道德宗教风俗旧礼教等封建残余的重要作用，建设工农阶级的文化事业使群众的智识增进，政治水平提高，以发动阶级

---

[1]　湖北省档案馆、湖北省财政厅编：《鄂豫皖革命根据地财经史资料选编》，湖北人民出版社1989年版，第754—755页。

[2]　陈元晖、璩鑫圭、邹光威编：《老解放区教育资料》（一），教育科学出版社1981年版，第99—100页。

斗争，坚强阶级意识，而巩固苏维埃政权的社会基础。"①1933 年 4 月 15 日，在徐特立主持下，中央教育人民委员部发布的第一号训令《目前的教育任务》指出："苏区当前文化教育的任务，是要用教育与学习的方法，启发群众的阶级觉悟，提高群众的文化水平与政治水平，打破旧社会思想习惯的传统。"②7 月 7 日，《文化教育工作在查田运动中的任务》明确提出苏维埃文化教育工作"不应是和平的建设事业，恰恰相反，文化教育应成为战争动员中一个不可少的力量"③。

1934 年 1 月，毛泽东在《中华苏维埃共和国中央执行委员会与人民委员会对第二次全国苏维埃代表大会的报告》中指出，苏区"是一个自由光明的新天地"，"苏维埃政府用一切方法来提高工农的文化水平"。④

二、方针内涵

苏维埃文化教育的总方针，是毛泽东运用马克思主义教育基本原理结合革命根据地实际，在总结概括各革命根据地的教育经验的基础上，于 1934 年 1 月在《中华苏维埃共和国中央执行委员会与

---

① 赣南师范学院、江西省教育科学研究所编：《江西苏区教育资料汇编 1927—1937》（一），江西省教育科学研究所 1985 年版，第 124 页。
② 江西省教育学会编：《苏区教育资料选编（1929—1934）》，江西人民出版社 1981 年版，第 6 页。
③ 江西省教育厅编：《江西苏区教育资料选编》，江西教育出版社 1960 年版，第 131 页。
④ 《苏维埃中国》，中国现代史资料编辑委员会 1957 年翻印本，第 282–283 页。

人民委员会对第二次全国苏维埃代表大会的报告》中明确提出的，具体表述为："苏维埃文化教育的总方针在什么地方呢？在于以共产主义的精神来教育广大的劳苦民众，在于使文化教育为革命战争与阶级斗争服务，在于使教育与劳动联系起来，在于使广大中国民众都成为享受文明幸福的人。"①

（一）以共产主义的精神来教育广大的劳苦民众

苏维埃的教育方针是在同两种错误的教育思想作斗争中发展起来的。这两种错误思想，一种是忽视教育的阶级性，不能自觉地同国民党的反动教育思想、教育制度与教育内容作斗争；另一种是极力主张实行共产主义教育的"左"倾主义认识错误。第二次全国苏维埃代表大会上提出的苏维埃文化教育的总方针在一开头就规定："以共产主义的精神来教育广大的劳苦民众"，主要针对的就是对教育的阶级性方面的认识错误和"左"倾认识错误。

"左"倾认识错误主要反映在以下主张中："在工农民主专政的苏维埃共和国内，一切教育事业的设施，无论在政治教育范围内，或普通的工艺的教育的范围内，或是文艺的范围内，都应当从阶级斗争出发，从争取工农民主专政的胜利，从推翻地主资产阶级的统治出发，从为着转变到社会主义的革命出发，从消灭阶级，从消灭人剥削人的制度，从为着共产主义社会的斗争出发。因此，苏维埃的教育应当是共产主义的教育。"②在这种"左"倾错误认识的指导下，凯丰提出："中国的苏维埃政府在文化教育领域内，就是根据

① 《苏维埃中国》，中国现代史资料编辑委员会 1957 年翻印本，第 285 页。
② 《目前教育工作的任务的决议案》，陈元晖、璩鑫圭、邹光威编：《老解放区教育资料》（一），教育科学出版社 1981 年版，第 60 页。

着苏联的光荣的经验来建设文化教育事业。"①在此背景下，1933年8月，少共中央局发起团对教育部工作的"协助运动"，指责苏维埃教育部工作存在"资产阶级教育的倾向，没有把共产主义的教育明显的提出，把我们的教育仅仅限制在反对封建迷信的范围"②。10月下旬，全苏文化教育建设大会召开，少共中央局负责人何凯丰提出要"以共产主义教育"作为苏维埃文化教育建设的总方针。在他看来，苏区的文化教育不仅是反帝反封建的，而且也是反对资本主义的，是应该毕其功于一役的。也就是说，他要求在苏区就进行共产主义的实践，实行共产主义的行动纲领。这当然是十分错误的。

针对凯丰等人把马克思主义教条化，把苏联经验神圣化的错误做法，以及极力主张实行共产主义教育的"左"倾错误，毛泽东批评其在理论上混淆了新民主主义教育与社会主义、共产主义教育的区别，把共产主义教育当成了新民主主义阶段根据地教育的行动纲领。在全苏文化教育建设大会结束后，毛泽东提出要用共产主义的精神来教育劳苦民众，而不是实行共产主义教育。针对两者间的原则性区别，毛泽东后来在《新民主主义论》中作了更为明确的论述。他指出，在新民主主义革命时期，"当作国民文化的方针来说，居于指导地位的是共产主义的思想"，"但整个的国民文化，现在也还不是社会主义的"，"如果以为现在的整个国民文化就是或应该是社会主义的国民文化，这是不对的。这是把共产主义思想体系的宣传，当作了当前行动纲领的实践；把用共产主义的立场和方法去观察问题、研究问题、处理工作、训练干部，当作了中国民主革命阶

---

① 《全苏教育建设大会何凯丰同志的报告》，陈元晖、璩鑫圭、邹光威编：《老解放区教育资料》（一），教育科学出版社1981年版，第41页。

② 凯丰：《目前教育工作的协助运动》，《红色中华》1933年9月6日第108期。

段上整个的国民教育和国民文化的方针"。①

1934 年 1 月，在第二次全国苏维埃代表大会上，毛泽东深刻指出："谁都知道，国民党统治下一切文化教育机关，是操在地主资产阶级手里的。他们的教育政策，是一方面实行反动的武断宣传，以消灭被压迫阶级的革命思想，一方面实行愚民政策，将工农群众排除于教育之外。反革命的国民党把教育经费拿了作为进攻革命的军费，学校大部分停办，学生大部分失学。""使一切文化教育机关变成黑暗的地狱，这就是国民党的教育政策。"②而对于苏维埃的文化教育，毛泽东是这样概括的："这里的一切文化教育机关，是操在工农劳苦民众的手里，工农及其子女有享受教育的优先权。苏维埃政府用一切方法来提高工农的文化水平。为了这个目的，给予群众政治上与物质条件上的一切可能的帮助。"③

中华苏维埃第二次全国代表大会上提出的苏维埃文化教育的总方针，在一开头就规定"以共产主义的精神来教育广大的劳苦民众"，主要是针对"左"倾方针的错误。苏区的政治经济状况决定了苏区的教育是新民主主义性质的。因为中国的民主革命和社会主义革命都是由无产阶级政党——中国共产党领导，共产主义思想是无产阶级思想体系的核心和灵魂，所以属于新民主主义性质的苏区教育，"只能由无产阶级文化思想即共产主义思想去领导"④。毛泽东创造性地运用了马克思列宁主义的教育学说，明确规定了苏区教育的民主主义性质及指导思想。这就要求苏区教育必须坚持无产阶级

---

① 《毛泽东选集》第二卷，人民出版社 1991 年版，第 704-705 页。
② 《苏维埃中国》，中国现代史资料编辑委员会 1957 年翻印本，第 282 页。
③ 同②，第 282-283 页。
④ 同①，第 698 页。

的共产主义的政治方向，用共产主义的精神教育劳苦民众，帮助他们树立初步的共产主义理想，养成共产主义道德品质，积极参加民主革命，与一切封建的、资产阶级的思想和行为作斗争。

（二）为革命战争与阶级斗争服务

在土地革命时期，中国共产党提出了一切苏维埃工作服从革命战争的要求，教育工作也不例外。为了建立和巩固农村革命根据地，党动员和武装广大工农民众，进行革命战争，粉碎敌人的军事围剿，巩固扩大革命根据地。革命战争和阶级斗争是这一时期苏维埃文化教育的主要任务。苏维埃政权公开声明，"教育是革命的阶级斗争的工具之一"[1]，"教育政策是发展阶级斗争和革命战争的一种武器"[2]。在土地革命战争时期，革命根据地必须坚持为革命战争与阶级斗争服务的方向，把为革命战争与阶级斗争服务作为自己的政治任务。

苏维埃文化教育的总方针和中心任务"在于使文化教育为革命战争与阶级斗争服务"[3]，也就是说苏维埃文化教育建设的宗旨是"为着革命战争的胜利，为着苏维埃政权的巩固与发展，为着动员民众一切力量，加入于伟大的革命斗争，为着创造革命的新时代"。[4]

为了坚持教育为革命战争服务的正确方向，中央教育人民委员

---

[1]　江西省教育学会编：《苏区教育资料选编（1929—1934）》，江西人民出版社 1981 年版，第 97 页。

[2]　同[1]，第 117 页。

[3]　《苏维埃中国》，中国现代史资料编辑委员会 1957 年翻印本，第 285 页。

[4]　同[3]，第 282 页。

部第四号训令指出："在目前一切给与战争、一切服从战争利益这一国内战争环境中，苏区文化教育不应是和平的建设事业，恰恰相反，文化教育应成为战争动员中一个不可少的力量，提高广大群众的政治文化水平，吸引广大群众积极参加一切战争动员工作，这是目前文化教育建设的战斗任务。"[1]同时，对文化教育在革命战争中发挥的功效也提出了明确要求："为了彻底解决土地问题，深入农村阶级斗争，加紧战争动员，目前正猛烈地开展着查田运动。在这一斗争中，文化教育方面，负有特殊的重大任务。我们应在文化教育工作中用一切有效办法来帮助查田运动顺利的进行。我们应加紧文化教育工作来提高广大工农群众的政治、文化水平，发动广大群众参加查田运动，为彻底解决土地问题而斗争。"[2]

中国共产党就教育为革命战争与阶级斗争服务，发布了一系列的方针政策，针对当时党内存在的把教育与革命战争对立起来的错误观点，及时进行纠正，科学地阐明了教育为革命战争与阶级斗争服务和如何服务的问题。1934年4月，中央教育人民委员部在《教育行政纲要》中规定，要"消灭过去把政治斗争和教育工作对立起来的错误。应该以战争动员做教育的中心目标，同时为着战争的需要，更要加紧我们的阶级教育和消灭文盲运动"[3]。

在文化教育如何为革命战争有效服务的问题上，中央教育人民委员部在《目前的教育任务》训令中指出："苏区当前文化教育

---

① 江西省教育厅编：《江西苏区教育资料选编》，江西教育出版社1960年版，第131页。

② 同①，第130页。

③ 江西省教育学会编：《苏区教育资料选编（1929—1934）》，江西人民出版社1981年版，第238页。

的任务，是用教育与学习的方法，启发群众的阶级觉悟，提高群众的文化水平与政治水平，打破旧社会思想习惯的传统，以深入思想斗争，使能更有力的动员起来，加入战争，深入阶级斗争，和参加苏维埃各方面的建设。"①苏维埃各革命根据地紧密联系革命战争环境进行实践，如开展扩大红军、整顿和扩大赤卫队和少先队等政治运动。这些政治任务的完成，对于支援粉碎敌人"围剿"的革命战争、扩大巩固根据地发挥了重要作用。

（三）使教育与劳动联系起来

教育与生产劳动相结合是马克思主义教育理论的一个极其重要的方面。毛泽东把"教育与劳动联系起来"作为苏维埃文化教育的总方针的一项内容，是对马克思主义教育基本原理的充分运用。中国共产党之所以坚持将教育与生产劳动相联系，一方面是因为教育广大劳动群众的子弟，"是要从培养极大多数的工农知识分子，进到将来完全消灭智力劳动与体力劳动之间的分别，要教育极广大的劳动群众的子弟，使他们成为有能思想的头脑，有能劳作的两手，有对于劳动的坚强意志的完全的新人物"，"扫除那种读书同生产脱离的寄生虫式的教育制度的残余"；②另一方面则是因为考虑到各革命根据地面临的残酷的战争环境，实行教育与劳动相结合，引导师生参加劳动，勤工俭学，这样可以解决一部分办学经费，减轻学校和学生的经济负担。苏维埃教育从一开始就把教育和生产劳动联系

---

① 江西省教育学会编：《苏区教育资料选编（1929—1934）》，江西人民出版社1981年版，第6页。

② 同①，第119页。

起来，提出生产劳动是教育重要的不可缺少的组成部分，从此就结束了旧中国教育和生产劳动长期对立的历史，对我国以后教育方针和方向的确立具有深远的历史意义。

为贯彻教育与劳动相联系的基本方针，各根据地十分重视劳动教育，不仅创办了一批半工半读的专业学校和短期职业技术学校，而且使几乎所有的师生都坚持一边学习一边劳动，并积极进行教育制度、教育内容和教学方法等方面的改革。例如，1930 年 2 月，广西右江革命根据地开办一批劳动小学，学生上午上课，下午劳动，早晚写作。

1931 年 7 月，鄂豫皖区第二次苏维埃代表大会通过的《文化教育政策》明确规定："实行生产训练，每个学生都要参加生产，实行生产化的教育。"[①]

1934 年 3 月，中央教育人民委员部颁布的《小学课程教则大纲》规定了学生劳作实习的时间，要求有计划地指导学生校内外的生产劳动或其他劳动。[②]

由于受经济条件所限，各革命根据地教育与劳动的结合，还只是与农业、手工业的生产劳动的结合，无论是初小、高小还是干部学校，都是把生产劳动作为教育课程的一个重要组成部分。尽管不同性质的学校安排生产劳动课程的比例各不相同，但劳教结合的形式对各类学校的学生的思想转变都产生了极大影响，促使他们逐步养成了劳动习惯和劳动态度。同时，劳教结合还使知识分子同劳动

---

① 湖北省档案馆、湖北省财政厅编：《鄂豫皖革命根据地财经史资料选编》，湖北人民出版社 1989 年版，第 754–755 页。

② 江西省教育学会编：《苏区教育资料选编（1929—1934）》，江西人民出版社 1981 年版，第 119–120 页。

人民在思想感情上逐步接近起来。革命根据地的知识分子在学习过程中从事一定的体力劳动，也体会到体力劳动的艰苦性。在艰难的战争条件下，劳教结合的教育形式体现了苏维埃政府时期坚持教育与现实结合、为现实服务的重要原则，也为以后我国教育方针沿着马克思主义的教育与生产劳动相结合的道路发展打下了一定的思想基础，提供了初步的经验。

（四）使广大中国民众都成为享受文明幸福的人

在苏维埃政权建立以前，广大工农劳苦民众在地主阶级资产阶级的统治下，饱受剥削压迫，没有知识文化。地主阶级资产阶级一方面对他们实行反动的武断宣传，消灭他们的革命思想；另一方面对他们实行愚民政策，使他们始终处于黑暗、愚昧和无知之中。苏区建立后，在苏维埃政府的领导下，虽然广大工农劳苦民众在政治上、经济上翻了身，但要使他们真正成为享受文明幸福的人，还必须让他们在文化教育上翻身，摆脱愚昧无知，实现精神解放。正因为如此，苏维埃政府才会将开展根据地的精神文明建设作为一项重要任务来抓，大力发展文化教育，用共产主义思想道德和文化科学知识武装广大工农劳苦民众，提高他们的政治觉悟、道德修养和文化水平，破除几千年来反动统治阶级强加在他们身上的精神枷锁，使他们真正成为有革命觉悟和一定文化知识的能自觉参加民主革命的战士和劳动者。

为确保"使广大中国民众都成为享受文明幸福的人"这一教育总方针得以实现，毛泽东还进一步提出了苏维埃文化教育建设的中心任务，采取许多积极措施，实行免费的普及义务教育，发展广泛的社会教育，大力扫除文盲，举办各类干部学校和专业学校，为儿童、青少年和成年人提供受教育的机会，等等；同时开展反对封建迷信的活动，组织广大工农群众参加各种斗争活动。在广泛进行宣传教育的基础上，积极举办文艺、新闻出版、卫生体育等各项活动。通过这些有益的教育学习活动，促使工农劳苦民众在紧张的斗争、劳动之余，得到有高尚趣味的精神享受。可以说，苏维埃政府在前所未有的深度和广度上促进了劳苦民众的思想解放与精神解放。

综上所述，苏维埃文化教育的总方针的提出，是中国共产党把马克思主义的教育学说，创造性地运用于中国革命具体实践的重大成果，是从整个革命斗争的形势出发制定的教育发展战略，是教育结合劳动实践服务于革命斗争的现实需求，是从文化教育工作的实际经验中概括出来的发展方向。它源于广大工农群众斗争的实践，具有强烈的群众性和实践性、革命性和创造性，对革命根据地教育事业以及之后的教育方针的制定都发挥了重要的作用。

三、主要实践

随着苏维埃政权的逐步建立与发展，各级教育行政管理机构结合根据地的实际情况，克服各种困难，探索和发展适合当时革命战争和苏维埃建设实际需要的新的教育体制，开展教育实践，主要包括红军教育、干部教育、工农教育、普通教育和通过团、队进行教育。

（一）大力发展红军教育

苏维埃文化教育的总方针的目的是提高全军的政治、文化和军事素质，把以农民为主体的军队建设成无产阶级性质的、具有严格纪律的、同人民群众保持密切关系的新型人民军队，担负起艰苦的革命战争的任务。苏维埃政府成立后对红军教育给予高度重视，在实践中创建了一批优秀的红军军事院校，大力培养红军队伍中的政治工作干部和军事指挥员。

1927 年 11 月，为适应湘赣边界斗争的发展，毛泽东在宁冈砻市龙江书院创办了中国工农革命军第一军第一师第一团军官教导队，专门训练下级军官和地方武装的指挥员，开启了苏维埃红军教育的探索。

1928 年 4 月，朱德、陈毅领导的部队与毛泽东领导的部队胜利会师。5 月 4 日，正式宣布成立工农革命军第四军，后称工农红军第四军。10 月，红四军在茨坪成立军官教导队，培养红军基层干部和地方武装干部。学员大都是从红军各连队抽调来的下级军官和从地方抽调来的工农干部，特别是来自江西、湖南、广东等地的县、区、乡农民协会的委员长。结合学员的文化水平和接受能力，规定每人每天学习六个生字，背熟一条标语或政治口号。原计划每期学员学习三个月，因局势紧张，第一期只办了两个半月就结束了。由此可见，苏维埃政府初创时期，红军教育是以群众性的政治、文化和军事教育为主，以军官教导队、短期训练班为主，极具灵活性和机动性，满足了处在游击战争环境中的红军对干部培养的需要，很快成为当时红军培养军政干部的主要方式。

1930 年，随着红军开始由游击战为主向运动战为主的战略转变，苏维埃政府对红军干部的需求数量越来越大，需求种类越来越多，大力发展多层次、多专业的正规红军教育势在必行。1930 年 4 月，苏维埃中共中央军委在《军事工作计划大纲》中提出："建立红军学校，创造工农自己的军官。"①

1929 年 3 月，红四军随营学校随军入闽。年底，改称为红军学校。1930 年 1 月，红四军主力离开闽西后，中共闽西特委在龙岩创办闽西红军学校，校长谭希林，政治委员邓子恢，主要任务是培养连排基层军政干部。招生 200 人，预定 4 个月毕业。不久，改称福建红军学校。1930 年 5 月，经中共中央军委批准，福建红军学校改称中国红军军官学校第一分校（11 月又改称中央军事政治学校第一分校），校长谭希林（1931 年 3 月后为何长工），政治委员邓子恢，校址仍在龙岩县城，招生 800 名，于 1930 年 8 月开学。1931 年 1 月，因国民党军杨逢年旅攻陷龙岩城，学校迁往龙岩大池，后又迁往江西瑞金。1930 年 11 月，在闽西重新创办闽西红军学校，校长兼政治委员刘瑞生。1931 年 5 月，闽西红军学校改组为彭杨红军学校，亦称彭杨军事政治学校第三分校或彭杨红军学校第三分校，校长、政治委员分别由萧劲光、张鼎丞兼任。1931 年 9 月，中央军事政治学校第一分校与彭杨红军学校第三分校及红军第三军团随营学校合并。校址在江西瑞金。校长萧劲光，政治委员周以栗。11 月 25 日，苏维埃中共中央军委正式将其命名为"中央军事政治学校"，规定其为中央革命军事委员会直属机构。这标志着红军的学校建设开始向较为正规化的方向发展。1932 年春，中央

---

① 中国人民解放军政治学院党史教研室编：《中共党史教学参考资料》第十四册，1985 年版，第 435 页。

军事政治学校改称中国工农红军学校。该校的宗旨是"发展革命战争"，"创造铁的红军骨干"，设步兵科（团）、政治科（营）、上级干部队和特科营，学制3—5个月，共办6期，培养了数千名排以上干部。1933年10月扩编，分别成立红军大学、第一步兵学校、第二步兵学校、特科学校和地方武装干部学校等五所学校。

1931年2月，红一方面军在江西省宁都县小布镇正式开办无线电培训班。无线电培训班为红军培养了大批通信技术干部。1932年1月，中华苏维埃共和国中央革命军事委员会决定，红一方面军无线电培训班更名为中国工农红军无线电学校。到1934年10月红军开始长征时，中国工农红军无线电学校培养了各类通信人员2000多人，这些学员大部分被分配到红一方面军各级通信部队，还有部分学员被输送到鄂豫皖、湘鄂西、湘鄂赣等苏区，为革命战争立下了无数功勋。1932年11月，红军军医学校成立。从成立到1934年10月，该校共培养了680余名学员，他们毕业后被分配到各战斗部队和医院工作，成为护理队伍中的新鲜血液，有些人以后还成为红军卫生工作的领导骨干。

1933年10月，在粉碎敌人第四次"围剿"、红军急剧扩大的形势下，中华苏维埃共和国中央革命军事委员会积极扩大红军学校规模，加紧培养各级干部与专门人才，将红军学校分编扩大成五所学校，即红军大学校、红军第一步兵学校、红军第二步兵学校、红军特科学校和游击队干部学校，并成立四个教导团，均直属中央革命军事委员会指挥。由此可见，随着红军教育的逐步深化，苏维埃政府举办的红军学校逐步发展为多层次的、专业和学科相对齐全的多所学校。这标志着红军教育逐渐走向成熟，形成了初、中、高级培训体系。

苏维埃政府时期红军教育的内容主要有三个方面。

一是政治教育。苏维埃政府时期开展红军教育的目的主要是加强党对军队的绝对领导，提高红军官兵的思想政治觉悟和政治理论水平。其开展的实践活动一方面是编辑出版报刊以及印发相关学习材料。在印刷出版条件十分艰苦的情况下，中共红四军前委、红四军政治部、苏区中央局组织部、中共中央局组织部、宣传部及红军总政治部等机关，组织出版发行了一大批宣传马克思、恩格斯、列宁思想的著作，如《共产党宣言》《论"左派"幼稚病》《无产阶级革命与叛徒考茨基》《国家与革命》《论列宁主义基础》《列宁主义概论》《论反对派》等。另一方面是创新红军政治教育的形式。不仅组织党员学习这些内容，还要组织党员参加考试、公布成绩、开展评比竞赛活动。通过学习，广大红军官兵的马克思主义理论水平显著提高，特别是许多原来没有文化和理论基础的贫苦工人、农民，学习以后，都懂得了许多革命道理，提高了思想觉悟。

二是军事训练。苏维埃政府开展军事训练的目的是总结自己的经验，学习中外有益的军事策略、军事知识和作战技术。军事训练的内容包括中国革命战争的战略战术与各项军事知识和技术。军事训练的形式主要有四种：第一种是日常操课，重视传令、侦探、警戒、瞄准和野外实习，重在培养红军官兵的军事操作精神；第二种是作战之后的讲评，教育全体红军官兵总结战斗经验与教训；第三种是实地训练，目的是避免只有单一的说教式训练；第四种是召开各级军事会议，一般由各级军官负责召集，集中讨论训练方法或作专题报告，目的是有计划地研究军事技术和战术问题。

三是文化学习。红军教育的文化学习重点是以识字为中心的文化教育和群众性的文体娱乐活动，都是有组织、有计划地进行的。

文化学习主要包括两种形式：第一种是成立青年士兵学校与士兵委员会。红军每个纵队都设立青年士兵学校，文化教员由连队文书担任，每学期必须授课九十个小时。第二种是成立俱乐部与列宁室。俱乐部主要负责各个单位官兵的文化娱乐教育，列宁室主要用于开展政治教育、文化教育、体育、娱乐等活动。

（二）大规模举办干部教育

苏维埃政府始终把教育干部的工作放在十分重要的地位，努力为革命战争和根据地建设培养各个方面的干部与技术人才。1921年中国共产党成立后，毛泽东、何叔衡等共产党人在长沙创办了第一所干部学校——湖南自修大学，为党培养干部；1922年，中共参与创办的上海大学成立；1923年中共湖南省委创办了湘江学校；1926年、1927年中国共产党又分别在广州、武汉创办了农民运动讲习所。后来随着革命形势的发展，革命根据地不断扩大，苏维埃政权建立，开始陆续举办各种培训党政干部和专业技术人才的训练班和专门学校。这些训练班和学校的主要目的在于传播马克思列宁主义的政治思想，努力培养和造就大批无产阶级的有知识、有觉悟的干部队伍。

从干部教育的类型看，苏维埃政府时期的干部教育主要包括干部学校教育和在职干部教育两种类型，在举办形式上一般采用干部训练班、苏维埃大学、中央农业学校、高尔基干部学校、高尔基戏剧学校、商业学校和银行专修学校、短期职业中学、职业学校、女子职业学校等多种形式，涵盖革命根据地政治、经济、文化建设等方面。例如，仅在瑞金就举办了马克思共产主义学校、红军大学、苏维埃大学、列宁师范学校、中国工农红军军医学校、中国工农红军通信学校、红军第一步兵学校、中央农业学校、高尔基戏剧学校等，这些干部学校培养的优秀干部人才，为革命斗争贡献了重要力量。

在干部教育的方式上，苏维埃政府主要采用五种主要方式。

一是强调在工作和斗争中培养干部。土地革命战争时期，中央根据地教育是在残酷的战争环境和敌人的文化"围剿"中发展干部的，苏维埃政府十分强调干部在工作实践和斗争实践中提高自己的政治理论水平和文化业务水平。1933 年 6 月 8 日，中央教育人民委员部在《关于新调来的教育干部训练问题》的训令中专门提出在工作和斗争中培养干部的方式，即在工作中训练，在斗争中训练，用行政纪律训练。

二是开办识字班和开展文化学习活动。1932 年，中央人民教育委员会发布关于《政府工作人员要加强学习》的命令，指出许多地方政府因为负责人文化程度低，不能有效理解上级的命令和文件精神的问题，要求每个政府工作人员要加紧学习，尽量提高自己的文化程度和工作能力，大力开办识字班和开展文化学习活动。1933 年，中央苏区文化建设大会通过《消灭文盲决议案》，决定取消旧有的识字运动委员会和分会，成立消灭文盲协会。以乡为基本单位，每个乡设立一个消灭文盲协会，每个分会设 5—6 个小组长，每个组长教育 6—7 个组员。以革命根据地的模范县兴国县为例，据 1933 年 9 月统计，在党和县苏维埃政府领导下，全县有 130 个协会、560 个分会、3287 个小组，组织参加识字班的人包括干部、日夜学校校长、教员、识字组组长 13000 多人。①

---

① 吕良主编:《中央革命根据地教育史》，教育科学出版社 1989 年版，第 119 页。

三是编辑出版报纸杂志以及相关学习材料。据统计，到 1934年 1 月为止，中央苏区已有大小报纸刊物 34 种，如《红色中华》《青年实话》《斗争》《红星报》等。各个革命根据地也编辑出版各种刊物，例如，鄂豫皖革命根据地办刊 40 余种，有《列宁周刊》《党的生活》《苏维埃》《英特尔纳雄纳尔》《列宁青年》等；还编辑出版了《苏维埃建设大纲》《土地问答》《共和主义 ABC》《中国社会各阶级分析》《夺取政权》等重要书籍。① 这些刊物和书籍为培养苏维埃干部发挥了重要作用。

四是成立马克思主义研究会。1933 年，苏维埃政府成立马克思主义研究会，其最高领导机关是"苏区马克思主义研究会"，中央各部门和省、县级各机关都成立马克思主义研究分会或小组，吸收有一定文化程度的党员、团员及机关工作人员参加。1934 年，为了总结和提升马克思主义研究会的工作成效，中央苏维埃政府制定和颁布了《马克思主义研究会的组织与工作大纲》，促使各地的马克思主义研究分会的组织更加健全，广大干部学习革命理论的任务和要求更加明确。

五是随时举办各种类型的训练班。在大规模开展干部教育的过程中，苏维埃政府主张随时举办各种类型的训练班，如省委办的训练班、县委办的训练班、支部流动训练班等，组织干部学习。由于中央苏维埃政府的积极领导，在短短几年内，各级训练班纷纷建立，极大提升了干部的政治水平和工作能力。

---

① 董纯才主编：《中国革命根据地教育史》第一卷，教育科学出版社 1991 年版，第 125 页。

（三）广泛创办工农教育

苏维埃政府在社会教育方面主要是广泛创办工农教育，探索出许多学习形式与学习方法，无论农忙与农闲，无论战时与平时，无论前线与后方，都能找到合适的形式，夜校、半日校、识字班、讲演组、墙报委员会、工农俱乐部等遍及乡村和城镇，形式多样，内容生动。概括起来，工农教育的开展主体主要有扫除文盲协会、业余补习学校、工农俱乐部。

一是建立扫除文盲协会。扫除文盲协会通过识字牌（多设在大路口）、问字所、识字组、读报组、识字班等形式开展教育活动。各级教育部门和扫盲协会常常设立"消灭文盲活动周"，检查督促扫盲运动的开展。识字牌通常放在公共场所或交通要道，便于群众随时随地学习，牌上绘图写字，两三天一换。有的地方还设有温习牌，方便工农群众温习巩固学过的字。问字所就是专门的场所，方便工农群众在遇到不认识的字的时候，有地方可以去求教。识字组是以小组为单位的学习单位。组长多由夜校学生担任，负责教工农群众识字、收集资料等。教员由各班通过列宁室或扫除文盲协会找到的识字的人来担任。此外，不少的村还设有读报组，目的是通过读报使群众及时了解全国和全世界的形势，特别是苏维埃政府斗争的形势，鼓舞群众的斗志，增强胜利的信心。识字班是一种学习制度比较正规的扫盲形式，学习内容相对比较有体系，工农群众在那里不仅学识字，还学一些文化和政治的知识。总之，苏维埃政府时期的工农群众扫盲运动不同于一般学校教育的教学方法，更多的是结合广大工农群众的现实处境，制订的教育内容和采取的教学方式会因人而异，具有更大的创造性和灵活性。工农群众扫盲运动主要在业余和闲暇时间开展，以业余学习为主，将课堂学习与其他学习方式结合起来，使工农群众在不耽误工作的同时也能好好学习，极大提高了学习效率。政府同时也鼓励提倡识字多的教识字少的，识字的教不识字的，动员全家人参加识字学习活动。这一时期许多妇女、老人也加入了识字学习队伍，工农教育的实践场面非常壮观，几乎是全民皆在学习。在如此良好的学习氛围中，人们学习热情高涨，学习效果非常显著，整个工农群体的文盲率迅速降低，识字率大大提升。

二是创办各类业余补习学校。业余补习学校是帮助各行业工会、各合作社、各级政府机关的人员补习文化的学校。根据各地办学条件的差异，业余补习学校主要有夜校和半日学校两种。夜校是针对革命根据地工农群众最为正规的学习组织，适应广大工农群众白天生产工作、晚上学习的实际。而且夜校的学习内容非常丰富，不仅包括文化，还包括政治常识和实用的农业科学知识等。夜校的学习纪律也更为严格。1933 年 8 月 6 日，中央教育人民委员部颁布了《夜校办法大纲》，对夜校的任务作了明确规定："在不妨碍群众的生产和工作的条件下，于短期间扫除文盲，与提高群众的政治文化水平。"①夜校的教材，除了包括中央教育人民委员部、省、县相关部门编写的教材之外，还有根据当地的中心任务编写的辅助教材。半日学校是和生产直接结合起来的"半天学习、半天生产或工作"的工农学习组织，专为不便于入学而白天闲暇的工农群众设立，其任务、组织形式及办学的重点等与夜校基本相同。半日学校

---

① 江西省教育厅编：《江西苏区教育资料选编》，江西教育出版社 1960 年版，第 105–106 页。

比工农群众扫盲运动的学校组织形式更为正规，学习内容更为丰富，学员学习要求更为强烈。半日学校办学用的粉笔、灯油等费用，由举办单位、当地合作社、贫农团资助解决一部分，发动群众募捐供给一部分。

三是举办各种形式的工农俱乐部。工农俱乐部是苏维埃政府对广大工农群众进行政治教育和文化教育的主要组织形式，既是工农群众的娱乐场所，又是教育机关。其把集体娱乐与教育学习紧密结合起来，使用各种适合群众年龄特点、文化程度的教育方式，利用各种各样的机会吸引、组织和教育群众，是广大工农群众进行自我教育的组织。工农俱乐部的组织形式和活动内容，都是根据当地的条件和群众的实际需要确定的，形式、内容不一，主要涉及演讲、游艺、文化等方面。例如，以演讲活动为主的工农俱乐部主要负责组织举办演讲练习和演讲比赛，定期或临时邀请革命领袖、当地党和苏维埃政府及群众团体的负责人、战斗英雄、劳动模范来讲演革命的形势和任务，讲革命理论、革命英雄故事，在各项政治动员活动中及各个纪念日组织宣传队到城镇及农村进行宣传演讲。以游艺为主要形式的工农俱乐部主要负责组织成员按照自己的爱好参加各种体育、游戏、音乐、舞蹈、戏剧及竞赛等活动。在工农俱乐部组织的晚会中，参加者登台表演节目，在娱乐中学习和接受教育。以文化学习为主要形式的工农俱乐部主要负责出墙报，布置和开放图书室，组织读报组、识字组，等等。

此外，革命根据地在工农群众教育方面还普遍建立少年先锋队、赤卫队，对工农群众中的青少年进行各个方面的文化教育。

在苏维埃政府的积极领导下，广大工农群众积极参与，使得各个革命根据地的工农教育得到蓬勃发展。在短短几年里，各地的夜校、半日学校、识字班、识字组、工农俱乐部纷纷建立，大多数工农群众积极参加学习。据 1932 年 11 月 28 日的《红色中华》报道，1932 年 8 月、9 月统计结果显示，仅江西省胜利县等 14 个县，就有夜校 3298 所、在校学生 52292 人，有识字小组 19812 个、组员 87916 人，工农俱乐部 712 个，识字运动委员会 2744 个，由此可见苏维埃工农群众教育蓬勃发展的情况。①

（四）积极举办普通教育

在苏维埃政府积极领导和广大群众的大力支持下，各革命根据地努力克服经济文化基础薄弱、师资缺乏、办学条件差等种种困难，积极举办各种形式的普通教育，大村单独办，小村之间联合办，吸收众多学龄儿童接受普通教育，实行免费普及义务教育。苏维埃政府举办的普通教育主要是中学教育、高级小学和初级小学的教育。苏维埃政府举办的普通教育的最大特征是，不具有预备教育的性质，即无论是中学教育还是高级小学、初级小学的教育，主要不是为了升学，而是为了提高学生文化水平、科学水平与政治水平。苏维埃政府按照民主原则改革普通学校的管理制度，根据革命与生产的需要改革学校教学内容和方法，在实践层面主要体现为以下三个方面。

第一，改革普通学校的管理制度。苏维埃政府保障工农群众子女享有受教育的优先权，反对国民党的党化教育，反对帝国主义的文化教育侵略，确立了民主集中的管理制度。例如，1931 年，华

---

① 吕良主编：《中央革命根据地教育史》，教育科学出版社 1989 年版，第 130 页。

容县苏维埃政府文委会第四号通告颁布了《列宁学校条例》，明确规定："列宁小学实行校长制，由校长，教务主任，训育主任，事务主任及学生代表一人，共五人组织校务委员会议，解决一切校务。"①

第二，改革普通教育的教材内容。随着苏维埃文化教育事业蓬勃发展，废除旧学校那些不适用的、反动的课程，确定为革命战争、阶级斗争和苏维埃建设服务的新课程，以及彻底废除帝国主义奴化教育、封建礼教教育和国民党党化教育的教材内容，编写包括政治教育、军事教育、文化教育和生产生活教育的新教科书，成为发展革命根据地普通教育的迫切任务。普通学校的教材，以实施阶段教育为原则，以适应儿童、青少年的生理心理需求为依据，以句子简短、意义明显、多带鼓动性等为特点，以对马克思列宁主义以及苏维埃状况的介绍为重点进行编写。革命根据地普通学校教材编写的总体要求是，遵循"社会化、政治化、劳动化和实际化"的原则，以 1933 年 10 月中央教育人民委员部颁布的《小学课程教则草案》所规定的学习内容和应达到的程度来编写。在课程设置方面，苏维埃普通教育的课程设置要求遵循科学知识的系统性与连续性，更要突出课程的革命性。例如，1934 年 2 月 16 日颁布的《中华苏维埃共和国小学校制度暂行条例》在课程设置方面规定："前三年的科目为国语、算术、游艺（唱歌、运动、手工、图画），但国语的课目中要包含乡土地理、革命历史、自然和政治等（不单独教授政治自然及其他科学），游艺也须与国语、算术及政治劳动教育等

① 王铁著：《中国教育方针的研究——新民主主义教育方针的理论与实践》上册，教育科学出版社 1982 年版，第 111–112 页。

有密切的联系。后二年科学和政治等科目，须带系统性教授，其课程和教则另行规定。"①

1934 年 3 月，中央教育人民委员部颁布了《小学课程教则大纲》，规定：初级列宁小学设国语、算术、游艺；高级列宁小学设国语、算术、社会常识、科学常识、游艺；初级小学每星期上课 18 小时，课外教学（劳作及社会工作）至少 12 小时；高级小学第一学年（即小学四年级）每星期上课 24 小时，第二学年（即小学五年级）每星期上课 26 小时，课外活动每星期 12—18 小时。② 设置这些课程的目的就是给学生预留充足的课外时间，便于其参加社会活动和劳动等，以满足社会经济发展和革命战争的需要。由此可见，苏维埃政府时期各革命根据地举办普通教育，在正确方针政策的指导下，密切联系革命战争和阶级斗争实际，密切结合生产劳动和日常生活实际。

第三，改革普通教育的教学方法。一是进行教学方法的彻底改革。各革命根据地以 1929 年《中国共产党红军第四军第九次代表大会决议案》中所规定的"十项教授法"为原则，提炼出普通学校进行教学方法改革的六点要求。第一，根据儿童的年龄特点组织社会活动和进行教学。第二，强调教材教法要理论联系实际。《小学课程教则大纲》中就"小学教授方法的原则"明确规定，小学教员应当在教科书之外采取当地的教材（如关于乡土地理、当地的革命历史等），以及用当地学生会或儿童团生活之中的材料来作教材。第三，强调教学要有直观性和采取启发的方法。第四，强调在教学

---

① 福建省教育科学研究所、中共龙岩地委党史资料征集研究委员会编：《闽西苏区教育资料选编》，1986 年版，第 265 页。

② 同①，第 276–284 页。

中遵循从具体到抽象的原则。第五，在教学中强调揭露事物的相互联系，进行辩证观点的教育。第六，在教学中强调从已知到未知。[①]总之，革命根据地普通学校的教学方法的改革在正确方针和政策的指导下取得了初步的成绩，在总结实践经验的基础上，逐步形成了以辩证唯物主义为指导的带有独创性的教学体系。

二是贯彻教育和生产劳动紧密联系的方针，增加职业课和劳作实习。《小学课程教则大纲》规定，初小每周劳动 6 小时，高小每周劳动 6—8 小时。规定学校与附近的农场或者工厂建立密切联系，有计划地领导学生参加生产劳动。

三是采取各项措施，提高教师运用新的教学方法的能力。为了使教师掌握新的教学方法、提高教学水平，中央教育人民委员部和各省苏维埃教育部先后编写了小学中学各科教学法的书籍供教师教学参考。另外还专门编写教师讲习所用的各科教学法材料以及《实习教学和批评的规则》等。苏维埃政府还在高、初级师范学校和短期师范学校普遍开设教学法的课程，大力开展教师培训工作。各省、县积极举办教师短训班和假期教师讲习所，促使普通学校的教师运用新的教学方法的能力迅速得到提高。

（五）高度重视通过团、队进行教育

苏维埃政府高度重视培养和造就大批革命新人，发动、团结和教育广大团员、青年、少先队员和儿童，加紧儿童的共产主义教育，积极开展各项思想政治教育、文化教育和体育运动工作，主要

---

① 福建省教育科学研究所、中共龙岩地委党史资料征集研究委员会编：《闽西苏区教育资料选编》，1986 年版，第 280–284 页。

有以下实践。

第一，建立团的教育系统网，举办团校和各种训练班。通过举办短期的列宁学校、青年俱乐部、干部学校，举办团员流动训练班，选送优秀团员到党校学习，选送少先队员去红军学校接受训练或入伍等形式，来培养训练团、队和儿童运动的干部。例如，1931年8月，少共闽粤赣苏区省委决定选派优秀团员到省委党校学习，以培养工农干部。1932年12月，团苏区中央局在瑞金开办中央列宁团校，训练革命根据地的干部。1933年9月，中央军委致函少先队总部，要求选送350名少先队员到红军学校入伍。在开展教育活动的形式上，在团、队组织内，建立夜校、识字班、阅报室、读书班，开展个别帮教识字，成立俱乐部、列宁室，组织各种研究小组、讲演组；举行报告会、讨论会；组织歌舞团、演剧队；开展体育、游艺活动等，进行政治、文化教育工作。

第二，创办共青团、少先队、儿童团各类宣传刊物。出版发行《青年实话》《少年先锋》《列宁青年》《团的建设》《时刻准备着》《红孩儿报》等报刊；编印《识字课本》《少队读本》《少队游戏》等学习材料和小册子以及各种宣传品；组织出墙报、壁报、画报等，进行宣传教育工作。从1931年起，除团中央、少先队中央总部、中央儿童局出版自己的机关刊物外，湘赣、闽浙赣、湘鄂赣等的共青团、少先队和儿童团省级机关也都先后出版了自己的机关刊物，共有十多种。这些刊物是团结、组织和教育革命根据地广大团员、青年、儿童和红军战士的有力思想武器。

第三，组织团员、少先队员和儿童团员参加实际斗争和社会活动。如通过站岗放哨、侦察敌情、拥军优属、宣传群众、查禁烟赌、反对封建迷信、参加劳动生产、开展节省和募捐运动、帮助革命战争与清洁防疫运动等多种形式，促进儿童团员积极参加革命实际斗争和社会活动。当时各地的儿童团员除了站岗放哨外，还担负着扫盲的任务，每个哨卡都设有识字岗，帮助儿童识字学习。

第四，加强对儿童教育工作的巡视，开展革命竞赛，组织政治、文化、军事和体育大检阅，推动儿童团、少先队组织工作的开展。1932 年国际青年节，苏维埃革命根据地少先队中央总部在瑞金举行规模盛大的总检阅仪式，开展热烈的革命竞赛。各地少先队代表近 700 人参加了这次检阅。检阅的内容包括政治军事训练、文化学习、体育运动等项目。1933 年 10 月 22 日，少共中央儿童局与中央教育人民委员部联合颁布《关于举行秋季列宁小学学生大检阅联合决定》，以此来了解各地列宁小学学生的读书情况，提高儿童读书的热情，争取每个儿童到校读书，丰富各地列宁小学学习生活。此外，苏维埃政府对各地儿童教育工作的巡视还包括政治测验、功课比赛、体育比赛等多个方面。

四、经验启示

苏维埃政府时期的教育方针在确立政治方向、界定基本内涵、开展主要实践等方面积累了丰富的经验，是中国教育史上的伟大创举。它是中国共产党以在农村建立革命根据地和苏维埃政权为基础，把马克思列宁主义的教育原理和中国实际相结合的产物，为以后我国教育方针的完善与发展提供了可资借鉴的宝贵经验。

（一）加强党对教育工作的直接领导，确立教育的正确方向

苏维埃教育文化事业取得的巨大成绩，归根结底，在于中国共产党在正确革命路线指导下对教育工作的直接领导。

苏维埃政府旗帜鲜明地把教育作为整个苏维埃运动的战斗武器和重要组成部分，批判忽视教育和取消教育的错误倾向，保证教育向正确的方向发展。一方面，高度重视利用教育来宣传革命思想和提高人民群众的文化知识水平，解放工农群众，为巩固政权打下思想和舆论基础；另一方面，从中央政府到地方各级苏维埃政府都设立了教育行政管理机构，负责贯彻执行文化教育的方针政策、计划、命令等，确保对教育事业的领导和管理落到实处[①]。苏维埃政府的领导人亲自办学，参加教育实践。在革命根据地教育事业创办与发展中，毛泽东等领导同志亲自参加教育实践，为创办和办好教育事业倾注了大量心血，对教育方针的定位及内涵进行了深刻的思考，尤其在党如何领导教育，教育如何宣传党的理念、政治纲要与政策，如何普及马列主义思想、传播共产主义理念，如何根据政治和军事斗争形势的需要，为新民主主义革命准备人才，培养无产阶级革命者和接班人等重大问题上都予以明确指示，保证了革命根据地教育沿着正确的方向发展，也为新中国社会主义教育方针的制定奠定了基础。

为贯彻和落实苏维埃文化教育的总方针，毛泽东等党的主要领导人，在日理万机的情况下，亲自参与教育指导。一是领导苏维埃政府制定一系列的教育政策和组织措施。如保障工农及其子女优先

---

① 　吕良主编：《中央革命根据地教育史》，教育科学出版社1989年版，第58页。

受教育权利的政策、利用旧知识分子政策、优待教师政策等，在各级教育行政机构中设立教育委员会的措施，建立"巡视和报告"制度，等等。二是亲自办学。例如，毛泽东 1929 年在兴国县开办了土地革命干部训练班，后来又兼任苏维埃大学的校长并亲自讲课。其他许多中央和地方领导人如朱德、任弼时、张闻天等也都先后担任过马克思共产主义学校的校长。中国共产党及其领导人在发展革命根据地教育的实践中作出的贡献是巨大的，产生了深远的影响，为以后我国国家领导人及各级领导干部重视教育、亲自领导教育树立了典范。

（二）正确处理教育与政治经济的关系，确保教育为革命斗争服务

在苏维埃各革命根据地的教育实践中，毛泽东等领导人出于对教育与政治、经济关系的正确理解，正确处理了革命需要教育、教育要为革命服务的关系，并将此理解充分体现在苏维埃政府制定的文化教育总方针中，即"以共产主义的精神来教育广大的劳苦民众"和"使文化教育为革命战争与阶级斗争服务"，要求苏维埃的教育工作必须坚持无产阶级的政治方向，在广大工农和青少年中宣传共产主义思想，帮助他们树立无产阶级思想和共产主义理想，积极参加革命战争和工农民主革命斗争，以夺取革命战争的胜利和巩固发展革命根据地。如前所述，革命根据地充分发挥了教育对革命战争和苏维埃各项建设的促进作用，通过教育提高人民的政治文化素质、为革命战争及社会建设培养人才，无论是红军教育、工农教育、普通教育还是通过团、队进行教育，都是围绕着革命战争和苏维埃建设的需要开展的。

（三）坚持依靠群众办学，确保教育为劳动人民服务

苏维埃政府坚持群众办学的路线，在办学体制和办学形式上，革除了当时存在的"忽视教育"和"取消教育"的错误倾向，创立了一套适合革命战争和根据地农村环境以及革命建设需要的新体制，为坚持依靠群众办学形成了可资借鉴的经验。

首先，依靠群众创造办学条件。苏维埃政府积极发动各革命根据地的干部群众，想尽一切办法解决办学经费、办学场地等问题。没有办学经费，就发动群众募捐筹集；没有校舍，就利用祠堂庙宇或利用没收来的房子做校舍。此外，为了解决教师缺乏的难题，苏维埃政府想出了许多办法，如由群众推选识字的工农来担任教师，特别是发挥许多妇女积极分子的作用，有的地方还请驻地红军中识字的官兵担任夜校、识字班的教师。总之，就是发挥群众的智慧，通过各种灵活变通的方法来解决教育的难题。苏维埃政府所开创的依靠群众办学的先河，成为以后我国各阶段教育蓬勃发展的重要原因。今天，我们国家的教育所取得的举世瞩目的成就，离不开群众的有力支持。

其次，依靠群众管理教育事业。苏维埃政府要求文化教育机构和学校必须争取共产主义青年团、农民协会、妇女会、工会、合作社、少先队、儿童团以及学生家长的协助和支持，把学校置于群众团体和群众监督之下。苏维埃政府还要求巡视员直接到教育机关考察，询问当地群众，征求他们对教育的意见。通过这些方式，使得劳动人民真正拥有文化教育的参与权，基层的各种教育实践为此后抗日民主根据地教育采用"民办公助"和"以民教民"等先进做法奠定了基础，也为党领导教育、依靠群众办学开辟了道路。

（四）使教育与劳动联系起来，为培养时代新人服务

　　苏维埃文化教育的总方针强调教育与生产劳动相结合，克服了旧教育与生产劳动相脱离的弊端，结束了过去几千年教育与生产劳动相脱离、脑力劳动者与体力劳动者相对立的历史，探索和积累了许多教育与生产劳动相结合的宝贵经验。

　　毛泽东根据马克思主义的教育理论，首次把"教育与劳动联系起来"作为苏维埃文化教育的总方针的一个重要组成部分，给革命根据地教育事业的发展指明了方向，也为以后我国教育与生产劳动相结合的育人要求奠定了基础。一是高度重视劳动教育的作用和必要性，以发布训令、命令和决议的方式要求各类学校贯彻实行劳动教育。二是要求在教学内容方面增加有关生产劳动的知识和技能，培养学生热爱劳动、热爱劳动人民的情感和劳动观点以及坚强的劳动意志，并掌握必要的生产劳动知识和技能。三是正确处理教育与社会经济的关系，指出教育要为革命战争和苏维埃建设服务。同时，帮助广大工农群众及其子女学习文化知识，接受教育，积极参加各类文艺、体育、卫生和反对封建迷信的活动，摆脱反动阶级强加在他们精神上的枷锁，培养有文化、有知识、有信仰、能劳作、会享受文明幸福的人才。苏维埃文化教育方针不论在理论上还是实践上，都正确地解决了教育与政治、经济的关系问题，为丰富和发展马克思主义教育理论作出了巨大贡献，为以后各阶段党所确定的育人方针尤其是培养全面发展的社会主义建设者和接班人的人才定位奠定了方向，为我国当下加强劳动教育、五育并举的教育方针提供了历史借鉴和理论参考。

　　总之，苏维埃文化教育的总方针的确立，是中国教育史上的

伟大创举。它是中国共产党按照中国革命的客观规律，运用马克思主义的教育原理指导革命教育实践，从土地革命战争时期的教育实践中逐步提炼和总结出来的，也充分体现了中国共产党的初心和使命。从以后发展看，苏维埃政府时期所确立、所实践的教育方针，既是全民族抗战和解放战争时期教育方针的基础，也是中国社会主义教育方针的基础，是我国教育史上弥足珍贵的经验与财富。

第二章
全民族抗战和解放战争时期的文化教育总方针

全民族抗日战争爆发后，在中华民族面临生死存亡的危急关头，中国共产党高举抗日民族统一战线旗帜，实行抗战教育政策，倡导教育为抗战服务。1940 年，毛泽东发表《新民主主义论》，提出了新民主主义文化教育的总方针。在民族的、科学的、大众的新民主主义教育方针指引下，抗日根据地教育事业蓬勃发展，为提高人民民族觉悟、开展全民族抗战和持久抗战、打败日本侵略者作出了重要贡献。解放战争时期，解放区继续实行新民主主义教育方针，新民主主义教育事业继续发展，并根据形势和任务的变化逐步走向正规化，有力地推动了新民主主义革命走向全面胜利。新中国成立前夕，《中国人民政治协商会议共同纲领》规定："中华人民共和国的文化教育为新民主主义的，即民族的、科学的、大众的文化教育。"[①]由此，这也成为新中国成立初期教育改革与建设的指导方针。

---

① 何东昌主编：《中华人民共和国重要教育文献（1949—1975）》，海南出版社 1998 年版，第 1 页。

一、历史背景

新民主主义教育方针形成于伟大的全民族抗战时期，随着《新民主主义论》的发表而得以确立，是新民主主义教育的核心概括与表述，也是对苏区时期苏维埃教育方针的继承、发展和深化。

（一）严重的民族危机促成第二次国共合作

1937 年 7 月 7 日，日本帝国主义者制造了震惊中外的卢沟桥事变，发动了蓄谋已久的全面侵华战争。7 月 8 日，中共中央发出《中国共产党为日军进攻卢沟桥通电》，指出只有实行全民族抗战，才是中国的出路，号召全国军民团结起来，筑成民族统一战线的坚固长城，抵抗日本的侵略。在空前的民族危机面前，在全国抗日救亡运动不断高涨和中国共产党的积极推动下，国共两党开始了第二次合作。9 月 22 日，国民党中央通讯社发表了《中国共产党为公布国共合作宣言》。次日，蒋介石发表实际上承认中国共产党合法地位的谈话。至此，以国共合作为基础的抗日民族统一战线正式形成。

1937 年 8 月 25 日，中共中央革命军事委员会发布命令，将中央红军改编为国民革命军第八路军（简称八路军），朱德、彭德怀任正、副总指挥。随后，八路军主力挺进华北抗日前线。9 月，陕甘宁根据地的苏维埃政府改称陕甘宁边区政府，林伯渠任主席。边区首府延安为中共中央所在地。10 月，南方八省的红军游击队（琼崖红军游击队除外）改编为国民革命军陆军新编第四军（简称新四军），叶挺任军长，开赴华中抗日前线。在中国共产党领导下，八路军先后开辟了晋察冀、晋西北和大青山、晋冀豫、晋西南、山东等抗日根据地，新四军则开赴苏南、皖南、皖中地区，创建华中抗日根据地。"敌后战场的开辟和抗日民主根据地的建立，成为坚持长期抗战的中流砥柱。"①

卢沟桥事变后的 10 个月中，北平、天津、太原、上海、南京等城市相继失陷，大片国土沦丧。面对强大的敌人，这场战争的前途究竟会怎样？1938 年 5 月 26 日至 6 月 3 日，毛泽东在延安抗战研究会上发表了《论持久战》的长篇演讲。他明确指出，中日战争是"半殖民地半封建的中国和帝国主义的日本之间在二十世纪三十年代进行的一个决死的战争"②，抗战是持久战，经过长期抗战，中国必将取得最后的胜利。《论持久战》深刻分析了战争双方的特点，批驳了"亡国论""速胜论"等错误观点，科学地预见到抗战将经历三个阶段：第一个阶段，是敌之战略进攻、我之战略防御的时期；第二个阶段，是敌之战略保守、我之准备反攻的时期；第三个阶段，是我之战略反攻、敌之战略退却的时期。第二阶段是整个战争的过渡阶段，也将是最困难的时期。《论持久战》强调"兵民是胜利之本"，指出争取抗战胜利的唯一正确道路是充分动员和依靠群众，实行人民战争。《论持久战》是中国共产党领导抗战的纲领性文件，公开发表后在国内外产生了重大影响，极大地鼓舞和坚定了人们坚持抗战的信心与决心。

日本侵略者所到之处，学校和其他文教机构遭到严重的破坏。国民政府从"抗战建国"的基本方针出发，逐步确立了"战时应作

① 中共中央党史研究室著：《中国共产党历史》第一卷（下册），中共党史出版社 2010 年版，第 508 页。

② 《毛泽东选集》第二卷，人民出版社 1991 年版，第 447 页。

平时看"的教育指导原则。为适应战时需要，国民政府也对教育采取了一些应变和改革措施，如组织高校内迁调整、设置国立中学、实行内迁学生的贷金和公费制度、开展战区教育，以及推行训育制、导师制、"政教合一"的国民教育制度等。这些举措在客观上对教育的维持和发展起到一定的作用，同时也显露出国民党通过教育继续对民众进行思想控制以维护其独裁统治的企图，因而也决定了其改革的有限性，并且愈来愈阻碍教育的发展与进步。

（二）伟大的抗战需要教育与之相配合

卢沟桥事变后，中国共产党坚决实行抗战，积极倡导建立抗日民族统一战线，迅速提出了改革旧教育、实行抗战教育政策的主张，充分发挥教育在提高人民民族觉悟方面的作用，为伟大的抗战服务。

1937年7月23日，毛泽东发表了《反对日本进攻的方针、办法和前途》一文，主张坚决实行抗战的方针和办法，以争取驱逐日本帝国主义、实现中国自由解放的前途。文中提出了"国防教育"的口号，指出要"根本改革过去的教育方针和教育制度。不急之务和不合理的办法，一概废弃"①。8月25日，中共中央在洛川召开政治局扩大会议，通过了《中国共产党抗日救国十大纲领》，提出抗日的教育政策是："改变教育的旧制度旧课程，实行以抗日救国为目标的新制度新课程。""实施普及的义务的免费的教育方案，提高人民民族觉悟的程度。""实行全国学生的武装训练。"②

---

① 《毛泽东选集》第二卷，人民出版社1991年版，第348页。
② 中央档案馆编：《中共中央文件选集》第十一册（一九三六——一九三八），中共中央党校出版社1991年版，第330页。

1938 年 10 月，毛泽东在中共六届六中全会上作《论新阶段》的报告，明确提出："实行抗战教育政策，使教育为长期战争服务。""在一切为着战争的原则下，一切文化教育事业均应使之适合战争的需要。"进而提出实行如下各项文化教育政策："第一，改订学制，废除不急需与不必要的课程，改变管理制度，以教授战争所必需之课程及发扬学生的学习积极性为原则。第二，创设并扩大增强各种干部学校，培养大批的抗日干部。第三，广泛发展民众教育，组织各种补习学校，识字运动，戏剧运动，歌咏运动，体育运动，创办敌前敌后各种地方通俗报纸，提高人民的民族文化与民族觉悟。第四，办理义务的小学教育，以民族精神教育新后代。"并强调说："一切这些，也必须拿政治上动员民力与政府的法令相配合，主要的在于发动人民自己教育自己，而政府给以恰当的指导与调整，给以可能的物质帮助，单靠政府用有限财力办的几个学校、报纸等等，是不足完成提高民族文化与民族觉悟之伟大任务的。抗战以来，教育制度已在变化中，尤其战区有了显著的改进。但至今还没有整个制度适应抗战需要的变化，这种情形是不好的。伟大的抗战必须有伟大的抗战教育运动与之相配合，二者间的不配合现象亟应免除。"[①]

国防教育就是抗战的教育，目的是动员广大群众参加民族自卫战争，扩大和巩固抗日民族统一战线，本质上也必然是对旧教育的改革，使之适应现实的需要，为抗战服务。在陕甘宁边区，边区政府提出，实施国防教育的任务"是提高民众的民族觉悟、胜利信

---

① 中央档案馆编：《中共中央文件选集》第十一册（一九三六——一九三八），中共中央党校出版社 1991 年版，第 616-617 页。

心和增加抗战的知识技能，以动员广大民众参加抗战，训练千百万优良的抗战干部，培养将来独立、自由、幸福的中国建设者，争取中华民族的独立、自由和解放"[①]。边区教育的宗旨：为争取抗战胜利，建设独立、自由、幸福的新中国，培养有民族觉悟、有民主思想、有现代生活的知识技能，能担负抗战建国之任务的战士和建设者。

边区国防教育的实施原则包括以下方面：

实行普及的免费的教育。普及最低限度的免费教育于七岁以上的学龄儿童和失学成年男女，特别要注意到过去被排除在学校以外的穷苦儿童和青年，使广大的群众从文盲中解放出来，扫除教育上的一切垄断和畸形发展。

学制和课程力求经济化。为了适应抗战建国的需要，应改变旧有学制，把各级学校修业期限缩短，同时应取消不适合战时需要的课程，使一切课程内容及其配备方法都以抗战建国为中心，以求学生能在最短期内学得战时急需的知识技能，使他们一离开学校，就可以用所学的东西来为抗战建国服务。

教育应和实际生活打成一片，学习和实际生活取得密切的联系，使理论和实践求得统一。读书和工作、学校和社会，都应有联系，使学生的一切活动都含有教育意义，使一切教育都是在领导学生的活动。

实行劳动教育。边区教育应特别注重劳动教育，使儿童青年从事劳动，使他们在集体劳动中锻炼身体，发展他们的集体精神，训

---

① 　陕西师范大学教育研究所编：《陕甘宁边区教育资料（教育方针政策部分）》上册，教育科学出版社 1981 年版，第 1 页。

练他们的组织能力，并且养成他们劳动的兴趣和重视爱好劳动的习惯。学生不只应在学校内劳动，还应参加校外的生产劳动工作。

发扬民主的精神。指导儿童和青年建立他们自己的组织，管理自己的生活，各种生活事项由大家共同议决、共同执行，以一面养成民主性和独立性，一面建立自觉的纪律。

实行集体的自动学习。集体的自动学习应为教学的最高原则，在集体的自动学习中，应极力求得儿童青年的集体性、自动性、积极性和创造性的发展。

实行军事化的训练。为适应战时环境的需要，中等以上的学校应实行军事训练，小学实行半军事化的组织，使学生在必要时可以直接参加抗战。

推广社会教育。采用种种经济便利而有效的方式，广泛发展社会教育，使它深入到广大的群众中去，以求消灭文盲，提高大众政治文化水平，动员广大群众参加抗战。

发展师范教育。用最经济最有效力的教育方法，在短期内培养大批有坚定正确的政治方向和艰苦奋斗的精神的教育干部，以推行普及教育。①

从上述内容可以看出，边区国防教育实际上继承和贯彻了苏维埃教育方针的精神，在新的形势下，强调教育以抗战的行动为中心，密切配合抗战，以群众为教育对象，改革旧的教育制度和课程，注重劳动教育，强调学习的自觉和学生的民主管理，显示出鲜明的边区教育特色。

---

① 陕西师范大学教育研究所编：《陕甘宁边区教育资料（教育方针政策部分）》上册，教育科学出版社1981年版，第134-135页。

边区国防教育在实践中也取得了显著的成绩。1939 年 1 月，陕甘宁边区政府主席林伯渠在边区第一届参议会上所作的工作报告中说："边区国防教育的实施，虽然因为边区财政困难以及各种物质条件的困难而受到了限制，然而在全国范围内，边区是第一个创造与实行国防教育的，把教育从少数人的专有品中解放了出来，把教育与实际生活打成了一片，使教育成为抗战的一个有力的武器。"①

抗日救亡工作需要大批知识分子的参与。1939 年 12 月，中共中央作出大量吸收知识分子的决定，强调对于知识分子的正确的政策是革命胜利的重要条件之一，要求大量吸收知识分子加入我们的军队、学校和政府工作，同时鼓励工农干部加紧学习，提高文化水平，实现工农干部的知识分子化和知识分子的工农群众化；建立广泛的文教统一战线，团结一切赞成抗日的知识分子，共同参加抗日救亡运动。

（三）新民主主义文化教育理论的形成

1938 年 10 月，广州、武汉失守后，抗战逐渐进入相持阶段。日本侵略者调整策略，采取政治诱降为主、军事打击为辅的方针，企图瓦解抗日民族统一战线，诱使国民政府妥协投降。1938 年 12 月，以汪精卫为首的国民党亲日派公开投降。1939 年 1 月，国民党在重庆召开五届五中全会，确定了"溶共"、"防共"和"限共"的方针，会后又陆续制定和秘密颁发了《防制异党活动办法》《共

---

① 　陕西师范大学教育研究所编：《陕甘宁边区教育资料（教育方针政策部分）》上册，教育科学出版社 1981 年版，第 56 页。

党问题处置办法》《沦陷区防范共党活动办法》等一系列反共文件。随着国民党的政策重点逐步转向消极抗日、积极反共，各地的反共活动日趋严重。此后，国民党五届六中全会进一步确定了以军事反共为主、政治反共为辅的方针，并在军事上掀起了第一次反共高潮。

1939 年 3 月，国民党发动了国民精神总动员运动，同时在政治上极力宣扬"一个主义、一个政党、一个领袖"，在思想宣传方面防共、限共、反共。随着反共浪潮的掀起，"中国向何处去"这一重大问题急需得到阐明。1939 年 10 月和 12 月，毛泽东先后发表《〈共产党人〉发刊词》和《中国革命和中国共产党》。1940 年 1 月 9 日，在陕甘宁边区文化界救亡协会第一次代表大会上，他又作了《新民主主义的政治和新民主主义的文化》的长篇讲演。这篇讲演稿经过修改补充，在《中国文化》创刊号上发表，又在《解放》第 98、99 期合刊登载，改为《新民主主义论》。对于"中国向何处去"的问题，文章开门见山给出明确的回答：共产党人多年以来奋斗的目标，在于建设一个中华民族的新社会和新国家，就是要建立一个新中国。"我们不但要把一个政治上受压迫、经济上受剥削的中国，变为一个政治上自由和经济上繁荣的中国，而且要把一个被旧文化统治因而愚昧落后的中国，变为一个被新文化统治因而文明先进的中国。"①他指出，中国现时社会的半殖民地半封建性质，决定了中国革命必须分为两个步骤：第一步是民主主义革命，第二步是社会主义革命。而中国的民主主义革命，从鸦片战争失败以后到 1919 年五四运动以前为中国资产阶级领导的旧民主主义革命，在

---

① 《毛泽东选集》第二卷，人民出版社 1991 年版，第 663 页。

五四运动以后则是无产阶级领导的新民主主义革命。新民主主义革命即无产阶级领导的人民大众的反帝反封建的革命。"现在所要建立的中华民主共和国，只能是在无产阶级领导下的一切反帝反封建的人们联合专政的民主共和国，这就是新民主主义的共和国，也就是真正革命的三大政策的新三民主义共和国。"①新民主主义革命的发展前途必然是社会主义革命，只有完成前一个革命才能去进行后一个革命，想要"毕其功于一役"是不可能的，两个革命阶段必须也必然是衔接的，不容横插一个资产阶级专政。《新民主主义论》从中国社会性质和中国革命的历史特点出发，系统阐述了中国革命的历史进程和新民主主义革命的时代特点。

《新民主主义论》旗帜鲜明地回答了"中国向何处去"的问题，并提出了新民主主义的政治、经济和文化纲领，勾画出了新民主主义社会的蓝图。关于新民主主义的文化纲领，文章指出："所谓新民主主义的文化，就是人民大众反帝反封建的文化；在今日，就是抗日统一战线的文化。这种文化，只能由无产阶级的文化思想即共产主义思想去领导，任何别的阶级的文化思想都是不能领导了的。所谓新民主主义的文化，一句话，就是无产阶级领导的人民大众的反帝反封建的文化。"②"民族的科学的大众的文化，就是人民大众反帝反封建的文化，就是新民主主义的文化，就是中华民族的新文化。"③

1940 年，张闻天作了《抗战以来中华民族的新文化运动与今后任务》的报告，对中华民族的新文化问题作了深入的阐述。他提

---

① 《毛泽东选集》第二卷，人民出版社 1991 年版，第 675 页。

② 同①，第 698 页。

③ 同①，第 708–709 页。

出，中华民族的新文化必须是为抗战建国服务的文化，必须是民族的、民主的、科学的、大众的。该文与《新民主主义论》等一起，构成新民主主义文化思想体系最终形成的标志。①

《新民主主义论》中所说的"文化"这一概念，是包括了教育的。教育，是广义的文化的组成部分，又是和广义文化的其他各个领域密切联系和互相影响的。②因此，新民主主义文化的方针，也可以说就是新民主主义教育的方针。新民主主义教育，即无产阶级领导的人民大众的反帝反封建的教育，是民族的、科学的、大众的新教育。这就是新民主主义教育的总方针。

1945年，毛泽东在《论联合政府》中明确重申："中国国民文化和国民教育的宗旨，应当是新民主主义的；就是说，中国应当建立自己的民族的、科学的、人民大众的新文化和新教育。"他还指出："从百分之八十的人口中扫除文盲，是新中国的一项重要工作。""一切奴化的、封建主义的和法西斯主义的文化和教育，应当采取适当的坚决的步骤，加以扫除。"③

《新民主主义论》的面世，奠定了新民主主义革命学说的理论基础。而新民主主义教育方针的提出，明确了新民主主义教育的性质、任务，为新民主主义教育事业的发展指明了方向和道路。

① 刘辉：《新民主主义文化思想体系形成标志新论》，《中国人民大学学报》2001年第2期。
② 郭笙：《重读〈新民主主义论〉关于文化教育问题的一点认识》，《上海高教研究》1982年第3期。
③ 《毛泽东选集》第三卷，人民出版社1991年版，第1083页。

二、方针内涵

"一定的文化（当作观念形态的文化）是一定社会的政治和经济的反映，又给予伟大影响和作用于一定社会的政治和经济；而经济是基础，政治则是经济的集中的表现。这是我们对于文化和政治、经济的关系及政治和经济的关系的基本观点。"①新民主主义教育方针就是建立在这一马克思主义基本原理之上的。无产阶级领导的人民大众的反帝反封建的教育，侧重阐释新民主主义教育的性质与任务，民族的、科学的、大众的（因而即是民主的）新教育，则强调了新民主主义教育的内容与方向。

（一）无产阶级领导的人民大众的反帝反封建的教育

新民主主义革命是由无产阶级领导的，因而新民主主义教育自然应由无产阶级领导。无产阶级思想即共产主义思想，是新民主主义教育的指导思想。反帝反封建是整个民主革命阶段的历史任务，也是新民主主义教育的行动纲领。

新民主主义教育以共产主义思想为指导。《新民主主义论》指出："当作国民文化的方针来说，居于指导地位的是共产主义的思想，并且我们应当努力在工人阶级中宣传社会主义和共产主义，并适当地有步骤地用社会主义教育农民及其他群众。"②同时，新民主主义教育与社会主义教育既有联系，又有区别。"在现时，毫无疑

---

① 《毛泽东选集》第二卷，人民出版社 1991 年版，第 663–664 页。

② 同①，第 704 页。

义，应该扩大共产主义思想的宣传，加紧马克思列宁主义的学习，没有这种宣传和学习，不但不能引导中国革命到将来的社会主义阶段上去，而且也不能指导现时的民主革命达到胜利。但是我们既应把对于共产主义的思想体系和社会制度的宣传，同对于新民主主义的行动纲领的实践区别开来；又应把作为观察问题、研究学问、处理工作、训练干部的共产主义的理论和方法，同作为整个国民文化的新民主主义的方针区别开来。把二者混为一谈，无疑是很不适当的。"[①]

新民主主义教育具有社会主义的因素，新民主主义教育的发展方向也必然是社会主义教育，但如果在民主革命阶段就实行"共产主义的教育"，无疑就会出现偏差，是不正确的。《新民主主义论》中反复强调："在现阶段革命的基本任务主要地是反对外国的帝国主义和本国的封建主义，是资产阶级民主主义的革命，还不是以推翻资本主义为目标的社会主义的革命。就国民文化领域来说，如果以为现在的整个国民文化就是或应该是社会主义的国民文化，这是不对的。这是把共产主义思想体系的宣传，当作了当前行动纲领的实践；把用共产主义的立场和方法去观察问题、研究学问、处理工作、训练干部，当作了中国民主革命阶段上整个的国民教育和国民文化的方针。"[②]这些论述是有针对性的。在土地革命后期，苏区曾实行过一些过"左"的政策，如打击知识分子、采用共产主义的国民教育宗旨等，这些"不但在今天抗日时期，一概不能采用，就是在过去也是错误的"[③]。因而，上述论述在思想体系上，是对苏维埃

---

① 《毛泽东选集》第二卷，人民出版社 1991 年版，第 706 页。
② 同①，第 705 页。
③ 同①，第 762 页。

文化教育总方针中"在于以共产主义的精神来教育广大的劳苦民众"提法的继承和发展。①

新民主主义教育的任务，在于服务新民主主义革命反帝反封建任务的实现。在抗日战争时期，就是要提高人民的民族文化与民族觉悟，建立反对日本帝国主义的统一战线，动员全国人民为抗战建国而奋斗。在解放战争时期，则以推翻官僚买办资产阶级的统治和帝国主义的文化侵略为主要任务，推动实现新民主主义革命的伟大胜利。

（二）民族的、科学的、大众的新教育

新民主主义教育是民族的。所谓民族的，首先，强调新民主主义教育要反对帝国主义的压迫，主张中华民族的尊严和独立。在抗战时期，教育的首要任务是唤醒大众的民族意识，提高民族和文化的自尊心与自信心，与日本帝国主义的奴化宣传作坚决的斗争。没有这种斗争的胜利，中华民族就不可能获得独立和解放。其次，新民主主义教育应具有自己民族的形式和特点。"它是我们这个民族的，带有我们民族的特性。"②同时，民族性的教育又不是狭隘排外的，而是持一种开放的态度。对于外国的先进文化，要大量吸收。而一切外国的东西，又要注意弃其糟粕、取其精华，洋为中用。"全盘西化"的主张是错误的，"必须将马克思主义的普遍真理和中国革命的具体实践完全地恰当地统一起来，就是说，和民族的特点相结合，经过一定的民族形式，才有用处，决不能主观地公式地应用

---

① 王铁著：《中国教育方针的研究——新民主主义教育方针的理论与实践》上册，教育科学出版社 1982 年版，第 144 页。

② 《毛泽东选集》第二卷，人民出版社 1991 年版，第 706 页。

它"①。民族的形式和新民主主义的内容相结合，这就是新民主主义教育。

新民主主义教育是科学的。所谓科学的，强调新民主主义教育是反对封建主义的教育。"它是反对一切封建思想和迷信思想，主张实事求是，主张客观真理，主张理论和实践一致的。"②科学的口号继承了五四传统，同时它坚持马克思主义的辩证唯物主义，以科学的态度即实事求是的态度对待中国古代文化遗产，既不否定一切，也不因循守旧，而是剔除其封建性的糟粕，吸取其民主性的革命性的精华，这是发展民族新文化、提高民族自信心的必要条件。"我们必须尊重自己的历史，决不能割断历史。但是这种尊重，是给历史以一定的科学的地位，是尊重历史的辩证法的发展，而不是颂古非今，不是赞扬任何封建的毒素。"③

新民主主义教育是大众的，因而也是民主的。所谓大众的，强调新民主主义教育"应为全民族中百分之九十以上的工农劳苦民众服务"④，并逐渐成为他们的教育。大众的教育是同大众的民主相联系的。"最广大的人民，占全人口百分之九十以上的人民，是工人、农民、兵士和城市小资产阶级。""这四种人，就是中华民族的最大部分，就是最广大的人民大众。"⑤新民主主义教育要做到为绝大多数人服务，从教育制度到教育内容、从教育形式到教育方法都要符合工农劳苦大众的需要，满足工农劳苦大众的需求。为此，就要妥

---

① 《毛泽东选集》第二卷，人民出版社 1991 年版，第 707 页。

② 同①。

③ 同①，第 708 页。

④ 同①，第 708 页。

⑤ 《毛泽东选集》第三卷，人民出版社 1991 年版，第 855–856 页。

善处理普及与提高的关系。"要把教育革命干部的知识和教育革命大众的知识在程度上互相区别又互相联结起来，把提高和普及互相区别又互相联结起来。"①为了实现工农群众接受教育的目的，必须在一定条件下对文字加以改革，语言必须接近民众。

需要指出的是，在《新民主主义论》发表前，毛泽东对新民主主义文化也有过一个概括。1939 年 12 月 13 日，他在中共中央政治局会议上指出："边区的教育方针应该是民主主义的，应该宣传当前民主主义的任务，同时又宣传共产主义思想体系。因此，学校也不能只教共产主义思想体系，而忽视当前实际任务。新文化用下面四大口号为好：民族化（包括旧形式），民主化（包括统一战线），科学化（包括各种科学），大众化（鲁迅提出的口号，我们需要的）。"②

张闻天在论及新民主主义文化时，指出其必须是民族的、民主的、科学的、大众的文化。他明确指出："中华民族的新文化必须是为抗战建国服务的文化。要完成这个任务，它必须是：（一）民族的，即抗日第一，反帝、反抗民族压迫，主张民族独立与解放，提倡民族的自信心，正确把握民族的实际与特点的文化；（二）民主的，即反封建、反专制、反独裁、反压迫人民自由的思想习惯与制度，主张民主自由、民主政治、民主生活与民主作风的文化；（三）科学的，即反对武断、迷信、愚昧、无知，拥护科学真理，把真理当做自己实践的指南，提倡真能把握真理的科学与科学的思想，养成科学的生活与科学的工作方法的文化；（四）大众的，即

---

① 《毛泽东选集》第二卷，人民出版社 1991 年版，第 708 页。

② 中共中央文献研究室编：《毛泽东年谱（一八九三——一九四九）》（修订本）中卷，中央文献出版社 2013 年版，第 151 页。

反对拥护少数特权者压迫剥削大多数人、愚弄欺骗大多数人、使大多数人永远陷于黑暗与痛苦的贵族的特权者的文化，而主张代表大多数人利益的、大众的、平民的文化，主张文化为大众所有，主张文化普及于大众而又提高大众。"他强调："上述新文化的四个要求是有机的联系着的。真正民族的，必然是民主的、科学的、大众的。"①这与《新民主主义论》对新民主主义文化的基本内容或原则的概括的基本精神是一致的。

1941 年 4 月，刘少奇在苏北文化协会成立大会上的演讲中，提出普遍深入地开展苏北的新文化运动，对民族的、科学的、大众的新民主主义文化进行了一番阐发。他指出，第一，它反对敌寇汉奸的奴隶文化。"我们的新文化，首先在目前抗战的时期就应该完全与这种所谓文化对立起来，为提高我民族的自尊心自信心而努力，提高我民族的高尚的气节，提高人民的抗日积极性，对人民实行广泛的民族教育。""我们的新文化继承与接收中华民族历史上一切优良的文化上的成果，而抛弃其错误的有害的东西，具备适合中国民族的特殊的习惯与形式，同时吸收世界上一切民族的科学知识，为推动中国民族独立的发展而奋斗，这就是我们的新文化运动的民族性。"第二，它反对封建的反动的旧文化。"我们的新文化应该提倡民主，提倡平等与互助，反对特权，指出人剥削人、人压迫人的现象之不合理，反对武断与盲从，提倡理性与科学，反对倒退，提倡进步与一切新的创造"，"这就是新文化运动的科学性与进步性"。第三，它与苏北及华中广大人民群众的抗日民主运动的实

---

① 中央党史研究室张闻天选集传记组编：《张闻天文集》第三卷，中共党史出版社 2012 年版，第 25-26 页。

践密切联系，成为群众的革命实践之指导。"它应该深刻反映这里群众的伟大的实践，同时又为群众的实践服务，为这里的抗日民主政治军事服务，指导这里的群众实践，指导抗日民主根据地的建设。""这就是新文化运动的实践性与具体性。它与大众的实践分不开，反映大众的实践，代表大众的思想与要求，又是为大众的实践服务的。"①

1941年2月20日，中共中央机关内部刊物《共产党人》第15期刊登《各抗日根据地文化教育政策讨论提纲（草案）》（以下简称《讨论提纲》），提出"今后，各根据地文化教育事业一般的方针应当根据党中央所提出的新民主主义的文化。这个方针不仅普遍的适合于各抗日根据地，而且各抗日根据地应当成为新民主主义文化的推动者和模范区域"。《讨论提纲》还对新民主主义文化的内容作了阐释："新民主主义文化的基本内容就是抗日的、民主的、科学的、大众的，就是发展进步文化的力量，团结一切抗日的、民主的、自由思想的文化力量，反对奴化的、黑暗的、复古的、封建的文化势力。"②

新民主主义教育是一种新的教育，是不同于旧教育的，也是对旧教育的改造和扬弃。《讨论提纲》明确指出："国民党的文化教育政策，是不适合于抗战的。因为它的思想统治政策，使抗日人民、抗日党派及无党派各界人士的思想不能自由发展，因为它的教

---

① 中共滁州市委党史研究室、安徽省新四军历史研究会编著：《中共中央中原局（1938.11—1941.5）》上卷，中共党史出版社2013年版，第595–596页。

② 陕西师范大学教育研究所编：《陕甘宁边区教育资料（教育方针政策部分）》上册，教育科学出版社1981年版，第150页。

育实施方法没有注意培养抗战建国人材，使在校学生感到苦闷，出校学生感到失业的痛苦，而且国民党把教育限制在狭隘的范围内，因此，只能使最少数的人，才有受教育的机会。我们的文化教育政策是抗日的，适合于抗战的需要；是民主的，适合于思想自由的发展；是大众的，适合于最多数人民有受教育的机会；是科学的，适合于革命思想的向前发展，这就是新民主主义的文化。"[①]

由上述这些论述，我们可以进一步理解新民主主义文化教育的革命性特征。

三、主要实践

全民族抗战时期，在新民主主义教育方针的指引下，各抗日根据地贯彻中共中央指示精神，根据各地实际情况制定政策措施，开展了建设新民主主义新教育的伟大实践。解放战争时期，在党的领导下，各解放区继续实行新民主主义的教育方针政策，为完成反对帝国主义、封建主义和官僚资本主义的新民主主义革命服务，并随着形势的变化，开始由战时教育向和平建设时期的教育转变，走向新型正规化。

（一）建设发展新民主主义的新教育

新民主主义文化教育方针提出后，在中共中央部署和推动下，

---

① 陕西师范大学教育研究所编：《陕甘宁边区教育资料（教育方针政策部分）》上册，教育科学出版社 1981 年版，第 152–153 页。

很快成为各抗日根据地新教育建设的指导方针。1940 年 3 月 18 日，中共中央发出《关于开展抗日民主地区的国民教育的指示》，指出国民教育的基本内容为新民主主义的教育，即以马克思主义的理论与方法为出发点的关于民族民主革命的教育与科学的教育。开展抗日民主地区的国民教育，是当时深入动员群众参加与坚持抗战、培养革命知识分子与干部的重要环节。该指示提出，国民教育一般可分为学校教育和社会教育。在学校教育方面，应尽可能恢复与重建各地小学校，达到每个村有一所初级小学，每个乡（或每编村）有一所中心小学或模范初级小学，每个中心区有一所两级小学或完全小学，以建立广泛的小学网。大批吸收与鼓励青年知识分子或旧知识分子担任小学教员的工作，用说服解释的方式及政府法令的强制力量大量动员学龄儿童入学。"为了提高各地文化、政治、专门知识的水平，为了造成中级与高级的知识分子，为了吸收现在尚散伏在乡村中的游离知识分子或半知识分子，某些县区内公立中学校的设立，仍然是必要的。这种中学校的一切设施，应相当正规化。"[①]在社会教育方面，各村各乡小学校内或小学校外，建立民革室、救亡室、俱乐部一类的文化教育活动中心，开办各种民众学校、夜校、识字班，组织各种识字组、读报、演讲、娱乐体育、戏剧等一切适合民众需要及民众喜欢参加的活动。每县的中心市镇设立民众教育馆，使之成为推广社会教育的模范，并发展农村中的戏剧歌咏活动。

根据地的新民主主义教育建设，应在党的领导下进行。该指示

---

① 　中央档案馆编：《中共中央文件选集》第十二册（一九三九——一九四〇），中共中央党校出版社 1991 年版，第 329 页。

要求，为了加强党对国民教育的领导，党的宣传教育部内应该有国民教育科，通过政府的教育厅或科及其他国民教育的社团去领导国民教育。为了推动国民教育的进行，在上级政府的教育厅或部下可由专门的"督学"之类去分区负责巡视学校教育，可由社会教育督导团或巡回教育团之类去负责推广社会教育。上级政府的教育厅或部下应有专门的人与机关负责编辑、审查、出版、发行各种国民教育的教科书、教材、参考资料，并力求其完备与统一。应经常召集各种关于国民教育的会议，讨论各种问题。应组织各种帮助国民教育的社会团体，提高用于国民教育方面的经费比例，提高小学教员及社会教育工作者在社会上的地位。应决心动员一批党员知识分子终身从事国民教育事业，青年救国会及其领导下的儿童团应成为党与政府在国民教育方面的第一个助手。"在国民教育工作方面，共产党应力求同有正义感的名流学者公正士绅实行统一战线。"①

上述指示内容，不仅明确了各抗日根据地的国民教育为新民主主义的，而且进一步提出了党领导发展这种新教育的若干具体政策。1940 年 11 月 15 日，《中央宣传部关于各抗日根据地内小学教育的指示》提出，应当积极进行普及的新民主主义的国民教育，要求各抗日根据地党和政府的领导机关，必须把建设新民主主义的小学教育事业提到重要地位上来，并对小学教育的学制、课程、教学、管理和教师问题的解决作出了具体的指示。

各抗日根据地贯彻中共中央指示精神，制定相应的政策，发展新民主主义的新教育。如 1940 年 6 月，晋察冀边区文化教育会

---

① 中央档案馆编:《中共中央文件选集》第十二册（一九三九——一九四〇），中共中央党校出版社 1991 年版，第 332 页。

议确定边区教育方针是："以民族的、民主的、大众的、科学的精神，教育边区人民，以粉碎敌伪的奴化教育政策，及一切落后的迷信的复古的与买办性的反动教育，树立全国新教育的模范，使教育为抗战建国服务。"①1940 年 8 月，冀南太行太岳联合办事处召开冀南、太行、太岳区教育扩大会议，确定全区教育的总方向是为建立民族的、民主的、科学的、大众的新民主主义教育而奋斗，教育要为长期抗战和未来建国的需要服务。又如 1940 年 12 月，山东省临时参议会通过的《山东省战时国民教育实施方案》规定："根据新民主主义的教育精神及山东具体条件，实施战时国民教育必须遵守以下的原则：1.扬弃抗战前的旧教育，建立革命的三民主义的新教育。2.以工农大众为主要对象，实施免费的普及教育。3.改善教育内容，加强政治教育，实施教育与实际生活统一的教育。4.注重基础教育，成人与儿童并重。5.实施集体主义的自我教育，学校教育与社会教育并重。6.改订学制，提高入学年龄，缩短学习年限，加强教育效能。7.学校组织与设备，在不妨害教育进行的原则下，务求简单化、军事化，以求适合战争环境。8.实现知识大众化、社会教育化、文化组织化的原则，定期消灭文盲。"②

（二）抗日根据地教育的改革与创造

在中国共产党的领导下，抗日根据地根据新民主主义的教育方针，废除了奴化的、封建主义的和法西斯主义的文化教育，改革教

---

① 王谦主编：《晋察冀边区教育资料选编（教育方针政策分册）》上，河北教育出版社 1990 年版，第 132 页。

② 中央教育科学研究所编：《老解放区教育资料》（二）上册，教育科学出版社 1986 年版，第 110–111 页。

育制度、教育内容和教育方法，创立了包括在职干部教育、干部学校教育、中等教育、小学教育、农民业余教育及军队教育在内的新民主主义的教育体系，建立起具有中国特色的民族的、科学的、大众的新民主主义的新教育。

根据地教育与苏区教育有着内在的一致性和连续性。根据地教育首先重视干部教育。中共六届六中全会指出，政治路线确定之后，干部就是决定的因素。中共中央成立了干部教育部，负责领导全党干部和根据地全体干部的教育工作。党在延安和各抗日根据地举办了许多干部学校和训练班，如中国人民抗日军事政治大学、中央党校、马克思列宁主义学院、陕北公学、鲁迅艺术学院、中国女子大学及华北联合大学、白求恩卫生学校等。这些学校的学制较短，课程少而精，教学内容紧密结合抗战需要，注重政治思想教育，强调理论与实际相联系以及师生的民主平等关系，短时期内培养出了大批的革命干部，为抗战和根据地建设作出了巨大的贡献。在职干部教育强调"做什么，学什么"，建立起学习制度，努力提高广大干部的理论、文化和业务水平。1940 年，延安自然科学研究院改名为延安自然科学院，培养科学技术干部，同时也是自然科学学术活动的中心。1941 年，马克思列宁主义学院先改组为马列研究院，后改名为中央研究院。中央研究院下设专门的教育研究机构——中国教育研究室，研究创立新民主主义的教育理论，培养掌握教育理论和政策的干部。

在社会教育方面，抗日根据地广泛开办识字组、夜校、民众学校、冬学等，进行抗战动员和政治宣传，开展扫盲运动，大力消灭文盲，提高群众的政治觉悟和文化水平，使他们积极参加支援抗战的工作。冬学是根据地社会教育最主要的一种形式。1936 年，陕北根据地开始利用这一学习形式开展扫盲。全民族抗战时期，各根据地普遍开办了冬学，利用冬季农闲时间，有领导地对广大农民进行政治教育和文化教育。冬学的主要对象为青壮年男女，政治教育主要是进行时事政治教育，文化教育主要是读、写、算，另有破除迷信、教授卫生常识等，并结合中心工作进行有关战争和生产技能的教育。冬学结束后，条件具备的转为常年民校。冬学成为根据地从教育入手组织动员广大农民群众推动社会改造的重要形式，其制度和影响一直延续到新民主主义革命胜利之后。

在普通教育方面，各抗日根据地积极恢复和创建了一大批中小学校。同时，还进行了学制、课程的改革工作，减少了不必要的科目，增设了军事训练、政治常识等抗战需要的科目，编印了适合抗战和生产需要的教材。同时，还组织儿童参加站岗、放哨、送信、募捐、慰问等社会活动，参加校内外的各种生产劳动。

在党的领导下，抗日根据地教育贯彻群众路线，在实践中又有新的发展和创造。面对残酷复杂的斗争环境，敌后抗日根据地克服种种困难，坚持对儿童进行反奴化教育。在游击区，抗日军民创办了抗日两面小学和抗日隐蔽小学，采取了游击教学、伪装教学、分散教学等形式。抗战后期，抗日根据地实行了"民办公助"的政策，从当时农村分散的特点出发，结合农民生产生活的需要和习惯，创造了多种多样的学习形式。教学内容密切结合生产和生活实际，教材、教学方法也有所改进，从而提高了群众的办学积极性，推动了民办学校的迅速发展。

根据地新民主主义的新教育的推进并非一帆风顺，而呈现出曲折发展的特点。从某种程度上讲，新民主主义的新教育的实践，也始终伴随着对教育正规化的改革、探索。

全民族抗战时期根据地学校教育正规化的主张与行动是由陕甘宁边区发起的。1938 年 8 月，陕甘宁边区政府教育厅提出，此后工作的方针之一是提高学校的质量。一方面要坚持战时国防教育方针，力求学校适合于战争变化的局面；另一方面要利用各种可能的环境，使学校走上正规化的道路，克服过去残留下来的一切游击主义的作风。"学校要办的象一个学校。一切学校都要在国防教育的总的方针原则之下，依照小学法与小学规程办理，并尽量争取模范小学的建立，使模范小学真能符合模范小学条件，成为边区小学教育中的堡垒。"[①]

1940 年 3 月发布的《关于开展抗日民主地区的国民教育的指示》，除将国民教育的内涵明确为新民主主义的教育外，对加强党对国民教育的领导提出了具体要求，并传递了推动根据地普及教育、通过中学正规化以造就抗战人才的意图。1940 年起，各抗日根据地普遍出现的建立正规化教育的运动，与中央的这一指示有着直接的关系。

如 1940 年 6 月 23 日，晋察冀边区行政委员会主任宋劭文在边区文教会议上的报告中明确提出，边区文化教育的努力方向就是科学化、大众化、正规化。1940 年 9 月，晋西北行署召开第二次行政会议，行署教育处处长刘墉如在报告中指出，新教育是抗日民主根据地建设的重要工作，教育正规化就是工作的根本方针，无论是学校教育还是社会教育，都必须向这个方向努力，肃清过去存在的游击作风及把小学当成训练班的做法。1941 年 6 月，山东省战

[①]　陕西师范大学教育研究所编：《陕甘宁边区教育资料（小学教育部分）》上册，教育科学出版社 1981 年版，第 8 页。

时工作推行委员会召开全省文教财经大会，确定山东抗日根据地新教育运动的基本方针，是普遍平衡大量发展，有计划地向正规化迈进。应当说，在抗战进入相持阶段，根据地教育着眼长期抗战、培养人才，提出教育正规化发展的主张，制定相关法令规程，实行统一学制、课程、教材、教学及领导管理等，推动教育的制度化、规范化与标准化发展，提高教育质量，是有其现实需要和积极意义的。然而，面对残酷动荡的战时状况，面对村庄分散、生产落后的农村环境，若一味强调教育正规化，强调提高教育质量，也存在很大问题，实际上也难以做到。

李维汉回忆说，陕甘宁边区学校教育一度搞旧型正规化，对边区落后的经济、文化状况和地广人稀的特点注意不够，未能及时解决教育和实际相结合、适应分散的村庄、为边区服务的问题。当时干部教育（培养边区的知识分子）是促进边区一切工作包括教育工作的决定性因素，长期未被重视。国民教育也不顾边区具体情况，先是不切实际地普遍推行普及教育、义务教育，后又走到另一个极端，提出了所谓"减少数量提高质量"的口号。"这是忽视了边区生产落后、村庄分散、交通不便、劳动力缺乏等特点，抄袭旧的一套教育体制所造成的恶果。"①

延安整风运动中，主观主义、形式主义与教条主义的思想受到了批判。在陕甘宁边区，从高级干部学校开始，对教育的方针政策、教育内容与方法以及学制、课程等进行了重大的改革。1943年年初，陕甘宁边区教育厅发出指示信，提出边区教育的总的实施方针：第一是在职干部教育，第二是学校干部教育，第三是社会教

---

① 李维汉著：《回忆与研究》下，中共党史资料出版社1986年版，第568页。

育，第四是国民教育。1944 年 4 月 7 日与 5 月 27 日，《解放日报》分别发表了《根据地普通教育的改革问题》和《论普通教育中的学制与课程》的社论，对中国近代废科举兴学校以来的教育制度进行了深刻的剖析和批判，对普通教育改革提出了一系列观点。文章认为，中国当时推行的所谓新教育的一套制度课程办法，是资本主义高度发展国家的产物，不合于中国的需要；是资产阶级统治者的产物，不合于中国民主根据地的需要；是和平时期的产物，不合于抗战的需要；是大城市的产物，不合于农村的需要。因此，普通教育必须来一个大改革。"我们一定要使教育的基础生根在最广大人民群众的需要中间。"[1]文章提出，在根据地的学制中，干部教育应该重于群众教育，干部教育中现任干部的提高又应重于未来干部的培养，群众教育中的成人教育也应该重于儿童教育。无论是干部教育还是群众教育，战争与生产所直接需要的知识与技能的教育应该重于其他的所谓一般文化教育。这些学校中的课程，"要看各根据地的情况、学生的成分、学校的性质和形式来决定，刻板的科目表是无益的。一般地说，我们应该减少一些课程，改变一些课程，增加一些课程"[2]。这两篇文章对此后各根据地的教育改革发挥了重要的指导作用。

1944 年 10 月，陕甘宁边区文教大会召开。毛泽东在会上作了《文化工作中的统一战线》的演讲，指出我们的文化是人民的文化，文化工作者必须有为人民服务的高度的热忱，必须联系群众，而不要脱离群众。要联系群众，就要按照群众的需要和自愿。一切为群

---

[1]　教育科学研究所筹备处编：《老解放区教育资料选编》，人民教育出版社 1959 年版，第 14 页。

[2]　同[1]，第 20 页。

众的工作都要从群众的需要出发，而不是从任何良好的个人愿望出发。"在教育工作方面，不但要有集中的正规的小学、中学，而且要有分散的不正规的村学、读报组和识字组。不但要有新式学校，而且要利用旧的村塾加以改造。"①此后在前期试验的基础上，陕甘宁边区开始了轰轰烈烈的教育改革。延安大学成为边区政府直接领导的高等学校，适应边区建设需要作了院、系和学制的调整。边区中等学校改为干部学校，并增设地方干部训练班。大量初级小学由公办改为民办公助，适应村庄分散的特点而采取了村学的形式，发动群众自己办学，以民教民，提高了群众的办学积极性，有力推动了教育的普及。学校的课程、教材、教学方法也紧密联系边区建设和战争形势，发生了很大的变化。

其他根据地也相继召开会议，批判旧型正规化，开展教育改革，突破旧教育的束缚，出现了许多新的创造。以山东为例，1945年，全省贯彻新的教育方针，重视干部教育、群众教育，打破了旧型正规化的形式主义，开始把学校由公办转为民办。大部分小学根据群众的需要缩短了学生在校的时间，改成午学、晚学，取消了正规化。成立了大量儿童识字班，把学校搬到山坡、河崖旁，搬到田野、树林里，把教育与儿童的生产劳动结合起来，推行小先生制。小学教员则将较多时间放在成人教育上，群众学什么就教什么，而且强调教育结合中心工作。成人教育在教学内容上与战争、生产相结合，在组织形式上发展了黑板报、读报组、通信组、集市宣传等多种形式。同时还大量开办中学，在村学里建立了干部学习组，一些区还设立了区学，加强了对村干部和群众骨干的教育。根据地教

---

① 《毛泽东选集》第三卷，人民出版社 1991 年版，第 1011—1012 页。

育发展由此步入了一个新的阶段。

抗战胜利后，国内局势一度出现和平的可能。1946 年 4 月，在华中宣传教育大会上，苏皖边区教育厅厅长刘季平在总结报告中称："我们认为抗日结束，和平建设时期到来，游击办法已不合时宜，基本上应该走向正规化。但所谓正规化，主要只是要求办学有制度，教学有计划。这个制度与计划仍必须适应目前苏皖边区的实际需要与具体情况，决不是盲目地回到过去的抗日前的旧制度、旧计划、旧正规，应该是建立新制度、新计划、新正规。"①然而，由于国民党军队对解放区很快发动了全面进攻，教育新型正规化的理论与实践探索也被迫中断。

（三）解放区教育向新型正规化发展

解放战争时期，中国共产党的中心任务是夺取新民主主义革命的全国胜利。发动土地改革，消灭封建剥削，动员广大农民参加解放战争，积极发展生产、支援前线，成为解放区的中心工作。解放区的教育工作也适应土地改革、解放战争和解放区建设的需要，作出相应的调整。

这一时期，各解放区继承和发扬抗日根据地教育的传统，坚持教育为新民主主义革命服务，坚持教育与生产劳动相结合、理论联系实际的原则。随着革命形势和任务的变化，强调教育为进行土地改革、实现全国解放服务，在新解放区则加强对旧有学校的改造，改造师生思想，改革课程教材。

---

① 戴伯韬编：《解放战争初期苏皖边区教育》，人民教育出版社 1982 年版，第 30-31 页。

　　解放区继续实行"干部教育第一"的方针，把干部教育放在全部教育的首要地位。为迅速造就大批革命干部，解放区一方面继续开办干部学校和训练班，通过短期训练的方式大力培养干部；一方面积极恢复、改造和发展干部教育性质的中等学校，培养各方面急需的革命干部和知识分子。

　　随着形势的迅猛发展，大片地区陆续解放，政权接管、经济恢复与社会改革使得培养训练干部的任务更加紧迫。1948 年 10 月，《中共中央关于九月会议的通知》指出："夺取全国政权的任务，要求我党迅速地有计划地训练大批的能够管理军事、政治、经济、党务、文化教育等项工作的干部。战争的第三年内，必须准备好三万至四万下级、中级和高级干部，以便第四年内军队前进的时候，这些干部能够随军前进，能够有秩序地管理大约五千万至一万万人口的新开辟的解放区。中国地方甚大，人口甚多，革命战争发展甚快，而我们的干部供应甚感不足，这是一个很大的困难。第三年内干部的准备，虽然大部分应当依靠老的解放区，但是必须同时注意从国民党统治的大城市中去吸收。……国民党经济、财政、文化、教育机构中的工作人员，除去反动分子外，我们应当大批地利用。"[1]随后，《中共中央关于准备五万三千个干部的决议》明确提出："我们必须准备夺取全国政权所需要的全部干部。"[2]

　　为迅速准备大批革命干部而采取的一项重要措施，是在新解放区设立多以"人民革命大学"命名的干部训练学校。平津解放后，中共中央华北局于 1949 年 2 月成立华北人民革命大学，第一

① 《毛泽东选集》第四卷，人民出版社 1991 年版，第 1347 页。

② 中央档案馆编：《中共中央文件选集》第十七册（一九四八），中共中央党校出版社 1992 年版，第 427 页。

期招收 12000 余人。此后各地人民革命大学也陆续创办，如华东人民革命大学、西北人民革命大学、湖北人民革命大学、湖南人民革命大学、福建人民革命大学、西南人民革命大学及相同类型的江西八一革命大学、南方大学、山西公学等。据不完全统计，1949 年到 1950 年，全国行署以上单位举办的各类人民革命大学有 57 所。[①]这些学校采取"大量招收与严肃改造"的方针，吸收延安抗大办学及整风审干经验，以政治教育和思想改造为重心，结合实际不断创新，在各方面条件极为困难的情况下，迅速培养出大批革命干部和各条战线的建设人才，满足了革命的急切需要。

解放区迅速扩大，党的工作重心也开始由农村向城市转移，如何接收管理城市教育，成为又一突出问题。1948 年 6 月 20 日，中共中央宣传部发出《关于对中原新解放区知识分子方针的指示》，要求对当地学校应采取严格的保护政策。"我军所到之处，不许侵犯学校的财产、图书、仪器及各种设备。""在敌我往来的不巩固的地区，对于原有学校，一概维持原状。在较巩固的地区，应帮助一切原有的学校使之开学，在原有学校的基础之上，加以必要与可能的改良。"关于改良的办法，指示提出"在课程方面，开始时可取消其'公民'课，其余课程照旧，然后供给新的政治，国语，历史课本，其余仍照旧"；"在教职员方面，除个别极反动的分子和破坏分子以外，其余全部争取继续教书，因误会而逃走的亦应争取回来"。[②]7 月 13 日，中共中央宣传部在答复东北局宣传部关于新收复城市大学办学方针的请示中明确指出："现在必须宣布我们对原有

---

① 何东昌主编：《当代中国教育》上，当代中国出版社 1996 年版，第 37 页。

② 中央档案馆编：《中共中央文件选集》第十七册（一九四八），中共中央党校出版社 1992 年版，第 219–220 页。

大学、中学的方针，就是维持原校加以改良。"①维持原校加以改良，成为此后接管城市学校与文教机构的一条基本原则。

随着战争的顺利推进，解放区的教育逐步向着新型正规化方向发展。1949年1月10日出版的《边区教育通讯》第3卷第2期刊登了陕甘宁边区教育厅副厅长江隆基撰写的《边区教育的回顾与前瞻》一文。文章指出，随着革命形势的发展，不久的将来我们就要取得全国的政权。我们的一切工作都要从局部的地方性向统一的全国局面发展，由分散的农村向集中的城市发展，由暂时的措施向长远的计划发展。不可否认，我们过去的工作有着丰富的宝贵经验和光荣的优良传统，但只凭过去的老一套已不能应付客观形势的发展。为着适应今后的胜利局面，一切工作都需要来一个大转变，文教工作自然不能例外。这就是提出新型正规化的根据。新型正规化的基本精神，"就是要照顾现在，又要照顾将来；要照顾农村，又要照顾城市；要照顾特殊性，又要照顾一般"。新型正规化要有严密的计划性和科学性，这就是说，要有"明确的目标，正规的制度，严密的计划，完备的教材"。新型正规化的要求，在于健全学校的组织，加强教学的领导，提高教学的效果，更有效地适应新民主主义社会的需要，培养更多的为人民服务的干部及预备干部；广泛开展文教运动，使广大群众从旧社会的封建蒙昧的状态中完全解放出来，达到文化上的彻底翻身。②

1948年8月底至9月初，华北解放区召开了华北中等教育会

① 中央档案馆编：《中共中央文件选集》第十七册（一九四八），中共中央党校出版社1992年版，第240页。

② 陕西师范大学教育研究所编：《陕甘宁边区教育资料（教育方针政策部分）》下册，教育科学出版社1981年版，第569-570页。

议。会议明确规定，中学教育是普通教育性质，其任务是为新民主主义国家培养具有中等文化水平及基本科学知识的青年，打下各种可能的发展基础，使学生毕业后经过一定的专业训练参加工作，或直接参加工作，或继续升学深造，以适应各方面不同的需要。师范学校的任务是为新民主主义国家培养小学师资及初级教育行政干部，并提高其水平。规定中学教育的实施原则：第一，必须克服无制度无计划的现象，建立一定的正规制度，制订相关教育计划，消除轻视文化的观点与过度的社会活动、生产劳动以及过多的政治教育妨碍文化学习的现象，切实加强文化教育。第二，改进思想教育与政治教育，通过政治课及有关课程、生产劳动、社会服务、学生自治等活动，使学生树立革命观点、群众观点、劳动观点，培养学生的工作能力。第三，注重课堂教学及教师的指导作用，教育内容必须切合实际，教育方法必须联系实际。教师应当了解学生的身心发展情况，善于以身作则、诱导启发，使教育计划变成学生自觉主动的行动。学生应着重个人学习，辅以集体互助，在集体主义的精神下，发展学生的个性。第四，提倡教育工作人员专业精神。会议讨论通过了《普通中学暂行实施办法（草案）》《师范学校暂行实施办法（草案）》等文件。

　　同年 9 月，东北解放区召开了第三次教育会议。东北行政委员会教育部副部长董纯才在总结报告中指出，东北已处于全部解放的前夜，中心任务是生产建设。必须未雨绸缪，作长期打算，为国家培养大批建设人才。这就要求我们建立正规教育制度，办正规学校，注意文化科学的学习。办正规教育，就要求我们对学制、课程等问题有所规定，就要求克服游击作风与流动现象，建立一套正常的学校制度，除规定学习年限外，还要规定始业、毕业、上课、放假、考试等制度。为了适应建设的需要，中小学课程都应加强文化课。学校是教育场所，应该制订正常的教育计划，建立正常的学习生活秩序，应以上课为主要教学活动。学校的一切活动都应服从教育计划。学校里应确立正确的师生关系，提倡尊师爱生，体罚及变相的体罚必须废除。10 月 10 日，东北行政委员会发布《关于教育工作的指示》，对上述要点作了更加明确的阐述。

华北和东北这两次教育会议的成果，得到了中共中央的充分肯定。1948 年 10 月 16 日，新华社发表社论，指出关于中等学校的方针问题，华北、东北两个教育会议都提出了正确的解决思路。"这就是：中学必须正规化，即是必须有入学和毕业的制度，有一定的修业年限、上课时间、放假日期等各种正规学校的制度。"对于学制、课程、教学、管理等，华北和东北都提出了具体的办法，这些办法"虽然其中有些还待实际的考验，但总的说来是恰当的"。[1]

1949 年 5 月，华北小学教育会议在北平召开。华北人民政府主席董必武在开幕式上的讲话中说，"过去为了适应游击战争的分散环境，各地区在小学教育工作上，不能不各自多想办法，建立不同的制度"，"今天情况不同了，全区连成了一片，摆脱了战争，这就要求我们研究一个极为统一的办法与制度"。[2] 会议研究制定了《华北区小学教育暂行实施办法》和《华北区小学教师暂行服务规程》，随后由华北人民政府正式公布。

《华北区小学教育暂行实施办法》规定，小学教育是新民主主

---

[1]　《恢复和发展中等教育是当前的重大政治任务》，《人民日报》1948 年 10 月 16 日第 1 版。

[2]　中央教育科学研究所编：《老解放区教育资料》（三），教育科学出版社 1991 年版，第 590–591 页。

义国家公民的基础教育。小学教育的施教目标：培养儿童读写算的基本能力及教授其普通的科学常识，以增进其对生活、社会与自然的认识；注意卫生健康教育，使儿童身体健康；培养儿童爱人民、国家的思想及爱好劳动、民主、守纪律的良好习惯。概括而言，就是"培养具有文化知能、健康身体、进步思想、劳动习惯、爱人民爱国家的新民主主义国家的公民"①。根据上述教育目标，《华北区小学教育暂行实施办法》又确定了学制、课程、组织编制、教导及小学设置与领导等原则与办法。《华北区小学教师暂行服务规程》对小学教师的基本任务、任免、调动、待遇、学习进修、考核奖惩等都作了具体规定。1949 年 6 月 15 日，华北人民政府发出《关于小学教育几个重要问题的指示》，对华北小学教育会议所讨论提出的师资、经费、课本、领导等问题予以明确指示。

解放区中小学向新型正规化迈进，是新民主主义教育适应新的形势需要、在新的历史条件下的新变革，为新中国教育的顺利起步和发展打下了坚实的基础。

新民主主义教育方针对于当时中国教育特别是抗日根据地、解放区的教育实践产生了深刻的影响。在党的领导下，抗日根据地和解放区的教育，继续坚持教育为工农群众服务、为革命战争服务、为党的中心任务服务，注重思想政治教育，坚持教育与生产劳动相结合、理论与实际一致的原则，把教育的正规化与非正规化、干部教育与群众教育、政治教育与文化知识教育、地方教育与军队教育等有机结合，形成了一个独具特色的新型教育体系，在教育制度、

---

① 中央教育科学研究所编：《老解放区教育资料》（三），教育科学出版社 1991 年版，第 611 页。

教育内容和教学方法等方面有诸多的创造，有力地推动了人民教育事业的发展，培养造就了大批革命干部和知识分子，为抗战胜利和新民主主义革命的胜利作出了巨大贡献。

　　经过艰苦卓绝的斗争，中国共产党终于夺取了新民主主义革命的胜利，建立了中华人民共和国。民族的、科学的、大众的教育方针，成为新中国成立初期教育建设的指导方针。《中国人民政治协商会议共同纲领》规定："中华人民共和国的文化教育为新民主主义的，即民族的、科学的、大众的文化教育。人民政府的文化教育工作，应以提高人民文化水平，培养国家建设人才，肃清封建的、买办的、法西斯主义的思想，发展为人民服务的思想为主要任务。""提倡爱祖国、爱人民、爱劳动、爱科学、爱护公共财物为中华人民共和国全体国民的公德。""中华人民共和国的教育方法为理论与实际一致。人民政府应有计划有步骤地改革旧的教育制度、教育内容和教学法。""有计划有步骤地实行普及教育，加强中等教育和高等教育，注重技术教育，加强劳动者的业余教育和在职干部教育，给青年知识分子和旧知识分子以革命的政治教育，以应革命工作和国家建设工作的广泛需要。"①上述规定明确了改造旧教育、建设新教育的具体方针、步骤和任务，保证了新中国教育沿着正确的道路前进。

　　随着新民主主义革命历史任务的完成，新民主主义教育向社会主义教育转变，新民主主义教育方针完成了自己的历史使命，逐步为社会主义教育方针所取代。

---

① 何东昌主编：《中华人民共和国重要教育文献（1949—1975）》，海南出版社 1998 年版，第 1 页。

四、经验启示

新民主主义教育方针是中国共产党将马克思列宁主义教育理论与近代中国教育实际相结合，不断总结革命根据地教育实践经验，并使之逐步系统化、理论化的结晶。民族的、科学的、大众的教育方针，反映出党对中国社会性质、主要矛盾和革命任务的认识和把握更加科学、清晰和准确，这一方针继承和发展了苏维埃政府时期文化教育的总方针，更加精炼和有针对性，是全民族抗战时期直至新中国成立初期中国共产党领导教育革命实践的核心指针。"民族的"彰显了教育的民族性，"科学的"彰显了教育的科学性，"大众的"彰显了教育的人民本位或人民性。在这一方针指引下，新民主主义教育在艰难条件下发展，成为争取新民主主义革命胜利的有力武器，为新中国教育的发展奠定了坚实基础。新民主主义教育方针虽已成为过去，但其所蕴含的精神意义深远。

（一）把握民族性，办中国化的教育

近代以来，在中华民族遭受严重外来压迫、民族危机空前严峻的形势下，教育的首要任务是唤醒民众，提高其民族觉悟与民族意识，反对奴化教育，求得民族独立与解放。同时，近代教育从西方引进，属于舶来品，也需要一个中国化的过程。新中国成立前夕，周恩来在北京大学教授联谊会举行的第一次座谈会上讲，我们应该从世界各国吸收一切好的东西，但必须让这些东西像种子一样在中国土壤中扎下根，生长壮大，变为中国化的东西，才能有力量。"我们的民族是勤劳勇敢的，是智慧的，只要把束缚思想的东西去掉，创造力就是无穷的。我们的民族是伟大的、可爱的。我们要培养民族自信心。只要凡事从我们民族的特点出发，打定自力更生的主意，我们的民族就会充满活力。我们不排外，但必须提倡民族化，以民族的教育激发民族的无限活力和创造力。"①无论时代如何变化，教育必须扎根中国大地，继承中国优秀传统，彰显中国特色、中国风格、中国气派，如此才能增强民族自尊心和凝聚力，激发民族活力和创造力，真正办出自信的教育。

（二）突出科学性，办符合实际的教育

科学性在当时指向的是反对封建迷信和愚昧，反对专制和独裁，主张客观真理、理论和实际一致。科学性要求对古今中外的文化教育采取正确的态度，既不否定一切，又不全盘照搬，而是取其精华、去其糟粕，为我所用。科学性要求教育的形式、内容、方法等都要符合实际情况，特别是符合根据地和解放区的实际情况。同时，教育亦有其自身内在的特殊性，任何改革都应尊重其规律和特点。抗战时期根据地一度推行的教育正规化，实际上是搬用国统区的一套制度，难以切合实际，必须进行改革。而在教育改革过程中，强调打碎旧的一套、打破一切制度，也导致学校教育刻意与中心工作结合，重生产而轻教学，忽视文化知识的学习，造成教育质量下滑。这也违反了科学性的要求，偏离了正确的教育轨道。新型正规化才是正确的道路。

---

① 中央教育科学研究所编：《周恩来教育文选》，教育科学出版社 1984 年版，第 3 页。

（三）坚持人民性，办为人民服务的教育

人民性主张教育不被少数人所垄断，而是面向最广大的人民大众，主张教育为大众所有，普及于大众而又提高大众，做到为绝大多数人服务，从教育制度到教育内容、从教育形式到教育方法都要符合人民的需要，满足人民的要求，从而实现真正的教育民主。全心全意为人民服务是中国共产党的宗旨。在党的领导下，根据地教育密切联系人民群众，反映群众需求，尊重群众意愿，在办学形式、教学内容和方法等方面都有很多的创造，从而引导人民在政治翻身之后实现文化翻身，使人民群众成为革命的坚定拥护者，成为新民主主义革命最后夺取胜利的力量源泉。党所领导的教育事业必须坚持面向人民大众，服务人民大众，反映人民需求，符合人民期待，以人民为中心，如此才能保持旺盛的活力和永久的生命力。

中共中央在《关于建国以来党的若干历史问题的决议》中，把毛泽东关于民族的科学的大众的文化的论断，作为他在关于思想政治工作和文化工作方面"具有长远意义的重要思想"[1]。在今天看来，教育的民族性、科学性和人民性，仍是我们衡量教育发展质量的重要尺度。扎根中国大地办教育，不断推进教育现代化，办好人民满意的教育，是我们教育事业发展的不懈追求。而教育发展如何把握民族性、突出科学性、坚持人民性，仍值得我们深入思考。

---

[1]　中共中央文献研究室编：《三中全会以来重要文献选编》下，人民出版社1982 年版，第 831 页。

第二编

社会主义革命和建设时期的教育方针

　　中华人民共和国的成立，揭开了中国教育发展的新篇章，中国共产党开始探索适合中国国情的社会主义教育发展道路和社会主义教育方针。1949 年 9 月，中国人民政治协商会议第一届全体会议通过了《中国人民政治协商会议共同纲领》，该纲领规定，"中华人民共和国的文化教育为新民主主义的，即民族的、科学的、大众的文化教育"①。同年 12 月，教育部在北京召开了新中国第一次全国教育工作会议，确定了教育建设的总方针和政策措施。与此同时，各级各类学校根据教育部的意见，实施全面发展的教育。毛泽东在 1950 年提出"健康第一"②，在 1953 年进一步提出"身体好，学习好，工作

---

① 何东昌主编：《中华人民共和国重要教育文献（1949—1975）》，海南出版社 1998 年版，第 1 页。
② 中共中央文献研究室编：《毛泽东年谱（一九四九——一九七六）》第一卷，中央文献出版 2013 年版，第 158 页。

好"①的"三好"要求。1953年，在过渡时期总路线提出以后，党和国家进一步确定了教育的培养目标和培养社会主义新人的任务，明确了我国教育从共和国建立起便开始了从新民主主义教育向社会主义教育的过渡。1956年，社会主义改造基本完成，我国初步建立起社会主义教育制度。为适应我国发展国民经济的第一个五年计划，确立建设社会主义教育的伟大任务，1957年2月，毛泽东在《关于正确处理人民内部矛盾的问题》一文中提出，"我们的教育方针，应该使受教育者在德育、智育、体育几方面都得到发展，成为有社会主义觉悟的有文化的劳动者"②。这一方针就是以马克思主义全面发展的教育思想为指导，坚持社会主义性质的人才培养目标，为教育事业的发展奠定了坚实的基础。一年之后，中共中央、国务院于1958年9月19日在《关于教育工作的指示》中提出，"党的教育工作方针，是教育为无产阶级的政治服务，教育与生产劳动结合"③，教育方针发生重大变化，重点转移到教育与政治的关系，对我国教育事业产生了重要影响。

---

① 中共中央文献研究室编：《毛泽东文集》第六卷，人民出版社1999年版，第278页。

② 中共中央文献研究室编：《毛泽东文集》第七卷，人民出版社1999年版，第226页。

③ 何东昌主编：《中华人民共和国重要教育文献（1949—1975）》，海南出版社1998年版，第859页。

第三章
社会主义改造和过渡时期的教育方针

从 1949 年中华人民共和国成立到 1956 年社会主义改造基本完成，我国处于社会主义教育制度初步建立的阶段。在这个阶段，社会主要矛盾以及由此确定的国家发展战略，决定了新中国教育方针和人才培养的根本属性和方向。新中国成立初期，我国开始探索社会主义教育方针。《中国人民政治协商会议共同纲领》和第一次全国教育工作会议所确立的教育方针，仍然沿用的是民族的、科学的、大众的新民主主义教育方针。1957 年，毛泽东在《关于正确处理人民内部矛盾的问题》一文中提出，"我们的教育方针，应该使受教育者在德育、智育、体育几方面都得到发展，成为有社会主义觉悟的有文化的劳动者"[①]。这一方针重点强调培养"德育、智育、体育几方面"全面发展和"有社会主义觉悟的有文化的劳动者"，为新中国教育事业的发展奠定了坚实的基础。

---

① 　中共中央文献研究室编：《毛泽东文集》第七卷，人民出版社 1999 年版，第 226 页。

一、历史背景

中华人民共和国成立后，对于执政党和新政府而言，旧社会遗留下来的种种问题是非常巨大和严峻的挑战。在社会主义改造和过渡时期，新中国教育事业的发展受到了国内外政治、经济、社会、文化等各方面因素的影响，教育方针的确立与这些因素的影响紧密相关。

（一）人民民主专政的国家性质要求教育提高人民群众的社会主义觉悟

新中国成立后，实行的是工人阶级领导的、以工农联盟为基础的、团结各民主阶级和国内各民族的人民民主专政。早在 1948 年，毛泽东在《将革命进行到底》一文中就向全国昭告要"在全国范围内推翻国民党的反动统治，在全国范围内建立无产阶级领导的以工农联盟为主体的人民民主专政的共和国"①。中国共产党要领导中国人民站起来，必须彻底夺取剥削阶级手中的工具，必须广泛提高人民群众的社会主义觉悟，大力发展社会主义教育，建立以工人阶级领导的、以工农联盟为基础的人民民主专政的国家，而"社会主义教育乃是工人阶级手中的工具"②。

新中国成立之初，中国共产党和中国人民面临着严峻考验，有

---

① 《毛泽东选集》第四卷，人民出版社 1991 年版，第 1375 页。
② 中共中央文献研究室编：《毛泽东文集》第七卷，人民出版社 1999 年版，第 398 页。

许多问题亟待解决。从国内形势看，人民解放战争还未完全结束，西南、华南和沿海岛屿仍有 100 多万国民党军队，新解放地区有国民党遗留的大量反动力量，严重危及新生的人民政权和社会秩序的建立与稳定。从国际形势看，"二战"后世界上两大阵营对峙，新中国积极争取苏联和其他人民民主国家的帮助。根据《中国人民政治协商会议共同纲领》规定的外交原则，中华人民共和国中央人民政府一经成立，就同苏联建立外交关系、互派大使。新中国的成立虽然得到了苏联、东欧、亚洲以及西欧一些国家的承认和支持，但美国拒绝承认新中国，竭力阻挠新中国恢复在联合国的合法席位。朝鲜战争爆发后，新中国面临着被帝国主义国家包围的态势。

面对国内外反共、反社会主义的浪潮，中国共产党深切地感到对人民群众特别是青少年加强政治教育的重要性。毛泽东认为，培养无产阶级革命事业的接班人的问题，是关系党和国家生死存亡的重大问题。只有彻底肃清封建的、买办的、法西斯主义的思想，改变人民被压迫的命运，提高人民的社会主义觉悟，才能使中国由新民主主义社会过渡到社会主义社会。

从 1950 年冬到 1952 年年底，中国共产党领导新解放区人民进行了土地改革。土地改革完成之后，培养有社会主义觉悟的一代新人成为中国共产党思量的一个战略问题。

1953 年，我国开始进入社会主义改造时期，尽管国内外还存在妄图推翻社会主义制度的反动势力，但伴随着全国工作重心向现代化建设的方向转移，教育也必须转移到为国家建设服务、为人民服务的社会主义教育的根本方向上来。

1954 年 9 月 15 日，第一届全国人民代表大会第一次会议在北京隆重举行，会议审议通过了《中华人民共和国宪法》。这部宪法进一步确立了我国的根本政治制度，明确规定"中华人民共和国的一切权力属于人民"①，"中华人民共和国公民有受教育的权利"②。

　　1956 年，社会主义改造基本完成，我国迅速进入社会主义建设时期。同年，国际共产主义阵营发生了巨大波动。赫鲁晓夫对斯大林的批判，以及随后出现的波兰、匈牙利事件，促使中国共产党探索适合本国国情的革命和建设道路。1956 年 9 月，中国共产党第八次全国代表大会在北京召开，会议指出教育要"又多又好地为国家培养各项建设人才"③。

　　1957 年，毛泽东创造性地提出了两类社会矛盾学说，即"敌我之间的矛盾和人民内部的矛盾"。毛泽东认为，社会主义改造基本完成以后，国家政治生活中大量存在的是人民内部矛盾，并指出，用民主的方法解决人民内部矛盾已成为国家政治生活的主题。他强调："在我国，虽然社会主义改造，在所有制方面说来，已经基本完成，革命时期的大规模的急风暴雨式的群众阶级斗争已经结束，但是，被推翻的地主买办阶级的残余还是存在，资产阶级还是存在，小资产阶级刚刚在改造。阶级斗争并没有结束。无产阶级和资产阶级之间的阶级斗争，各派政治力量之间的阶级斗争，无产阶级和资产阶级之间在意识形态方面的阶级斗争，还是长时期的，曲折的，有的甚至是很激烈的。"④在这一背景下，毛泽东根据马克思

---

① 中共中央文献研究室编：《建国以来重要文献选编》第五册，中央文献出版社 2011 年版，第 451 页。

② 同①，第 466 页。

③ 何东昌主编：《中华人民共和国重要教育文献（1949—1975）》，海南出版社 1998 年版，第 699 页。

④ 中共中央文献研究室编：《毛泽东文集》第七卷，人民出版社 1999 年版，第 230 页。

主义基本理论和社会主义教育发展的规律，以及新中国成立后教育实践所积累的经验和存在的问题，在《关于正确处理人民内部矛盾的问题》一文中提出："我们的教育方针，应该使受教育者在德育、智育、体育几方面都得到发展，成为有社会主义觉悟的有文化的劳动者。"①

由此可见，新中国成立后，面对国内外的严峻形势，中国共产党有计划有步骤地改革旧的教育制度，"领导全国人民克服一切困难，进行大规模的经济建设和文化建设，扫除旧中国所留下来的贫困和愚昧，逐步地改善人民的物质生活和提高人民的文化生活"②，目的是彻底肃清封建的、买办的、法西斯主义的思想，培养有社会主义觉悟的有文化的劳动者。

（二）生产资料私有制的社会主义改造要求教育培养社会主义劳动者

新中国经济上的主要任务是恢复和发展生产力，进而对生产资料私有制进行社会主义改造。与此同时，国家经济建设逐步走上工业化轨道，要求教育培养适应工业发展的社会主义劳动者。

新中国成立初期，中国共产党面临的是国民党留下的"烂摊子"，生产萎缩，物价飞涨，市场混乱，民众生活困苦……。新解放区还未实行土地改革，有没有能力稳定经济形势，对党和政府是一个严峻考验。国际上，帝国主义对新中国实行政治孤立和经济封

---

① 中共中央文献研究室编：《毛泽东文集》第七卷，人民出版社 1999 年版，第 226 页。
② 中共中央文献研究室编：《毛泽东文集》第五卷，人民出版社 1996 年版，第 348 页。

锁，能否冲破美帝国主义的政治孤立和经济封锁，创造有利的外部条件建设国家，又是一个严峻考验。

1949 年，在党的七届二中全会上，毛泽东正确分析了国内当时的政治经济状况，提出了将革命和生产紧密结合的主张，强调"我们必须全心全意地依靠工人阶级，团结其他劳动群众，争取知识分子，争取尽可能多的能够同我们合作的民族资产阶级分子及其代表人物站在我们方面，或者使他们保持中立"①。他根据当时中国现代化的工业只占国民经济的 10%、农业和手工业占 90% 的经济状况，提出"发展生产、繁荣经济、公私兼顾、劳资两利、城乡互助、内外交流"这一恢复和发展国民经济的方针。

1949 年年底至 1950 年年初，五千余家官僚资本的工矿企业和金融企业被接管，国营经济以此为基础迅速建立。社会经济中凡关系国家经济命脉和足以操控国计民生的部分，都已通过没收官僚资本的方式掌握在人民手中。新中国中央人民政府通过各项改革促进生产，国民经济迅速恢复和发展。1950 年 6 月，中共七届三中全会在北京召开，毛泽东在会上作了《为争取国家财政经济状况的基本好转而斗争》的报告，围绕争取国家财政经济状况基本好转的主题，对之后一个时期全党工作任务进行了全面部署。此次会议上确定的方针成为国民经济恢复时期党的工作的纲领。

从 20 世纪 50 年代中期开始，在恢复经济的同时，中国共产党开始着手研究如何把中国建设成第一流的社会主义国家的战略，提出关于我国由实现工业化进一步发展为实现工业现代化乃至整个社会、国民经济现代化的经济发展战略思想。

---

① 《毛泽东选集》第四卷，人民出版社 1991 年版，第 1427–1428 页。

　　1953 年，恢复国民经济的任务完成以后，中国共产党提出了过渡时期的总路线，明确指出要在相当长的一段时间内，逐步实现社会主义工业化。根据总路线的要求，国家制定了第一个五年计划，开始了大规模的社会主义建设。随着第一个五年计划的完成，国家工业化所必需的一批基础工业建立起来了。

　　1954 年 9 月，第一届全国人民代表大会第一次会议通过了《中华人民共和国宪法》，用法律形式规定了我国过渡时期的总路线和总任务。毛泽东指出："我国人民应当努力工作，努力学习苏联和各兄弟国家的先进经验，老老实实，勤勤恳恳，互勉互助，力戒任何的虚夸和骄傲，准备在几个五年计划之内，将我们现在这样一个经济文化上落后的国家，建设成为一个工业化的具有高度现代文化程度的伟大的国家。"[1]根据毛泽东的经济建设思想，周恩来后来明确提出了"四个现代化"的宏伟设想。但是，要实现"四个现代化"，照抄苏联的经验是不适合我国的国情的。依照中共中央的"三年准备、十年计划经济建设"的决策，全国各地开展了针对过渡时期总路线的学习和宣传工作。为推进"一五"计划，各级党组织从各方面抽调干部，大量培养工业建设人才。大批高校毕业生服从国家分配，奔赴各地，服务工业建设。

　　1956 年 4 月，毛泽东作了《论十大关系》的讲话，在国家和个人关系方面，强调在社会主义改造和过渡时期，国家、集体和个人的矛盾比较突出，发展生产力和改善人民生活要彼此兼顾。只有发展生产力，劳动生产率才能提高，才有可能逐步改善人民生活。

---

[1]　中共中央文献研究室编：《毛泽东文集》第六卷，人民出版社 1999 年版，第 350 页。

同年9月，中国共产党第八次全国代表大会在北京召开。大会指出，在社会主义改造基本完成的情况下，国家的主要任务是在新的生产关系下保护和发展生产力，要培养和造就知识分子，以适应社会主义建设的需要。

1956年年底，我国基本完成了对生产资料私有制的社会主义改造，初步建立起公有制占绝对优势的社会主义经济制度。从方向上看，对个体农业、手工业和资本主义工商业的社会主义改造，符合历史发展趋势和加快建设工业化的客观需要。

1956年1月25日，在最高国务会议第六次会议上，毛泽东提出："我国人民应该有一个远大的规划，要在几十年内，努力改变我国在经济上和科学文化上的落后状况，迅速达到世界上的先进水平。"① 1956年9月，中国共产党第八次全国代表大会在北京召开。会议正确分析了国内形势和国内主要矛盾的变化，提出该阶段我国国内的主要矛盾已经是"人民对于建立先进的工业国的要求同落后的农业国的现实之间的矛盾，已经是人民对于经济文化迅速发展的需要同当前经济文化不能满足人民需要的状况之间的矛盾。党和全国人民当前的主要任务，就是要集中力量解决这个矛盾，把我国尽快地从落后的农业国变为先进的工业国"②。根据中共中央和国务院的统一部署，教育部和高等教育部召开各级各类教育会议，着手研究制订国民教育、高等教育、中等专业技术教育、民族教育和教育科研等方面的12年远景规划，形成了从国家经济发展全局出发规

① 中共中央文献研究室编:《毛泽东文集》第七卷，人民出版社1999年版，第2页。
② 《中国共产党简史》编写组编著:《中国共产党简史》，人民出版社、中共党史出版社2021年版，第188页。

划教育的格局。

（三）新中国文化事业除旧布新要求教育培养全面发展的
新人

新中国成立前，各种文化思潮此起彼伏，纷繁复杂，改造旧文
化、建设新文化，实现文化领域的除旧布新，成为社会主义改造和
过渡时期的内在要求。新中国成立后，特别是对生产资料私有制的
社会主义改造基本完成以后，中国进入社会主义建设时期，开始探
索中国自己的社会主义建设道路。1949 年 9 月通过的《中国人民
政治协商会议共同纲领》规定："中华人民共和国的文化教育为新
民主主义的，即民族的、科学的、大众的文化教育。人民政府的文
化教育工作，应以提高人民文化水平、培养国家建设人才、肃清封
建的、买办的、法西斯主义的思想、发展为人民服务的思想为主要
任务。"

首先，发展民族的、科学的、大众的文化教育，是新中国在文
化领域除旧布新的方向和目标。1949 年 12 月，新中国第一次全国
教育工作会议在北京召开，确定了教育建设的总方针和政策措施。
会议提出，建设人民教育要以老解放区新教育经验为基础，吸收旧
教育某些有用的经验，特别是要借助苏联教育建设的先进经验，确
立教育为人民服务、为工农服务、为国家经济建设服务的方针，并
将坚决改造旧教育和逐步实现新教育作为建设新中国教育事业的基
本步骤。①

---

① 何东昌主编：《中华人民共和国重要教育文献（1949—1975）》，海南出版
社 1998 年版，第 6-7 页。

　　发展民族的、科学的、大众的文化教育，目的是增强与提高人民当家作主的主人翁意识和社会主义觉悟。《中国人民政治协商会议共同纲领》规定，发展民族的、科学的、大众的文化教育，肃清封建的、买办的、法西斯主义的思想，发展为人民服务的思想，提倡爱祖国、爱人民、爱劳动、爱科学、爱护公共财物为中华人民共和国全体国民的公德。努力发展自然科学，以服务于工业、农业和国防的建设。有计划有步骤地改革旧的教育制度、教育内容和教学法，有计划有步骤地实行普及教育，加强中等教育和高等教育，注重技术教育，加强劳动者的业余教育和在职干部教育，给青年知识分子和旧知识分子以革命的政治教育，以适应革命工作和国家建设工作的广泛需要。

　　其次，逐步确立并坚持和强化马克思主义引领新中国文化建设的指导地位。新中国成立后，不少党员干部身上存在着主观主义、官僚主义、宗派主义等非马克思主义的作风。毛泽东指出："这些观点和作风都是脱离群众、脱离实际的，是不利于党内和党外的团结的，是阻碍我们事业进步、阻碍我们同志进步的。"[1]中国共产党要"用马克思主义的思想原则在全国范围内和全体规模上教育人民"[2]，牢固树立马克思主义唯物史观，切实为人民服务。

　　1954年9月，毛泽东在第一届全国人民代表大会第一次会议上指出："指导我们思想的理论基础是马克思列宁主义。"[3]1956年9

---

[1]　中共中央文献研究室编：《毛泽东文集》第七卷，人民出版社1999年版，第116页。

[2]　《刘少奇选集》下卷，人民出版社1985年版，第82页。

[3]　中共中央文献研究室编：《毛泽东文集》第六卷，人民出版社1999年版，第350页。

月，在中共八大上他继续强调："我们的革命和建设的胜利，都是
马克思列宁主义的胜利。把马克思列宁主义的理论和中国革命的实
践密切联系起来，这是我们党的一贯的思想原则。"①中国共产党坚
持马克思主义的指导地位，目的就是破除旧的文化，努力发展新的
文化。

　　最后，运用一切积极因素建设社会主义，迅速发展新中国的
科学和文化事业。在这一时期，中国共产党对发展社会主义文化提
出了一些重要的思想观点。如毛泽东在否定"国粹论""中体西用
论""全盘西化论"的同时，提出了"古为今用，洋为中用"和"百
花齐放，推陈出新"的方针，强调社会主义文化建设要结合"国家
需要迅速发展经济和文化的迫切要求"。②1951 年 3 月，毛泽东提
出了"百花齐放，推陈出新"的文化方针。1953 年 8 月，毛泽东
提出了"百家争鸣"。1956 年 4 月，毛泽东在中共中央政治局扩大
会议上的总结讲话中提出了"艺术问题上的百花齐放，学术问题上
的百家争鸣"的"双百"方针，并多次申明这是一个基本的、长期
的方针。

　　在党的文化政策推动下，"双百"方针得到初步贯彻。1956 年
5 月，陆定一代表中共中央向科学、文艺工作者对"双百"方针作
了系统的阐述。"双百"方针载入了中共八大关于政治报告的决议，
是对党的文化政策理论和实践经验的总结与升华，是促进新中国文
化繁荣的正确方针。在此背景下，中国共产党不断明确"为工农服
务、为当前的革命斗争与建设服务"的文化建设方向，倡导积极奋

①　中共中央文献研究室编：《毛泽东文集》第七卷，人民出版社 1999 年版，
　　第 116 页。
②　同①，第 229 页。

发的国民精神，强调要有民族自信心和民族自豪感，要把革命战争年代不屈不挠的斗争精神和革命热情运用到建设中来，意气风发地建设新中国。积极贯彻知识分子政策，把文艺工作者与工农群众相结合，积极建设教师队伍。此外，在思想教育工作中，中国共产党要求结合抗美援朝、土地改革等实际斗争，帮助知识分子在政治上明辨是非、分清敌我，学会用科学的观点解释历史、政治、经济、文化及国际事务。

从 1956 年下半年到 1957 年上半年，文化教育领域在认真学习贯彻毛泽东《论十大关系》的精神和"双百"方针的基础上，对新中国成立七年来的文化教育工作进行了初步的总结与反思。中国共产党在探索适合中国国情的社会主义教育建设道路的几年里，在教育指导思想和工作思路上都有重要建树，取得了一些经验，也有不少教训，初步改变了我国文化教育落后的状况，培养了一代有社会主义觉悟的有文化的劳动者，为满足国家建设对各类人才的需要和提高全民族的科学文化素质作出了重要贡献。

二、方针内涵

从 1949 年中华人民共和国成立至 1956 年社会主义改造基本完成，社会主要矛盾以及由此确定的国家发展战略，决定了社会主义改造和过渡时期教育方针和人才培养的基本内涵。1957 年 2 月 27 日，毛泽东在《关于正确处理人民内部矛盾的问题》中指出："我们的教育方针，应该使受教育者在德育、智育、体育几方面都得到发展，成为有社会主义觉悟的有文化的劳动者。"①这一方针将马克思主义关于人的全面发展思想贯穿于社会主义教育培养目标之中，重点强调培养"德育、智育、体育几方面"全面发展和"有社会主义觉悟的有文化的劳动者"，为新中国教育事业的发展奠定了坚实的基础，其主要内涵如下。

（一）培养有社会主义觉悟的有文化的劳动者

"有社会主义觉悟的有文化的劳动者"是社会主义改造和过渡时期人才培养的"德"与"才"的核心表达，也是对这一时期劳动者的素质的要求。

新中国成立初期，为了恢复和发展国民经济，国家开启了各项建设事业。在教育事业的建设中，第一次全国教育工作会议确定了逐步改造旧教育、建设新教育的方针，提出教育为工农服务的要求。1950 年 5 月，教育部副部长钱俊瑞在《人民教育》杂志创刊号上发表了《当前教育建设的方针》一文，明确提出"为工农服务，为生产建设服务，这就是当前实行新民主主义教育的中心方针"②，突出强调教育首先要为社会生产和国家建设服务。

1953 年，新中国进入社会主义改造时期，对教育培养社会主义新人的要求日渐强烈，"社会主义"的概念在教育方针中作为关键和本质元素也逐渐凸显。1954 年 1 月召开的全国中学教育会议提出："当前中学教育的任务，是以国家过渡时期的总路线的精神

---

① 中共中央文献研究室编：《毛泽东文集》第七卷，人民出版社 1999 年版，第 226 页。

② 何东昌主编：《中华人民共和国重要教育文献（1949—1975）》，海南出版社 1998 年版，第 17 页。

教育学生，把他们培养成积极参加社会主义建设和保卫祖国的全面发展的新人。"①同年 5 月，中宣部《关于高小和初中毕业生从事劳动生产的宣传提纲》也指出："不论从小学、中学或大学毕业出来的人，其都应该积极从事劳动生产，成为有政治觉悟、有文化教养的社会主义社会的建设者。"②1954 年 3 月，毛泽东在主持召开中华人民共和国宪法起草委员会第一次会议时指出："这个宪法，是以《共同纲领》为基础，加上总路线，是过渡时期的宪法。我们的宪法是过渡时期的宪法，我们的各种办法大部分是过渡性质的。人民的权利，如劳动权、受教育权等，是逐步保证，不能一下子保证。"③1954 年的《中华人民共和国宪法》明确规定，新中国的建设事业既包括物质文明建设，也包括以思想道德和科学文化为主体的精神文明建设。教育必须发挥提高学生的思想道德素质和科学文化素质的基本功能。教育要为国家建设服务，要培养各行业建设所需的合格人才。

1955 年 4 月 9 日，教育部在《关于中学教育工作汇报会的通报》中指出："必须以全面发展的教育方针作为提高教育质量指导思想，实现'以社会主义思想教育学生，培养他们成为社会主义全面发展的成员'的教育任务。"④1955 年 5 月 13 日，教育部在《关于实施〈中学生守则〉的指示》中指出："中学生守则……不仅要求学生自觉地遵守学校的纪律，保证学习任务的完成；而且要使学

① 何东昌主编：《中华人民共和国重要教育文献（1949—1975）》，海南出版社 1998 年版，第 316 页。
② 同①，第 327 页。
③ 中共中央文献研究室编：《毛泽东年谱（一九四九——一九七六）》第二卷，中央文献出版社 2013 年版，第 228 页。
④ 同①，第 447 页。

生提高社会主义觉悟，养成优良习惯和新的道德品质，并在集体主义的教育下，使他们的个性获得全面的发展，成为社会主义社会自觉的积极的建设者和伟大祖国的保卫者。"①

1956 年 5 月，高等教育部颁布试行的《中华人民共和国高等学校章程（草案）》明确规定："高等学校的基本任务是适应国家的社会主义建设的需要，培养具有一定的马克思列宁主义水平、实际工作所必需的基本知识、掌握科学和技术的最新成就和理论联系实际的能力，并且身体健康、忠实于祖国、忠实于社会主义事业和准备随时保卫祖国的高级专门人才。"②

1957 年 2 月，毛泽东在《关于正确处理人民内部矛盾的问题》中提出，"我们的教育方针，应该使受教育者在德育、智育、体育几方面都得到发展，成为有社会主义觉悟的有文化的劳动者"③。

不难看出，毛泽东根据自己当时对教育问题的认识和对国内外形势的判断，对教育方针作出了重要调整，根据社会和个人两方面的发展需要与可能提出了具有战略意义的总的指导思想，并对新中国教育的性质、作用、培养目标和实现目标的路径等都作了明确的规定和具体的说明，其中关键的一点是将"有社会主义觉悟"放在"有文化"的前面，强调教育应自觉服务于国家建设，凸显了"德育"的地位。这一时期提出的"使受教育者成为有社会主义觉悟的有文化的劳动者"的教育方针与新民主主义革命时期所强调的"教

①　何东昌主编：《中华人民共和国重要教育文献（1949—1975）》，海南出版社 1998 年版，第 462 页。

②　中央教育科学研究所编：《中华人民共和国教育大事记（1949—1982）》，教育科学出版社 1984 年版，第 462 页。

③　中共中央文献研究室编：《毛泽东文集》第七卷，人民出版社 1999 年版，第 226 页。

育为革命战争服务"的方针有所区别，强调在以国家建设为中心工作的社会主义发展阶段，教育理当自觉地服务于党和国家的基本任务。此外，这次调整还将教育培养"建设者"明确改为培养"劳动者"。"劳动者"是社会主义社会全体成员的共同特征，培养劳动者是社会主义教育同封建主义教育、资本主义教育的本质区别，从总体上体现了党和国家的教育理想与终极教育目标，对方兴未艾的新中国教育事业进行了原则性、全面性和根本性的规定，对各类教育任务的确定、教育内容和方法的选择等都有重要的指导作用。自此，毛泽东这段具有鲜明时代特征和直接针对性的论述，就成为社会主义教育方针的经典表述。对于逐渐发展和展开的各类教育而言，新确定的教育方针既代表了在社会转型时期中国共产党对教育发展所作出的重要调整，也突出了中国共产党发展马克思主义关于人的全面发展思想，强调教育为广大人民服务、教育发展要结合当时中国社会发展的实际和阶段性目标等特点。

（二）注重德智体全面发展

新中国成立初期，中国共产党就提出了要实施全面发展的教育。1953 年公布过渡时期总路线以后，中国共产党又提出了培养社会主义的全面发展的新人的任务。[①] 与此同时，毛泽东针对新中国成立初期教育工作中出现的实际问题发出号召，指出："我们所主张的全面发展，是要使学生得到比较完全的和比较广博的知识，

———————

① 何东昌主编:《中华人民共和国教育史》上卷，海南出版社 2007 年版，第13 页。

发展健全的身体，发展共产主义的道德"①，为各级各类学校实施全面发展的教育指出了正确方向。

1951年3月，第一次全国中等教育会议提出："普通中学的宗旨和教育目标是使青年一代在智育、德育、体育、美育各方面获得全面发展，使之成为新民主主义社会自觉的积极的成员。"②

1952年3月18日，教育部颁发的《小学暂行规程（草案）》规定，"小学实施智育、德育、体育、美育全面发展的教育"③，并提出小学实施全面发展的教育的具体目标：智育方面是使儿童具有读、写、算的基本能力和社会、自然的基本知识；德育方面是使儿童具有爱国思想、国民公德和诚实、勇敢、团结、互助、遵守纪律等优良品质；体育方面是使儿童具有强健的身体，活泼、愉快的心情以及卫生方面的基本知识和习惯；美育方面是使儿童具有爱美的观念和欣赏艺术的初步能力。④

1953年6月，毛泽东接见了青年团第二次全国代表大会主席团，发表了《青年团的工作要照顾青年的特点》的重要讲话，希望青年要身体好、学习好、工作好⑤。毛泽东同志提出的"三好"体现了党和国家对青年一代的关怀。

在过渡时期总路线公布后，中国共产党越来越强调教育工作的

---

① 中共中央文献研究室编：《毛泽东文集》第七卷，人民出版社1999年版，第399页。

② 《第一次全国中等教育会议胜利闭幕 确定了中等教育的方针和任务》，《人民日报》1951年4月4日第1版。

③ 何东昌主编：《中华人民共和国重要教育文献（1949—1975）》，海南出版社1998年版，第142页。

④ 同③。

⑤ 同③，第216页。

任务是培养社会主义全面发展的新人。1954 年 5 月，党中央针对
"过去几年中央教育部对中、小学教育的指导思想上有忽视劳动教
育的偏向"的问题，提出"应对全体师生透彻说明体力劳动与脑力
劳动的关系，指明体力劳动是一切劳动的基础"。①

　　在此背景下，党和国家制定了一系列政策，强调全面发展的教
育方针。《1954 年文化教育工作的方针和任务》明确提出："中等
教育和初等教育，应贯彻全面发展的教育方针。"②与此同时，教育
部在 1954 年召开的全国中学教育会议上提出："以国家过渡时期的
总路线的精神教育学生，把他们培养成为积极参加社会主义建设和
保卫祖国的全面发展的新人。"③同年 12 月，教育部在中学教育工作
汇报会上提出，今后一个时期，要以提高教育质量为中心任务，以
马克思主义的全面发展思想作为确立教育方针的重要指导思想。

　　1955 年 9 月 2 日，教育部颁发《小学教学计划》及《关于小
学课外活动的规定》，并在《关于执行小学教学计划的指示》中指
出："小学教育的任务是培养社会主义社会全面发展的成员。所以
小学中不但要进行智育、德育、体育、美育，同时还必须有步骤地
实施基本生产技术教育。"④这段表述中已经包含了后来规范化的教
育方针中的几乎所有内容，并使新中国的各级各类教育，从小学阶
段开始，就注重人的全面发展和综合素质的提升，其积极影响和理

---

① 　中共中央文献研究室编：《建国以来重要文献选编》第五册，中央文献出
版社 2011 年版，第 217 页。
② 　何东昌主编：《中华人民共和国重要教育文献（1949—1975）》，海南出版
社 1998 年版，第 294 页。
③ 　中央教育科学研究所编：《中华人民共和国教育大事记（1949—1982）》，
教育科学出版社 1984 年版，第 97 页。
④ 　同②，第 508 页。

论上的基础作用非常明显。

　　1957 年 2 月，毛泽东在《关于正确处理人民内部矛盾的问题》中提出："我们的教育方针，应该使受教育者在德育、智育、体育几方面都得到发展，成为有社会主义觉悟的有文化的劳动者。"①1957 年 6 月 26 日，周恩来在一届全国人大四次会议上的报告中指出："我们今后的教育方针，应该是培养有社会主义觉悟的、有文化的、身体健康的劳动者。"②

　　总之，在社会主义改造和过渡时期，中国共产党不断加深对教育培养全面发展的人的问题的认识。这个阶段提出的全面发展的教育方针强调，社会主义全面发展的新人不仅要具有明确的社会主义政治方向和辩证唯物主义世界观，而且要具有一定的科学文化知识和素养，具有健康的身体和乐观向上的精神。事实上，只有培养出这样全面发展的社会主义新人，才可以向社会主义建设事业源源不断地输送合格的建设者，使我国的社会主义事业不断取得新的胜利。

三、主要实践

　　新中国成立伊始，城市学龄儿童的入学率仅有 20%，工人、贫民的子女一般读不起书。在乡村，还有相当多的旧式学校，但大多

---

① 　中共中央文献研究室编：《毛泽东文集》第七卷，人民出版社 1999 年版，第 226 页。

② 　中共中央文献研究室编：《建国以来重要文献选编》第十册，中央文献出版社 2011 年版，第 284 页。

数农民子弟却无钱去求学。①1956 年年底，毛泽东在一份文件的批示中指出："现在我国不仅有许多到了学习年龄的儿童没有学校可进，而且还有一大批超过学龄的少年和青年也没有学校可进，成年人更不待说了。"②

新中国成立后，伴随着教育方针的确立、持续探索和调整，我国教育事业不断发展，相关实践主要包括以下几个方面。

（一）全面改造旧教育

新中国成立后，中国共产党由于较多地关注了新接手的正规教育，曾一度忽视了思想政治教育和生产劳动教育，以致鄙视劳动和劳动人民的观念又开始流行，相当一部分学生毕业后不愿当工人、农民，只想升学和当干部。根据恢复和发展国民经济的需要，党对全国的教育事业基本上采取了以集中统一为主的教育管理体制，确立了党对教育工作的全面领导，全面改造旧教育，接管和改造原有的各级各类公立、私立学校及接受外国津贴的学校，贯彻教育为工农服务的总方针，在全国范围内建设新教育。1949 年年初，制定教育方针的工作就已经持续和深入地展开了，前期的准备工作是比较充分和全面的。在解放初期，东北地区就已经展开有关新中国教育的各项探索，包括相应的教育制度和方针设计，这些为新中国成立和全中国解放后教育方针的制定奠定了非常重要的基础。

为了落实新的教育方针，党和政府采取了一系列重大措施。首

---

①　中共中央党史研究室著：《中国共产党历史》第一卷（上册），中共党史出版社 2010 年版，第 150 页。

②　中共中央文献研究室编：《毛泽东文集》第六卷，人民出版社 1999 年版，第 455 页。

先是对旧式学校（涉及私塾、较小的书院等）进行全面接管和整顿；依照教育方针的规定，对于以往的公私立学校进行接管，维持原有学校及其教师队伍，并逐步加以必要和可能的改革。私立学校、教会学校和外资津贴学校等，还涉及教育权的问题。1949 年 1 月 1 日，毛泽东在《人民日报》上发表了新年献词——《将革命进行到底》，宣告中华人民共和国即将成立，并组成新中国的中央人民政府，公开宣布将要召集没有反动分子参加的以完成人民革命任务为目标的政治协商会议。1949 年 1 月 3 日，新解放的合江省[①]召开了重要的教育工作会议，传达了贯彻东北行政委员会第三次教育工作会议的精神，讨论了实行新型正规化教育的各类问题。1 月 21 日，辽宁省也召开了教育工作会议，传达了相同的精神。以东北地区为先导、由中国共产党领导的新中国的教育，已经实现了由非正规的成人教育、干部教育、军事教育等向全方位教育的转变和拓展。1949 年 1 月，中共中央政治局会议通过了《目前形势和党在一九四九年的任务》，指出当年在干部教育中要加强马克思列宁主义的学习，并结合中国革命的各项政策和计划，适应与结合革命任务的需要。这份决议已涉及国民教育的整体安排，包括高等教育、各种专科教育、中小学教育和成人补习教育、干部教育等，为中国共产党全面接管教育和新中国的教育建设作了重要的准备。

随着北平的和平解放，中共中央开始着手对教育进行恢复和重组。1949 年 1 月 19 日，中共中央正式发出《关于外交工作的指示》，明确指出对于外国人在中国开办的学校，暂时允许其维持现

[①] 合江省存在于 1945—1949 年（现属于黑龙江省），该省东部、北部邻苏联，西接黑龙江省、嫩江省，南接松江省，位于今黑龙江省东北部的铁力以东、穆棱及依兰以北。

状，但校长必须是中国人，经费来源必须报备，课程须按照统一的要求设置，并暂不批准新建学校。① 1949 年 4 月 1 日，《北平市军事管制委员会文化接管委员会关于接管清华、北大，维持燕大的专题报告》明确提出了中国共产党对清华大学、北京大学和燕京大学的接管和改造。可见，新中国为终止国外的教育渗透、收回教育主权作好了充分准备，信心坚定。随着天津、河北、山东、山西、陕西、河南、上海、江苏、湖北、湖南、江西、广西、四川等地相继解放，全面接管各级各类教育的工作有序进行。1949 年 11 月，教育部正式成立。1952 年 11 月，为适应国家大规模经济建设的需要和加强对各类教育事业的领导，中央人民政府委员会决定成立高等教育部、扫除文盲工作委员会、体育运动委员会。

　　这一时期的主要工作大致包括调整和明确学制、接管各类学校、调整和改造私塾、确定校长、组织教师备课、提高教职工薪酬、公布《中小学教育暂行实施办法》、建立学校党团组织、推进各类学校积极复课、改编教材、成立教科书编审委员会、介绍先进的教育教学方法、启动教育实验、组织政治学习运动、在地方中学设立师范班、通过会议等形式宣讲教育的原则和任务、取消反动课程和反动组织的活动、成立学生联合会、邀请各级各类学校的教职工交流经验、建立和健全各级教育的管理机构、推广加强思想政治教育的工作经验、保送工农兵和革命干部到中等教育以上学段学校学习、安顿流亡和回国学生、救助失学失业知识分子、确定"人民助学金"、与教育名家（包括徐特立、吴玉章、黄炎培、马叙伦、

---

① 　中共中央文献研究室、中央档案馆编：《建党以来重要文献选编（一九二一——一九四九）》第二十六册，中央文献出版社 2011 年版，第 57 页。

钱俊瑞、成仿吾、林砺儒、俞庆棠、竺可桢、汤用彤、戴伯韬、柳湜、董纯才、车向忱、陈鹤琴、叶圣陶、江隆基等）一起探讨新中国的教育方略、召开人民教育家陶行知逝世 3 周年纪念大会和马克思主义教育理论家杨贤江逝世 18 周年纪念大会、确定向苏联教育学习的导向（"以俄为师"，学习社会主义教育、教育学、心理学、马列主义的世界观和方法论等，接待来华苏联教育专家）、筹备中华全国教育工作者第一次代表大会、成立中央人民政府教育部和中国科学院、成立文教系统的工会（明确"脑力工作者也是工人阶级的一部分"）、确定教育经费的比例和使用范围、加强对正规学校办学问题的探讨、提倡教育教学研究和教师在职进修、组织大规模"冬学"等民众教育（包括文化教育和政治教育）活动、北平各高校中共地下党在北京大学召开会议、组织青年南下支持全国解放、通过中国人民政治协商会议初步确定新中国教育的原则和方针等。一切工作都在稳妥和有序地展开。

1949 年以前，中国共产党和苏维埃政府所创办的"新教育"的主要部分虽非正式的学校教育，但在所涉及的各级各类教育中，都有共产党组织的存在，毛泽东、周恩来、杨贤江、徐特立、吴玉章等人也在积极探索，他们的不少思想观点日渐成熟，成为新中国社会主义建设事业重要和有机的组成部分。苏区和延安时期的教育也积累了丰富的经验，培养了大批人才。除了各级各类正规的学校教育外，中国共产党还在工农教育、干部教育、军事教育、少数民族教育、女性教育、职业教育、扫盲等方面作了积极主动的探索。

可以说，中国共产党和新中国中央人民政府围绕教育所作的探索和准备，在当时就已经远远超越了一般意义上的学校教育，具有"大教育"的意识、格局和整体构想，为新中国成立后教育事业的发展作了非常重要的思想准备和理论准备，并逐渐夯实了教育多方面的基础。

到 1957 年时，新中国的教育事业发展势头良好，中国共产党和中央人民政府不仅顺利地完成了新旧中国教育的全面衔接，并根据新中国的实际情况对教育进行了结构和布局上的调整，主要包括建立集中统一的教育管理体制，确立和加强中国共产党对教育工作的领导，此外，还在学制确立、教材编写、教师培养、专业设置、规范管理、研究实验的开展等诸多方面开展了基础性的建设，取得了初步成效。

（二）加强工农群众教育

新中国教育发端于中国共产党领导的革命根据地的全方位教育实践，中国共产党在这一阶段所积累的思想成果和实践经验也极为丰富。新中国成立后，教育领域所进行的建设的主要特点是全方位、大规模、正规化等。1949 年 12 月第一次全国教育工作会议召开，强调教育"为人民服务，首先为工农服务"。1950 年毛泽东为《人民教育》创刊号题词——"恢复和发展人民教育是当前重要任务之一"。据此，新中国教育方针强调教育为工农服务、为人民服务的主张已十分明确。

除了要接管和发展各级正规教育之外，党和国家规划的人民教育事业还有一些非常具体的侧重点。一是扩大工农子女在学校中的比例，如 1952 年工农子女在小学生中占 80% 以上，在中等学校学生中占 57%，1953 年高校学生中工农子女占 22% 左右。[1] 二是开

---

[1]　中共中央宣传部：《关于高小和初中毕业生从事劳动生产宣传提纲》，《人民教育》1954 年第 6 期。

展规模巨大的群众扫盲运动，开始了持续数十年的补偿教育，这对正规学校教育是补充，使大众教育目标的实现有了坚实的制度保障和实践支撑。

最初，党和政府接续解放区的工作，在全国广泛开展"冬学"运动，在城市举办工人夜校，部队的扫盲工作更是开展得有声有色，甚至还涌现出可以向全国推广的扫盲方法，如祁建华速成识字法等。1956 年 3 月，中共中央、国务院发布了《关于扫除文盲的决定》，提出要"大张旗鼓地开展扫除文盲运动"，为教育真正服务于人民大众提供了极为有力的支撑和保障。自此，中国教育基本形成了"一体两翼"的格局，正规教育与非正规教育相辅相成、相得益彰，为日后中国教育和中国社会的发展提供了重要保障。

在新中国成立之初，党和国家能直面人民不满意的领域和问题，顺应民意，使广大人民能就近读夜（业）校和参加扫盲、补偿教育（如学历补偿和技能补偿）等，为新中国当时还比较脆弱的教育事业能受到广大人民的拥护和支持，打下了广泛和良好的群众基础。统计数据显示，1957 年，全国已有小学 54.7 万所，在校生6428 万人 [1]，加上扫盲工作的大力推进，国民的整体素质得到了明显的提升，为加快社会主义建设、提高社会主义建设的质量和水平作出了重要贡献。

（三）颁布实施新学制

新中国成立后，为了克服旧学制的种种弊端，使学制真正体现

---

[1]　何东昌主编：《中华人民共和国重要教育文献（1949—1975）》，海南出版社 1998 年版，第 1099 页。

教育"为工农服务，为生产建设服务"的方针，中国共产党作为执政党必须制定和颁布新的学制。1950 年至 1951 年，中国共产党积极对旧教育进行改造，同时建立新学制，先后召开了高等教育、中等教育、初等教育和师范教育等各级各类教育工作会议。

在小学阶段改"四二分段"为"五年一贯制"。从 1950 年秋季开始，教育部开展部分试点试验，以判断在当时的国情下能否推行"五年一贯制"，确立了北京师范大学一附小、北京师范大学二附小、育才学校、北京师范第一附小、北京三区第二中心小学等学校为试点学校，在其中进行相应的学制改革和课程改革试验。1951年 10 月 1 日，政务院颁布了《关于学制改革的决定》，计划在小学推行五年一贯制的新学制。① 该学制的年限比"六三三"学制的小学段减少了一年。1952 年 11 月 15 日，教育部发布《关于小学实施五年一贯制的指示》，要求全国各地除部分少数民族地区、游牧区及经济和文化特别落后的少数地区的小学外，其余小学全部实行五年一贯制。1953 年，五年一贯制在初步实施一年后，暂时停止推行。《政务院关于整顿和改进小学教育的指示》指出："小学学制仍沿用四二制，分初、高两级。初级修业期限四年，高级修业期限二年。"② 这是对新学制作出的一次重大修改。在这一时期，学制（虽以"六三三"学制为主，但也有"五四三"学制和十年一贯制等学制，与扫盲相关的学制还有初小三年、高小三年，工农速成初

---

① 两年后由于师资、教材等准备不足，此学制未继续推行，恢复实行小学"四二分段"学制，即初小、高小分段制，为普及小学教育确立了合乎实际的阶段性目标。

② 何东昌主编：《中华人民共和国重要教育文献（1949—1975）》，海南出版社 1998 年版，第 264 页。

等学校修业年限两年到三年、工农速成中学修业年限三年到四年[①]等的区分，为大众学习提供了多元化的选择）以及考试、学历、教材、管理、科研和督导等方面的制度的确立，也对教育方针的实施产生了深远和积极的影响。

第一，将教育工农干部和工农群众的学校列入正规的学校系统之内，使其相互衔接。例如大力举办工农速成中学，目的就是促使工农群众和工农干部接受教育，培养大批工农出身的各行各业的建设人才。以上海为例，1950 年，华东人民大学附设了工农速成中学。1951 年上海市工农速成中学建成，1952 年后，该校遵照教育部的规定，将所招学生分别送进上海交通大学、华东师范大学、同济大学等校附设的工农速成中学。1954 年，上海财经大学、第一医学院等纷纷设立工农速成学校。这些学校为上海的建设和人才培养作出了巨大贡献。

第二，以中等专业教育代替原有的职业教育，并把技术学校纳入中等专业教育系统。1950 年 6 月 1 日，政务院发布了《关于开展职工业余教育的指示》，对职工业余教育的方针、任务、目的、要求、学制和课程、教学实践等作出了明确规定。1951 年 2 月 27日，《职工业余教育暂行实施办法》发布，对职工业余教育的任务、修业年限和教学工作等作出了具体规定。在此背景下，大量职工业余学校、职工业余学习班、识字班涌现，为广大职工的文化、政治和技术水平的提高作出了贡献。中等专业教育的学制改革，使各种技术学校，包括工业、农业、交通和运输等方向的学校，被纳入正

---

① 何东昌主编：《中华人民共和国重要教育文献（1949—1975）》，海南出版社 1998 年版，第 105–106 页。

规学校行列。中等专业教育性质的学校的毕业生经过工作锻炼，可以升入高等学校继续深造。这项改革旨在满足国家对大量建设人才，特别是中等水平技术人才的急切需求。为了快出人才，当时的中学并没有完全按照政府所规划的思路发展，而是部分地参照了革命和战争时期干部教育与成人教育的经验，在不少高校的帮助下开办或设立了工农速成中学或相应的预科班，使青年工农有机会进入高等学校学习（青年军人另有专门的部队院校为其提供学习机会）。与此同时，各种类型的职业教育、社会教育和成人教育蓬勃发展，半工半读教育、业余教育最受广大劳动者欢迎。据统计，1957 年，全国有普通中学 11096 所①，初中和高中在校生达 628.13 万名②；1958 年，全国有半农（工）半读的农（职）业中学 20023 所，在校生达 199.99 万名。③

（四）调整与改革高等教育

新中国成立后，我国高等教育在宏观结构上存在较大问题：一是高等学校类型、结构和学校内部学科设置不合理，主要体现在文科比重大，工、农、医、师科比重小；二是高等学校规模小，毕业生数量极其有限；三是高等学校的地区布局存在不合理之处；四是高等教育层次结构比例失衡。为此，我国在 1952—1957 年进行了高等教育改革。

一是进行高等学校院系调整。第一，整顿和加强综合性大学，

---

① 《中国教育年鉴》编辑部编：《中国教育年鉴（1949—1981）》，中国大百科全书出版社 1984 年版，第 1000 页。
② 同①，第 1001 页。
③ 同①，第 1031 页。

综合性大学共有八所，即北京大学、南开大学、复旦大学、南京大学、山东大学、东北人民大学、中山大学、武汉大学，主要内容是把相同、相近的某些学科集中起来形成学科优势，把这些学校中原有的工、农、医等学科调出去，并入相关高等学校。第二，调整工科高等院校和加强师范院校建设。①第三，调整农林院校、医药类院校、财经院校、政法院校等，使各类高等院校的性质和人才培养任务更加明确。

二是进行高等学校的专业结构调整。主要做法是参照苏联高等教育的相关制度，从 1952 年开始在高等学校设置专业，确定各专业的培养目标，拟定统一的专业目录和专业教学计划，实行按专业培养人才。经过调整，我国高等教育有了更细的分化和适应需求的组合，也基本完成了当时高校数量、种类的增长，对此后数十年我国高等教育阶段专业人才的培养产生了积极和深远的影响。②

（五）加强师范教育

在社会主义改造和过渡时期，中国共产党高度重视教师队伍建设，希望提高教师的政治觉悟、学历水平和实际教学能力。第一，党和国家明确提出要提高小学教师的社会地位和工资待遇，明确指出他们是工人阶级（具有先进性）的一部分，除了提高工资待遇之外，还将其纳入公费医疗范围。与此配合，还要求逐步提高师范教育教学质量，加强新教材的编写和出版工作。1952 年 7 月的《师范学校暂行规程（草案）》颁布试行，师范学校的学制和教学计

---

① 何东昌主编：《中华人民共和国教育史》上卷，海南出版社 2007 年版，第74 页。

② 郝维谦、龙正中主编：《高等教育史》，海南出版社 2000 年版，第 82-94 页。

划逐渐统一，学校组织、制度逐渐步入正轨，教学方法逐步改进。1953 年 11 月，政务院发布了《关于整顿和改进小学教育的指示》，对提高小学教育质量作了明确指示。第二，为了给小学教育输送数量充足、质量合格的教师，教育部于 1956 年 5 月 29 日颁布《师范学校规程》，紧接着于 6 月 30 日发布了《关于大力培养小学教师和幼儿园教养员的指示》。根据该指示的要求，各地积极制定发展师范学校和初级师范学校的规划，使师范学校毕业生能满足大中城市、工矿区小学和一般地区高级小学的师资需要。此外，党和国家还组织讨论中等教育和高等教育教师培养问题，积极研究制定中等学校在职教师业余进修和高师函授等办法。总之，党和国家通过一系列努力，使新中国的师范教育得到了保障。

（六）加强少数民族教育

在社会主义改造和过渡时期，中国共产党根据党的教育总方针、总任务和民族政策，确定了全国少数民族教育的方针、任务，积极探索并总结经验，在重视少数民族特点、继承发扬优良的少数民族文化传统的基础上，通过实行双语教育、加强少数民族教育管理、培养少数民族教师、编写出版少数民族文字教材、采取适合少数民族和地区特点的办学形式等，逐步形成了一系列行之有效的少数民族教育的政策和措施，推动我国少数民族教育事业在社会主义改造和过渡时期取得前所未有的发展。

新中国成立初期，中国共产党高度重视培养少数民族干部的任务，先后颁布了一系列少数民族教育政策文件。如 1950 年 11 月颁布了《培养少数民族干部试行方案》和《筹办中央民族学院试行方案》。1954 年 12 月 14 日，中共中央专门发出《关于培养少数民族干部问题的指示》。

此外，为加强对少数民族教育工作的领导和管理，中央和地方都成立了少数民族教育的管理机构，注重实施双语教育，并大力发展少数民族高等教育，加强少数民族中小学师资队伍的建设，积极开展少数民族扫盲活动，等等。总之，在各级政府的组织、动员和推动下，许多少数民族结束了没有学校教育的漫长历史，为我国少数民族教育的稳步健康发展打下坚实的基础。

四、经验启示

从新中国成立到社会主义改造基本完成的这段时间是我国社会主义教育制度初步建立的阶段。由于这一阶段具有鲜明的过渡性质，教育方针在短期内延续了新民主主义革命时期的民主的、科学的、大众的教育这一基本方向，后来毛泽东于 1957 年提出了"应该使受教育者在德育、智育、体育几方面都得到发展，成为有社会主义觉悟的有文化的劳动者"的教育方针。这一方针比之前的方针更加清晰，不仅进一步明确了社会主义过渡时期教育的任务，更为后面的教育方针奠定了坚实的基础。这个教育方针进一步明确了社会主义教育的任务，确定了人的全面发展的方向，强调了教育所培养的人应该具有文化和社会主义觉悟。这个教育方针在实施过程中既取得了丰富的经验，也存在被片面理解和执行的教训。

（一）坚持将马克思主义教育思想与中国国情紧密结合

随着新中国各方面的发展，教育的目标和原则也相应地发生了变化，所以党对教育方针的表述，也在总体方向不变的情况下，不断调整和完善。将马克思主义教育思想与中国国情紧密结合，是与新中国社会的整体发展需求紧密相关的。马克思主义教育思想是新中国教育建设和教育方针确立的理论基础与指导思想。在探索如何建设社会主义教育的过程中，中国共产党首先确定了在全国范围内建设民主的、科学的、大众的教育的新民主主义教育方针，确立了教育为人民服务、为工农服务、为生产建设服务的教育建设方案，并强调新教育的建设要以老解放区在长期的办学实践中形成的教育经验为基础，吸收旧教育有用的经验，特别强调要借鉴苏联教育建设的先进经验。这些方针是中国共产党把马克思主义教育思想同中国国情紧密结合的产物，是中国共产党在丰富发展马克思主义教育思想方面作出的理论贡献。

新中国成立以来，中国共产党和中央人民政府十分重视对教育方针的探讨和研究，在教育目的和人才培养规格上，经历了由"使青年一代在智育、德育、体育、美育各方面获得全面发展，成为新民主主义社会自觉的积极的成员"向"应该使受教育者在德育、智育、体育几方面都得到发展，成为有社会主义觉悟的有文化的劳动者"的转变。坚持教育的社会主义方向、培养全面发展的人一直是中国共产党矢志不渝的追求目标。同时，教育方针的制定除了立足中国国情、尊重本国的历史传统外，还应特别注意教育的时代性和科学性，并能明确体现社会主义制度的优越性。

随着中华人民共和国的成立，中国共产党秉持实事求是的原则，开创性地将马克思主义教育理论与中国的客观实际相结合。党的教育方针在强调培养民族民主革命人才、提高人民文化水平和劳动能力的基础上，发展为"应该使受教育者在德育、智育、体育几方面都得到发展，成为有社会主义觉悟的有文化的劳动者"。这既是对马克思主义"教劳结合"思想的继承与完善，也是对新中国成立后过渡时期我国教育实践工作的科学总结。在当时的情况下，制定教育方针时兼顾原则性、时代性、政治性和阶级性，是历史的必然，也与改革旧教育有着紧密的联系，从为少数人服务到为广大人民群众服务，教育的政治性、阶级性的特点不容回避。在这一问题上，新中国的教育方针鲜明地反映了时代精神和制度本质，既体现了教育的政治与阶级属性，也有对人类共同教育理想的关照。

（二）坚持教育为人民服务的理念

新中国成立以来，党和国家对教育功能的认识一直在不断深化。党对教育功能的定位，决定了新中国教育的性质、地位和特点，也决定了制定教育方针和政策时的基本导向。1949 年至 1957年，以毛泽东同志为核心的党的第一代中央领导集体，选择和践行了社会主义制度，突出了教育的政治功能，希望教育"为人民服务"，并为建立社会主义制度、巩固党的执政地位服务，为劳动人民在文化教育上翻身做主人服务。

坚持教育为人民服务是中国共产党和中央人民政府在制定教育方针时的价值遵循，毛泽东等党和国家领导人也对此保持了清醒的头脑，确定了基本的方向。他们意识到从革命时期转入恢复和建设时期，战争阶段的许多想法和做法需要调整和改变，激烈的阶级矛盾会更多地转变为人民内部矛盾，改造、建设和发展将成为常态，因此尤其需要认真地探索教育自身的规律。为此，教育方针的确立必须尊重教育的基本规律，根据社会的发展和变化，将教育的本体功能——育人功能置于首位，注重社会本位和个人本位的有机统一。后来所强调的素质教育、确立教育优先发展、德育为先、办好人民满意的教育等，都与其一脉相承。

当然，把教育的重点转向以符合人民的要求、满足人民的需求为主，在教育过程中把人的全面发展放在中心位置，虽然符合马克思主义的基本思想，体现了教育方针与教育规律的一致性，但在当时的情况和条件下，作为过渡和调整时期的指导思想，教育方针中所体现的精神还主要偏重社会和政治。从历史和发展的角度看，这具有一定的合理性，但不可否认，面向广大人民群众办教育，本身就有教育为人民服务的内涵。

新中国成立以后，教育方针体现的思想主要表现在以下几个方面。一是在培养目标上，兼顾马克思主义关于人的全面发展的学说，注重人才培养的多样性和全面性，这有利于人的潜能的全面发展和发挥。二是党的教育方针的服务对象是现代化建设和绝大多数人民，改变了以前教育仅仅"为无产阶级"服务的特点，扩大了服务对象，符合社会主义国家坚持的集体主义原则。三是在人才培养的目标和途径上，明确规定要培养的是"劳动者"，注重教育与生产劳动相结合。这是针对我国传统的"学而优则仕"的学习目标而言的，对传统的学校教育仅注重书本知识，强调学生"两耳不闻窗外事，一心只读圣贤书"，学习脱离社会生活，所学不能与生产劳动相结合，以及课本知识脱离实际需要的状况也是一种修正。

（三）坚持将教育的功能定位与教育规律紧密结合

新中国成立后，中国社会面貌发生了翻天覆地的变化。经过几年的社会主义改造，中国进入了社会主义社会，开启了社会主义建设新征程。站起来的中国人民不但要有强健的体魄，更要在各个方面迎头追赶，成为社会主义建设所需要的建设者和接班人。社会矛盾和国家发展重心的转变，决定了要及时调整和重新制定教育方针。新中国成立后这一阶段的教育方针并没有急于求成，盲目地追求高不可攀的教育目标。这种分步骤前进和发展的思路，显然是符合中国当时的实际情况的，也是具有前瞻性的。

在新中国成立初期，教育方针的政治性是第一位的，体现了教育为一定阶级或阶层服务的原则和立场。当时所确立的教育方针主要反映了教育的政治性、社会性、阶级性等特征，而对教育的专业性、科学性还缺少更深入细致的考量。比如，1949 年在教育方针的制定过程中，曾有反对一切非无产阶级思想的倾向，"肃清封建的、买办的、法西斯主义的思想"的方向是正确的，但是并没有明确什么是需要"肃清"的反动思想、什么是值得继承与借鉴的优良传统和经验。

新中国成立之初百废待兴，急需各类建设人才，因此当时对教育的基础性、科学性和正规性等问题还无力充分顾及。在这一时期，中国共产党和教育界一直在努力发展教育事业，开展了扫除文盲、改造知识分子、向科学进军等一系列运动，极大地调动了教育界乃至全社会发展教育、学习科学的热情。但是，急功近利和实用主义的倾向也不免流露出来。一方面，通过高等学校院系调整突出了学校数量和专业教育，致使许多基础性研究受到了影响。另一方面，基础教育阶段的学制、学校类别、教师队伍等都缺少标准，难以保证教育质量。这类局面的出现虽然和当时的客观条件分不开，也有一定的历史合理性并取得了一定的效果，但对于新中国教育的发展还是产生了一些消极影响，需要进行认真总结和反思。

直到 1957 年，我国教育方针的社会主义性质才基本得以确定。

显而易见的是，这时提出的教育方针已经十分全面，既有对政治方向的把握，也有对教育规律的尊重，更有对广大受教育者发展标准的规定，成为我国此后各个阶段制定教育方针时所遵循的基本原则。

第四章
社会主义建设时期的教育方针

　　社会主义制度基本建立后，中国共产党领导全国各族人民进行了全面的大规模的社会主义建设，对适合中国国情的社会主义建设道路进行了艰辛探索。继1957年毛泽东在《关于正确处理人民内部矛盾的问题》讲话中首次提出"应该使受教育者在德育、智育、体育几方面都得到发展，成为有社会主义觉悟的有文化的劳动者"[①]的教育方针，短短一年之后，中共中央、国务院于1958年9月19日发布的《关于教育工作的指示》提出："党的教育工作方针，是教育为无产阶级的政治服务，教育与生产劳动结合。为了实现这个方针，教育工作必须由党来领导。"[②]这次教育方针的重大转变，在党的历史上是少有的。

---

① 中共中央文献研究室编：《毛泽东文集》第七卷，人民出版社1999年版，第226页。

② 何东昌主编：《中华人民共和国重要教育文献（1949—1975）》，海南出版社1998年版，第859页。

一、历史背景

　　1956 年年底，新中国对生产资料私有制的社会主义改造基本完成，初步建立起社会主义制度。社会主义制度在中国建立起来后，社会主义的经济、政治、文化应该怎样建设，社会主义应当怎样巩固和发展，均是全新的历史性课题。全党和全国人民振奋精神，努力探索中国社会主义建设道路。在新的使命面前，在理论准备尚不充分的情况下，中国共产党根据马克思主义的基本原理同中国实际相结合的原则，不断总结经验，在实践中探索前进。[①]1957年到 1966 年，我国初步建立起独立的比较完整的工业体系，为社会主义现代化建设奠定了重要的物质与技术基础，并培养了政治、经济、文化建设所需要的一大批人才。虽然后来"左"倾错误的延续和发展导致了"文化大革命"，但这一时期党内外广大干部群众对"左"倾错误不断进行抵制。1976 年 10 月，中央政治局采取果断措施粉碎"四人帮"，结束了"文化大革命"。十一届三中全会后，全面开展拨乱反正。在党的正确领导下，全国各族人民对社会主义建设事业重新充满了希望和信心。

　　这一时期，我国逐步确立了社会主义教育方针。虽然在"文化大革命"时期，教育方针被错误地解读和实施，但从整个历史时期来看，道路是曲折的，前途是光明的，"文化大革命"结束后，我国教育事业迅速得到恢复，步入健康发展的轨道。

---

① 　中共中央党史研究室著：《中国共产党的九十年》，中共党史出版社、党建读物出版社 2016 年版，第 465 页。

（一）国内外政治形势要求教育为无产阶级的政治服务

1956 年年初，对生产资料私有制的社会主义改造不断取得胜利，中共中央开始把党和国家工作的重点向社会主义建设转移。从 1953 年开始实施第一个五年计划到 1956 年，社会主义建设已有三年多的实践经验，对苏联经济建设中的一些缺点和错误也逐步有所了解。以苏联的经验教训为鉴戒，总结自己的经验，探索一条适合中国国情的社会主义建设道路的任务，已经摆在了中国共产党面前。1956 年 4 月 25 日，毛泽东在中央政治局扩大会议上作《论十大关系》的讲话，经中央政治局同意后，又于 5 月 2 日向最高国务会议作了报告。毛泽东总结了我国社会主义建设的经验，提出了调动一切积极因素为社会主义建设事业服务的基本方针，对适合中国情况的社会主义建设道路进行了初步的探索。毛泽东指出了苏联存在的弊端，认为中国可以而且应当找出一条有别于苏联、符合中国情况的社会主义建设道路。他指出："最近苏联方面暴露了他们在建设社会主义过程中的一些缺点和错误，他们走过的弯路，你还想走？过去我们就是鉴于他们的经验教训，少走了一些弯路，现在当然更要引以为戒。"[1]毛泽东明确了中国的社会主义建设必须从中国实际国情出发、走自己的道路这一根本思想。[2]

1956 年 9 月 15 日至 27 日，中国共产党第八次全国代表大会在北京召开。党的八大正确分析了国内形势和国内主要矛盾的变

---

[1] 中共中央文献研究室编：《毛泽东文集》第七卷，人民出版社 1999 年版，第 23 页。

[2] 中共中央党史研究室著：《中国共产党的九十年》，中共党史出版社、党建读物出版社 2016 年版，第 468 页。

化，明确规定了党和全国人民在新形势下的主要任务：集中力量解决人民对于经济文化迅速发展的需要同当前经济文化不能满足人民需要的状况之间的矛盾，把我国尽快地从落后的农业国变为先进的工业国。[①]

1956 年夏秋，国际共产主义运动出现了大的波折，发生了波匈事件。国内也出现了一些群众闹事等未曾预料的问题。面对这些复杂的新情况，党中央和毛泽东深入思考了社会主义的矛盾，提出了关于正确处理人民内部矛盾的理论。[②]

根据党的八大精神和党内出现的新情况、新问题，党中央决定从整顿党的作风入手，克服官僚主义、宗派主义和主观主义，正确处理人民内部矛盾。在 1956 年 11 月召开的党的八届二中全会上，毛泽东表示，中央准备在 1957 年开展一次全党整风运动。

1957 年 4 月 27 日，中共中央正式发出《关于整风运动的指示》。但在整风运动开展过程中，反右派斗争严重扩大化，使党探索中国社会主义建设良好开端的实践遭受挫折，动摇和修改了党的八大关于我国社会主要矛盾的正确判断。[③]

1958 年 5 月，党的八大二次会议通过了"鼓足干劲、力争上游、多快好省地建设社会主义"的总路线，通过了 15 年赶超英国的目标，通过了提前五年完成《1956 年到 1967 年全国农业发展纲要》提出的目标，提出了"苦干三年，基本改变面貌"等口号。总路线的提出，反映了党和广大人民群众迫切要求尽快改变我国经济

---

① 中共中央党史研究室著：《中国共产党的九十年》，中共党史出版社、党建读物出版社 2016 年版，第 473 页。

② 同①，第 482 页。

③ 同①，第 493 页。

文化落后状况的普遍愿望，体现了党中央、毛泽东关于社会主义建设的思路。会后，"大跃进"运动在全国范围内从各方面开展起来。其主要标志是片面追求工农业生产和建设的高速度，不断地大幅度提高计划指标和缩短完成时间。同时，农村掀起了人民公社化运动的高潮，各地争先建立人民公社，刮"共产风"。"大跃进"运动的最大问题是急于求成，在建设速度上盲目求快；人民公社化运动的最大问题是片面追求提高公有化程度。两者的共同教训，是背离了党一向倡导的实事求是的原则，脱离了中国社会生产力的发展水平，违背了经济和社会发展的客观规律。[①]

"大跃进"、人民公社化运动和"反右倾"斗争给国民经济和人民生活造成了严重影响。1960 年 11 月，中共中央发出《关于农村人民公社当前政策问题的紧急指示信》。1961 年 1 月，党的八届九中全会通过了对国民经济实行"调整、巩固、充实、提高"八字方针。此后，我国国民经济建设由"大跃进"转入调整时期。

1962 年 1 月至 2 月，党中央在北京召开扩大的中央工作会议。出席会议的有中央和省、地、县委四级主要负责人以及重要厂矿和军队的负责干部。会议的目的是进一步总结"大跃进"以来的经验教训，统一认识，增强团结，动员全党更坚决地执行调整方针，为战胜困难而奋斗。[②]

但是在 1962 年秋的中共八届十中全会以后，阶级斗争扩大化的错误倾向开始蔓延。1966 年 8 月 1 日至 12 日，中共八届十一中全会举行。8 月 8 日，全会通过了《关于无产阶级文化大革命的决

---

① 中共中央党史研究室著：《中国共产党的九十年》，中共党史出版社、党建读物出版社 2016 年版，第 496–502 页。

② 同①，第 519 页。

定》。"文化大革命"全面发动。这次运动的重点"是整党内那些走资本主义道路的当权派"①。这次运动被反革命集团利用,给党、国家和人民造成严重灾难。1976年10月,中共中央政治局采取果断措施粉碎"四人帮",党依靠自身力量结束了"文化大革命"。经过"文化大革命"的严峻考验,党、人民政权、人民军队和整个社会的性质没有改变。历史证明,党和社会主义制度具有强大的生命力。②

粉碎"四人帮"后,广大干部群众强烈要求纠正"文化大革命"的错误理论和实践,彻底扭转十年内乱造成的严重局面,使中国社会主义建设事业重新奋起。与此同时,世界经济快速发展,科技进步日新月异。国内外发展大势都要求中国共产党尽快就关系党和国家前途命运的大政方针作出政治决断和战略决策。顺应时代潮流和人民愿望,1978年12月,中国共产党十一届三中全会召开,实现了新中国成立以来党的历史上具有深远意义的伟大转折,开启了改革开放和社会主义现代化建设新时期。③

（二）社会主义经济建设的主要任务要求教育与生产劳动结合

1956年,生产资料私有制的社会主义改造基本完成。当时,在我国的国民经济中,全民所有制和劳动群众集体所有制这两种公

---

① 何东昌主编:《中华人民共和国重要教育文献（1949—1975）》,海南出版社1998年版,第1407页。

② 中共中央党史研究室著:《中国共产党的九十年》,中共党史出版社、党建读物出版社2016年版,第560页。

③ 同②,第646页。

有制经济已经占据主体地位，社会主义经济制度在我国初步建立起来。我国的社会主义经济制度，是随着生产力的不断解放和发展建立起来的。

党的八大提出了党和人民在新形势下的主要任务，强调了在生产资料私有制的社会主义改造已经基本完成的情况下，国家的主要任务已经由解放生产力变为在新的生产关系下保护和发展生产力，全党要集中力量发展生产力。党的八大坚持了在综合平衡中稳步前进的经济建设方针。[①]

到 1957 年年底，我国全面完成国民经济发展的第一个五年计划，取得了巨大成就。五年间，全国实际完成基本建设投资总额 588.47 亿元，为我国建立独立完整的工业体系奠定了基础；工农业有较大幅度增长，初步改变了我国工农业总产值中以农业为主的局面；各项事业获得较快发展；全国物价基本稳定，人民生活水平逐步有所提高。[②]"一五"计划时期的显著成就雄辩地证明，党的八大把集中力量发展社会生产力作为党和国家的主要任务是完全正确的。

此后，我国社会主义经济建设经历了曲折，国民经济的发展遭遇挫折。1958 年开始的"大跃进"和人民公社化运动使国民经济走入困境。这主要表现为：农业劳动力急剧减少，直接影响了农业生产的发展；基本建设规模过分扩大，职工人数增加过快；工业与交通运输业之间出现了严重的不平衡；工业由于"以钢为纲"而出现严重的不平衡。从 1958 年下半年开始，党中央和政府逐渐觉

[①]　中共中央党史研究室著：《中国共产党的九十年》，中共党史出版社、党建读物出版社 2016 年版，第 473 页。

[②]　同①，第 479–480 页。

察到了"大跃进"、人民公社化运动中出现的问题及其造成的经济困境，采取措施以纠正一些错误。但是，正当社会经济开始向好的方面转变的时候，1959年7月2日至8月1日在庐山召开的中共中央政治局扩大会议、8月2日至16日在庐山召开的中共八届八中全会后，全国掀起继续"大跃进"的高潮，又使国民经济发展的良好势头受到严重挫折。这两次会议以后，在不断"反右倾，鼓干劲"的同时，调整后的1959年国民经济发展计划一再加码，要求尽快完成年度计划，提前两年实现原定"二五"计划的主要指标。1960年上半年，又开始了新的"跃进"：制定了不切实际的高指标；再次大搞"小土群""小洋群"；大办城市人民公社，农村普遍推行公共食堂；大搞全民性的技术革命运动。1959年到1961年，我国国民经济发生严重困难。

国民经济发展受到的严重挫折，促使全党逐步清醒过来，及时转变国家经济建设的指导方针。在转变经济建设指导思想的过程中，党和政府采取了一系列措施，1964年12月，《政府工作报告》指出，"调整国民经济的任务已经基本完成，工农业生产已经全面高涨，整个国民经济已经全面好转，并且将要进入一个新的发展时期"①。

"文化大革命"期间，新中国的经济发展也屡遭挫折。1971年以后，周恩来以及党中央、国务院的其他领导同志和工作人员的努力，对国民经济的恢复和发展起到了极为重要的作用。在周恩来病重期间，邓小平主持中央日常工作，他狠抓国民经济各部门和企业

---

① 中共中央文献研究室编：《建国以来重要文献选编》第十九册，中央文献出版社2011年版，第401页。

调整，整个国民经济得到明显好转。

粉碎"四人帮"以后，在 1976 年 10 月到 1978 年 12 月的两年多的时间里，广大干部、群众以极大的热情投入到经济建设中，党中央、国务院以及一些省、自治区、直辖市采取了一些有利于经济恢复的措施，经济有了较好的发展。

1978 年 12 月，中共十一届三中全会召开，作出了把党和国家的工作重点转移到社会主义现代化上来和改革开放的战略决策，中国从此进入了社会主义事业发展的新时期。

（三）社会主义文化建设要求教育必须具有社会主义的政治特征

为了进一步传达、贯彻毛泽东《关于正确处理人民内部矛盾的问题》讲话精神，1957 年 3 月，中共中央在北京召开了有党外民主人士参加的中国共产党全国宣传工作会议。3 月 12 日，毛泽东在讲话中指出："在五百万左右的知识分子中，绝大多数人都是爱国的，愿意为人民服务，为社会主义国家服务。""没有知识分子，我们的事情就不能做好，所以要好好地团结他们。知识分子是脑力劳动者。他们的工作是为人民服务的，也就是为工人农民服务的。知识分子又是教育者。因为他们是教育者，是当先生的，他们就有一个先受教育的任务。""知识分子既然要为工农群众服务，那就首先必须懂得工人农民，熟悉他们的生活、工作和思想。我们提倡知识分子到群众中去，到工厂去，到农村去。""知识分子如果同工农群众相结合，和他们做了朋友，就可以把他们从书本上学来的马克思主义变成自己的东西。""各地党委的第一书记应该亲自出马来抓思想问题。"①

　　党的八届十中全会后，开始文化领域的错误批判。1964 年夏，意识形态领域的大批判由文艺界扩展到了其他方面。在批判运动中，许多同志包括一些重要领导干部和卓有成就的作家、学者，或被撤销领导职务，或被中断正常的工作。②

　　1964 年 12 月至 1965 年 1 月，第三届全国人民代表大会第一次会议在北京召开。会议郑重提出了实现"四个现代化"的历史任务。周恩来在政府工作报告中宣布："在不太长的历史时期内，把我国建设成为一个具有现代农业、现代工业、现代国防和现代科学技术的社会主义强国，赶上和超过世界先进水平。"③党中央还确定了分两步走实现现代化的战略构想，即从第三个五年计划开始，第一步，经过三个五年计划，建立起独立的比较完整的工业体系和国民经济体系；第二步，实现农业、工业、国防和科学技术的现代化，使中国走在世界前列。

　　在中国这样落后的农业大国，在工业化战略的基础上，进一步确立社会主义现代化的战略目标和分两步走的战略构想，使社会主义的建设目标以"四个现代化"的形式清晰地展现在全国人民面前，这是党在领导社会主义建设进程中作出的重大决策。"四个现代化"从此成为中国共产党和全国各族人民的共同奋斗目标，成为

---

① 中共中央文献研究室编：《毛泽东年谱（一九四九——一九七六）》第三卷，中央文献出版社 2013 年版，第 106–109 页。

② 中共中央党史研究室著：《中国共产党的九十年》，中共党史出版社、党建读物出版社 2016 年版，第 531 页。

③ 中共中央文献研究室编：《建国以来重要文献选编》第十九册，中央文献出版社 2011 年版，第 423 页。

凝聚和团结全国各族人民不懈奋斗的强大精神力量。①

1965 年 3 月 3 日，邓小平主持中共中央书记处会议，讨论文化、教育部门开展社会主义教育运动的问题。他在讲话中指出："现在要总结经验，要研究根据'二十三条'，学校该怎么搞？运动范围有多大？要到达什么目的？""运动的方向要转到落实教学，调动教职员工积极性方面。""值得注意的是现在有部分学生忽视读业务书。现在学校的课外活动太多。"②

1956 年到 1966 年，我国科学技术的发展进步十分显著。1956 年制定的十二年科学技术发展远景规划提前完成，新的十年（1963—1972 年）科学技术发展规划在 1963 年制定。1962 年 11 月，党中央成立以周恩来为首，包括贺龙、聂荣臻、罗瑞卿等在内的15 人专门委员会，负责组织和领导"两弹一星"的研制。1964 年10 月 16 日，我国成功爆炸第一颗原子弹。此外，基础科学研究也有进展。例如，1965 年我国在国际上首次人工合成牛胰岛素结晶，在世界处于领先地位。教育、卫生、新闻出版、文化艺术、体育等事业的成就相当可观。1957 年至 1966 年，全国高等学校毕业生累计达到 139.2 万人，中等专业学校毕业生累计达到 211.1 万人，分别是 1950 年至 1956 年的 4.9 倍和 2.4 倍。③

在这段时间，我国培养了一大批治党治国治军和社会主义建设

---

① 中共中央党史研究室著：《中国共产党的九十年》，中共党史出版社、党建读物出版社 2016 年版，第 536 页。

② 中共中央文献研究室编：《邓小平年谱》第三卷，中央文献出版社 2020 年版，第 515 页。

③ 中共中央党史研究室著：《中国共产党的九十年》，中共党史出版社、党建读物出版社 2016 年版，第 547–548 页。

事业需要的专门人才。到 1966 年，全国自然科学技术工作者数量达到 245.8 万人。大批人才在经济、教育、科技、文艺、医疗卫生、体育等各个领域接受了锻炼和考验，其中大部分人在 20 世纪 70 年代末实行改革开放以后成为各方面的骨干力量。①

党提出了在繁荣文艺、发展学术方面实行"百花齐放、百家争鸣"的方针；实行两种教育制度②，肯定我国知识分子的大多数已经是劳动人民的一部分；指出科学技术现代化在我国现代化中具有关键性作用。③

在"文化大革命"开始前，毛泽东提出了对当时的教育制度进行彻底改造的要求。1965 年 12 月 21 日，毛泽东谈道："现在这个大学教育，我很怀疑。""大学教育应当改造。上学的时间不要那么多。要改造文科大学，要学生下去搞工业、农业、商业。至于工科、理科，也要接触社会实际。高中毕业后，就要先做点实际工作。单下农村还不行，还要下工厂，下商店，下连队。这样搞他几年，然后读两年书就行了。"④

1966 年 5 月 7 日，毛泽东强调"（学生）以学为主，兼学别样，即不但学文，也要学工、学农、学军，也要批判资产阶级。学制要缩短，教育要革命，资产阶级知识分子统治我们学校的现象，再也

---

①　中共中央党史研究室著：《中国共产党的九十年》，中共党史出版社、党建读物出版社 2016 年版，第 550 页。

②　全日制的教育制度和半工（农）半读的教育制度。

③　同①，第 552 页。

④　中共中央文献研究室编：《毛泽东年谱（一九四九—— 一九七六）》第五卷，中央文献出版社 2013 年版，第 548 页。

不能继续下去了"①。

　　从 1966 年 5 月下旬起，北京市大、中学校的学生率先响应"五一六通知"发出的号召，起来"造修正主义的反"。5 月 25 日，北京大学贴出了"全国第一张马列主义的大字报"。6 月 1 日，新华社播发了这张大字报。同日，《人民日报》发表了题为《横扫一切牛鬼蛇神》的社论，号召打倒"在思想文化阵地上的大量牛鬼蛇神"。这些措施在全国引起强烈反响。在很短的时间内，学生造反组织蜂拥而起，到处揪斗学校领导和教师，许多学校的党组织陷于被动以至瘫痪。② 教育规章制度被废除，正常的教学秩序被打乱，教育事业陷入极度混乱和全面停顿状态。毛泽东发动"文化大革命"的出发点，是防止资本主义复辟、维护党的纯洁性和寻求中国自己建设社会主义的道路。③ 邓小平后来明确指出："搞'文化大革命'，就毛主席本身的愿望来说，就是出于避免资本主义复辟的考虑，但对中国本身的实际情况作了错误的估计。"④

　　1967 年 2 月 4 日的《中共中央关于小学无产阶级文化大革命的通知（草案）》和 2 月 19 日的《中共中央关于中学无产阶级文化大革命的意见（供讨论和试行用）》要求中小学校立即开学，全体师生立即返校，一边上课，一边闹革命。

　　1968 年 12 月，《人民日报》转载《甘肃日报》关于会宁县城

---

① 　中共中央文献研究室编：《毛泽东年谱（一九四九—— 一九七六）》第五卷，中央文献出版社 2013 年版，第 585 页。
② 　中共中央党史研究室著：《中国共产党的九十年》，中共党史出版社、党建读物出版社 2016 年版，第 564 页。
③ 　同②，第 565 页。
④ 　《邓小平文选》第二卷，人民出版社 1994 年版，第 346 页。

镇居民到农村安家落户的报道，经毛泽东批示，在编者按中引用毛泽东的最新指示："知识青年到农村去，接受贫下中农的再教育，很有必要。要说服城里干部和其他人，把自己初中、高中、大学毕业的子女，送到乡下去，来一个动员。"①12月22日，《人民日报》转载的编者按中说："希望广大知识青年和脱离劳动的城镇居民，热烈响应毛主席这个伟大号召，到农业生产的第一线去！"②全国随即掀起知识青年上山下乡的高潮。至1981年，上山下乡的知识青年人数共达1600多万。广大知识青年到农村和边疆去，了解社会，接触工农，在艰苦的环境中，接受了锻炼，增长了才干，为建设农村和开发、振兴祖国不发达地区作出了贡献，一些人成长为不同战线上的领导和业务骨干。但是，大批知识青年失去了在学校接受正规教育的机会，造成了人才的断层，给国家的现代化建设带来了巨大困难。③

　　在这个阶段，大批机关、事业单位的干部，高等院校的教师，医疗卫生人员，文艺、体育工作者被下放到农村，或在各种"五七"干校从事体力劳动。他们虽然接受了劳动锻炼、增加了对农村的了解，但是长时间被排除在各项业务工作和科学文化研究之外，使他们不能用所学专业为社会主义建设贡献力量。④

---

① 　中共中央文献研究室编：《毛泽东年谱（一九四九——一九七六）》第六卷，中央文献出版社2013年版，第223页。

② 　《在毛主席革命路线指引下，会宁县部分城镇居民纷纷奔赴农业生产第一线，到农村安家落户。他们说："我们也有两只手，不在城市里吃闲饭！"》，《人民日报》1968年12月22日第1版。

③ 　中共中央党史研究室著：《中国共产党的九十年》，中共党史出版社、党建读物出版社2016年版，第583-584页。

④ 　同③，第584页。

　　1971 年，林彪反革命集团策动的武装政变阴谋被粉碎后，在毛泽东的支持下，周恩来主持中央日常工作，为党和国家的各项工作走上正轨做了不懈的努力，特别是在力所能及的范围内去纠正"文化大革命"中的一些错误。一部分遭受过打击和迫害的领导干部恢复了名誉，并被重新安排工作。在周恩来的直接过问下，一些学校的党政领导干部和一大批专家、学者、教师也被重新安排工作，党的干部政策和知识分子政策在教育系统得到了一定程度的落实。不少学校又重新鼓励教师为社会主义建设刻苦钻研业务，并安排政治上表现好、业务能力强的教师担任教学和科研领域的领导工作，发挥了他们在教学和科研中的骨干作用。①

　　周恩来多次提出要批判极左思潮和无政府主义倾向，有的讲话直接涉及教育系统。1971 年 10 月 26 日，周恩来在一次会议中谈到，医学院、医院要专门办，没有专门知识不行。如果不办，这也属于极左思潮，将要受到批判。1972 年 4 月 9 日，他在观看部队文艺演出时谈到，极左思潮不肃清，影响艺术质量的提高。1972年 8 月，他在一次谈话中指出，"左"的不批透，"右"的还会来。根据周恩来的指示精神，《人民日报》1972 年 10 月 14 日发表了三篇批判极左思潮和无政府主义的文章，指出鼓吹极左思潮的目的是破坏无产阶级纪律，瓦解社会主义生产，动摇无产阶级专政。②

　　周恩来特别重视教育领域的纠"左"问题。在他的关心下，中央报刊发表了一系列关于建立正常的教学秩序、培养合格的社会主

---

① 何东昌主编：《中华人民共和国教育史》上卷，海南出版社 2007 年版，第458-460 页。

② 同①，第 460-461 页。

义建设人才的文章，推动了学校教学秩序的逐步恢复。[①]

　　1972年3月21日，《光明日报》发表题为《加强领导，认真上好社会主义文化课》的文章，强调了上好社会主义文化课的重要性。4月1日，《红旗》杂志发表题为《正确理解和处理政治与业务的关系》的专论，提出"在毛主席的无产阶级革命路线指引下，对业务工作中的客观规律认识得越多，钻研技术越深，就对人民的贡献越大"。10月1日，《人民日报》《红旗》杂志、《解放军报》联合发表《夺取新的胜利——庆祝中华人民共和国成立二十三周年》国庆社论，其中明确指出要"加快社会主义建设的步伐"，"继续全面地落实毛主席的干部政策、知识分子政策、经济政策等各项无产阶级政策"，提倡又红又专，为革命学习业务、文化和技术。8月16日，《人民日报》发表吉林省长春市教育局撰写的《充分发挥教师在教育革命中的作用——我们在落实党的知识分子政策中的一些体会》一文。文章强调，"转变学生的思想，传授社会主义文化科学知识，进行教学领域的一系列改革，全面落实党的教育方针，都是在党的领导下，主要由教师去做。如果不注意调动他们的积极性，轻视他们在教育革命中的作用，就会影响教育革命的深入发展"[②]。一些落实党的知识分子政策的举措也先后出台。

　　在这种形势下，教育行政部门和各级各类学校也开始批判极左思潮和无政府主义倾向，落实党的知识分子政策，逐步开始恢复正常的教学秩序，恢复了一些被极左思潮冲击的教学和管理方面的规

---

① 何东昌主编：《中华人民共和国教育史》上卷，海南出版社2007年版，第461页。

② 吉林省长春市教育局：《充分发挥教师在教育革命中的作用——我们在落实党的知识分子政策中的一些体会》，《人民日报》1972年8月16日第2版。

章制度。教育事业的发展有了新的转机。①

　　周恩来为批判极左思潮、纠正"文化大革命"错误所做的努力，使江青反革命集团极为不满。他们或明或暗地不断攻击周恩来在搞"右倾回潮""修正主义回潮"，并进一步利用批林批孔运动一次次将矛头直指周恩来，一次次发难，搅乱教育思想，致使学校中开始趋于正常的教学秩序被重新打乱，狂热的极左思潮再一次在校园里横行。②

　　1975 年 7 月，经毛泽东同意，邓小平主持中央日常工作，大刀阔斧地开展"以三项指示为纲"的全面整顿，着手解决"文化大革命"造成的各条战线的混乱局面。邓小平特别重视教育指导思想上的整顿，并在一系列讲话中深刻分析了教育领域存在的问题。③"我们有个危机，可能发生在教育部门，把整个现代化水平拖住了。"④"现在相当多的学校学生不读书，这也不符合毛泽东思想。"⑤"要后继有人，这是对教育部门提出的问题。大学究竟起什么作用？培养什么人？有些大学只是中等技术学校水平，何必办成大学？"⑥"要增加科技人员，这就要靠教育。"⑦"要解决教师地位问题。几百万教员，只是挨骂，怎么调动他们的积极性？毛主席讲消

---

① 何东昌主编：《中华人民共和国教育史》上卷，海南出版社 2007 年版，第462 页。

② 同①，第 464-471 页。

③ 同①，第 472 页。

④ 《邓小平文选》第二卷，人民出版社 1994 年版，第 34 页。

⑤ 同④，第 37 页。

⑥ 同④，第 33-34 页。

⑦ 同④。

极因素还要转化为积极因素嘛！教育战线也要调动人的积极性。"①
教育整顿工作虽然只进行了短短几个月，但在贯彻教育方针和坚持
社会主义办学方向等方面的一些错误认识在一定程度上得到了澄
清，学校开始恢复较为正常的教学秩序。

1975年11月，"反击右倾翻案风"运动开始，该运动使邓小
平领导的全面整顿工作被迫中止，也使国家正在走向安定团结的政
治局面再度陷入混乱。

"文化大革命"期间，我国的文化教育事业受到了严重破坏。
"文化大革命"结束后，全国局势逐步趋于稳定。1977年7月，中
共十届三中全会召开，决定恢复邓小平在1976年被撤销的全部职
务。邓小平主动要求分管科技和教育工作。1977年8月，邓小平
主持召开了科学和教育工作座谈会。他在座谈会上指出，新中国成
立后的十七年，教育战线的主导方面是红线，我国知识分子绝大多
数是自觉自愿地为社会主义服务的。②他号召尊重知识，尊重人才。
1978年3月，全国科学大会在北京召开。邓小平在会上强调"科
学技术是生产力"这一马克思主义的观点，并且指出，为社会主义
服务的脑力劳动者是劳动人民的一部分。由此，党扭转了多年来对
知识分子的"左"的政策，知识和知识分子重新受到重视。这使得
科学、教育、文艺等各个领域的知识分子受到极大鼓舞。③1977年
年底至1978年年初，在"文化大革命"中被废弃的高等学校招生
考试制度得到恢复，全国高等学校重新通过统一考试招收新生。

---

① 《邓小平文选》第二卷，人民出版社1994年版，第34页。

② 同①，第49页。

③ 中共中央党史研究室著：《中国共产党的九十年》，中共党史出版社、党建
　　读物出版社2016年版，第648页。

二、方针内涵

1958 年 9 月 19 日，中共中央、国务院在《关于教育工作的指示》中指出："党的教育工作方针，是教育为无产阶级的政治服务，教育与生产劳动结合。"①这个阶段提出和确立的社会主义教育方针体现了我国社会主义教育的性质、任务、培养目标和途径②，着重说明在整个国家政治生活和国民经济体系中教育工作的性质、作用和地位问题，即教育为谁服务和如何服务的问题，是要解决教育与党的政治路线，教育与政治、经济、文化和社会等方面的关系问题。③中共中央、国务院在提出教育工作方针时，还特别强调"教育工作必须由党来领导"④。这是因为中国共产党是中国社会主义事业的领导核心，坚持和加强党的领导，是社会主义各项事业取得成功和胜利的保证，也是社会主义教育事业取得成功和胜利的保证。

（一）教育为无产阶级的政治服务

我国是无产阶级专政的国家，是社会主义国家。我国的教育不是资本主义的教育，而是社会主义的教育。没有共产党的领导，社会主义的教育是不能设想的。社会主义的教育，是改造旧社会和建

---

① 何东昌主编：《中华人民共和国重要教育文献（1949—1975）》，海南出版社 1998 年版，第 859 页。

② 何东昌主编：《中华人民共和国教育史》上卷，海南出版社 2007 年版，第 235 页。

③ 同②，第 234 页。

④ 同①。

设新社会的强有力的工具之一。社会主义革命和社会主义建设的目的，是要建设一个消灭一切剥削阶级和一切剥削制度及其残余，实现各尽所能、各取所需，消灭城市与乡村的差别和消灭脑力劳动与体力劳动的差别的共产主义社会。这个目的也就是社会主义教育的目的。这样的教育，只有无产阶级的政党——共产党——才能领导。只有在共产党的领导之下，教育工作才能出现今天我们所看见的这种新气象。

1. 教育为无产阶级的政治服务是马克思主义教育理论的核心内容

教育主要属于上层建筑。在存在着阶级和阶级斗争的社会里，教育从来都是统治阶级对被统治阶级实行统治的工具。在资本主义社会里，教育是资产阶级对无产阶级和广大劳动人民进行统治的工具。在资产阶级专政的情况下，教育具有强烈的阶级性，绝不存在什么超越阶级的平等。无产阶级的教育，是无产阶级专政的工具，是为无产阶级政治服务、为社会主义经济基础服务的。

马克思、恩格斯虽然对教育为无产阶级的政治服务没有做过直接的论述，但是这一思想始终体现在他们所主张的使无产阶级的教育摆脱作为统治阶级的资产阶级的政治影响上。在 1848 年的《共产党宣言》中，马克思、恩格斯在批判资产阶级的教育观时就指出，不同的阶级有不同性质的教育，资产阶级的教育归根到底是为资产阶级的政治服务的。"共产党人并没有发明社会对教育的作用；他们仅仅是要改变这种作用的性质，要使教育摆脱统治阶级的影响。"[①]在《哥达纲领批判》中，马克思进一步指出，在资产阶级统治

---

① 《马克思恩格斯选集》第一卷，人民出版社 2012 年版，第 418 页。

的社会里，"应当把政府和教会对学校的任何影响都同样排除掉"①。主张教育应该摆脱资产阶级政治的影响，就是要工人阶级及其后代免受资产阶级政治的影响。这不是认为教育可以摆脱政治，而是基于无产阶级利益的一种考虑。

中国共产党关于"教育必须为无产阶级的政治服务"的论断，不仅反映了我国社会主义政治、经济等对于教育工作的要求，而且符合马克思列宁主义关于教育与政治紧密联系并且为政治服务的一贯思想。

坚持教育为无产阶级的政治服务，就是坚持使教育为社会主义的国家政权建设服务。其基础不只是一般意义上的阶级意识的灌输，而是要保证社会主义的教育能广泛、迅速、有效地从思想上、组织上提高无产阶级及其联盟阶级广大民众（包括儿童、青少年）的文化素养，培养高尚的道德情操，提高阶级觉悟，增强公民意识等，使他们拥护自己的政权，有能力并且乐意积极地参与国家的政权建设。其中首要任务是：无产阶级政党必须重视教育事业，并且把教育事业置于社会主义社会的领导阶级及其政党的思想领导和监督之下。强调无产阶级及其政党对教育事业的思想政治领导、监督和参与，是因为教育事业是社会生活中"最有思想性的领域"之一。保证无产阶级及其政党对教育事业的领导，是保证教育、教学工作性质的根本措施，也是实现无产阶级及其政党从组织上用无产阶级思想影响受教育者的重要措施。

坚持教育为无产阶级的政治服务要求：第一，把握好教学大纲、教材等的思想政治方向，把无产阶级的思想观念渗透到教学

---

① 《马克思恩格斯选集》第三卷，人民出版社 2012 年版，第 376 页。

中。课程的思想政治方向是无产阶级及其政党从思想上、教育上影响受教育者的重要途径。第二，提高教师的思想觉悟和地位，使教师的活动同建设社会主义的任务联系起来。第三，使学校教育和教学工作的性质"适应正在发生的变化"，在学校适时地加强思想政治教育。思想政治教育是教育为政治服务的一个重要方面，也是保证教育教学工作性质的一个重要方面。思想政治教育本身也应遵循教学原则。教育为政治服务还必须遵循教育工作的客观规律。

2. 教育为无产阶级的政治服务是中国共产党教育方针的一贯精神

教育为无产阶级的政治服务是由无产阶级教育的性质决定的，也是由无产阶级革命和建设的需要决定的。中国共产党在领导中国革命和建设过程中，根据各个时期的政治、经济状况，提出了不同的教育方针、政策。虽然各个时期的提法有所区别，内容有所不同，但教育为无产阶级的政治服务的基本精神是不变的。

随着中国民主革命的进程和社会主义革命与建设的发展，随着社会政治、经济形势的发展，教育为无产阶级的政治服务这一思想在不同历史时期有着不同的提法。土地革命战争时期，1934 年 1 月毛泽东在《中华苏维埃共和国中央执行委员会与人民委员会对第二次全国苏维埃代表大会的报告》中提出了苏维埃文化教育的总方针"在于以共产主义的精神来教育广大劳苦民众，在于使文化教育为革命战争与阶级斗争服务，在于使教育与劳动联系起来，在于使广大中国民众都成为享受文明幸福的人"。抗日战争时期，1938 年 10 月，毛泽东在中共扩大的六届六中全会上提出"实行抗战教育政策，使教育为长期战争服务"①。这两次提法的共同点是明确教育为战争服务。战争是政治的继续，毫无疑问，教育就是为无产阶级的政治服务的。

在文化教育与政治经济的关系上，中国共产党并不主张文化教育只为政治服务，而是主张文化教育同时为政治和经济服务。1940年，毛泽东在《新民主主义论》中谈道："一定的文化（当作观念形态的文化）是一定社会的政治和经济的反映，又给予伟大影响和作用于一定社会的政治和经济；而经济是基础，政治则是经济的集中的表现。这是我们对于文化和政治、经济的关系及政治和经济的关系的基本观点。"②"文化革命是在观念形态上反映政治革命和经济革命，并为它们服务的。"③教育是受政治、经济制约并为它们服务的。任何一个国家或政党，在任何时候，都有其中心工作。这个中心工作不是政治工作就是经济工作，因此教育要为政治工作和经济工作服务。

1949年3月，在中共七届二中全会上，毛泽东谈道："从我们接管城市的第一天起，我们的眼睛就要向着这个城市的生产事业的恢复和发展。务须避免盲目地乱抓乱碰，把中心任务忘记了"，"城市中其他的工作，例如党的组织工作，政权机关的工作，工会的工作，其他各种民众团体的工作，文化教育方面的工作，肃反工作，通讯社报纸广播电台的工作，都是围绕着生产建设这一个中心工作

---

① 中央档案馆编：《中共中央文件选集》第十一册（一九三六——一九三八），中共中央党校出版社 1991 年版，第 616 页。
② 《毛泽东选集》第二卷，人民出版社 1991 年版，第 663-664 页。
③ 同②，第 699 页。

并为这个中心工作服务的"。①中共七届二中全会在1949年3月召开，恢复经济、发展生产是关系彻底打败蒋介石、建设新中国的头等大事，是一项伟大的政治任务。生产建设是经济工作，为生产建设服务也就是为经济服务。这与毛泽东在《新民主主义论》中提出的新文化是为新政治和新经济服务的论断是一致的。生产建设是中心工作，文化教育"围绕着生产建设这一个中心工作并为这个中心工作服务"，为这一中心工作服务也就是为无产阶级的政治服务。

1949年12月23日至31日，第一次全国教育工作会议在北京举行。会议指出新的人民教育是民族的、科学的、大众的教育，目的是为人民服务，首先是为工农服务，为当时的革命斗争和建设事业服务。②

到1958年教育方针的提出，我们可以认为，"教育为无产阶级的政治服务"是中国共产党教育方针的一贯精神。

（二）教育与生产劳动相结合

教育必须与生产劳动相结合是马克思主义教育理论的重要命题。马克思主义主张人的全面发展，教育若没有与生产劳动相结合，就根本无法实现人的全面发展。中国共产党继承和发展了马克思主义关于人的全面发展的思想，始终坚持教育必须与生产劳动相结合。

1. 教育与生产劳动相结合是马克思的教育理论中的重要命题

马克思对于教育与生产劳动相结合的有关论述，是建立在对当

---

① 《毛泽东选集》第四卷，人民出版社1991年版，第1428页。

② 何东昌主编：《中华人民共和国教育史》上卷，海南出版社2007年版，第8-9页。

时的机器大工业生产及科学技术发展深入分析的基础之上的。

1848 年，马克思、恩格斯在《共产党宣言》中是这样提到教育与生产劳动相结合的："最先进的国家几乎都可以采取下面的措施：……对所有儿童实行公共的和免费的教育。取消现在这种形式的儿童的工厂劳动。把教育同物质生产结合起来，等等。"①

在《资本论》中，马克思明确指出："尽管工厂法的教育条款整个说来是微不足道的，但还是把初等教育宣布为劳动的强制性条件。这一条款的成就第一次证明了智育和体育同体力劳动相结合的可能性，从而也证明了体力劳动同智育和体育相结合的可能性。"②"从工厂制度中萌发出了未来教育的幼芽。未来教育对所有已满一定年龄的儿童来说，就是生产劳动同智育和体育相结合，它不仅是提高社会生产的一种方法，而且是造就全面发展的人的唯一方法。"③马克思还解释说："现代工业的技术基础是革命的，而所有以往的生产方式的技术基础本质上是保守的。现代工业通过机器、化学过程和其他方法，使工人的职能和劳动过程的社会结合不断地随着生产的技术基础发生变革。"④"大工业又通过它的灾难本身使下面这一点成为生死攸关的问题：承认劳动的变换，从而承认工人尽可能多方面的发展是社会生产的普遍规律，并且使各种关系适应于这个规律的正常实现。"⑤关于如何"使各种关系适应于这个规律的正常实现"，马克思作了进一步说明："工艺学校和农业学校是这种

---

① 《马克思恩格斯选集》第一卷，人民出版社 2012 年版，第 421-422 页。
② 《马克思恩格斯全集》第二十三卷，人民出版社 1972 年版，第 529 页。
③ 同②，第 530 页。
④ 同②，第 533-534 页。
⑤ 同②，第 534-535 页。

变革过程在大工业基础上自然发展起来的一个要素；职业学校是另一个要素，在这种学校里，工人的子女受到一些有关工艺和各种生产工具的实际操作的教育。如果说，工厂法作为从资本那里争取来的最初的微小让步，只是把初等教育同工厂劳动结合起来，那末毫无疑问，工人阶级在不可避免地夺取政权之后，将使理论的和实践的工艺教育在工人学校中占据应有的位置。"①

在《哥达纲领批判》中，马克思指出："在按照不同的年龄阶段严格调节劳动时间并采取其他保护儿童的预防措施的条件下，生产劳动和教育的早期结合是改造现代社会的最强有力的手段之一。"②

马克思提出的教育与生产劳动相结合，是双向的结合。一方面，受教育者所接受的教育要和生产劳动相结合；另一方面，劳动者所进行的劳动要和教育相结合。

在马克思的思想的基础上，列宁在新的历史阶段对教育与生产劳动相结合作了进一步的论述。1897年，列宁在《民粹主义空想计划的典型》一文中就国民教育问题发表意见："没有年轻一代的教育和生产劳动的结合，未来社会的理想是不能想象的：无论是脱离生产劳动的教学和教育，或是没有同时进行教学和教育的生产劳动，都不能达到现代技术水平和科学知识现状所要求的高度。"③后来列宁在制定苏联共产党党纲的时候，也体现了这一观点。④

---

① 《马克思恩格斯全集》第二十三卷，人民出版社1972年版，第535页。
② 《马克思恩格斯选集》第三卷，人民出版社2012年版，第377页。
③ 《列宁全集》第二卷（1895—1897年），人民出版社1984年版，第461页。
④ 克鲁普斯卡雅著：《克鲁普斯卡雅论教育》下卷，人民教育出版社2017年版，第1851页。

2. 教育与生产劳动相结合是中国共产党对马克思主义教育理论的发展

教育与生产劳动相结合的政治功能，是新中国成立以来党和政府始终强调的。将教育与生产劳动相结合作为改造社会的方式进行实践，在社会主义建设时期表现得最为突出。

教育与生产劳动相结合的思想贯穿于毛泽东革命和政治生涯的始终。在 1921 年创办湖南自修大学时，毛泽东在《湖南自修大学组织大纲》中把"劳动"列为一章，提出："本大学学友为破除文弱之习惯，图脑力与体力之平均发展，并求知识与劳力两阶级之接近，应注意劳动。"[①]

在革命根据地里，以共产主义思想为指导的新民主主义文化教育，必须使教育与生产劳动很好地结合起来，才能逐步摆脱传统教育的束缚，建立起新的教育体系与教育制度。首先，在根据地贯彻教育与生产劳动相结合的精神，是为人的全面发展创造条件或开辟道路的，也可以说是未来新教育的准备或萌芽。其次，在根据地贯彻教育与生产劳动相结合的精神，是直接为争取革命胜利服务的。[②]1931 年 7 月，鄂豫皖第二次苏维埃代表大会通过的《文化教育政策》规定："实行生产训练，每个学生都要参加生产，实行生产化的教育。"[③]1934 年 1 月，毛泽东在第二次全国苏维埃代表大会

---

① 中共中央文献研究室编：《毛泽东年谱（一八九三——一九四九）》修订本上卷，中央文献出版社 2013 年版，第 84 页。

② 董纯才主编：《中国革命根据地教育史》第二卷，教育科学出版社 1991 年版，第 69 页。

③ 湖北省档案馆、湖北省财政厅编：《鄂豫皖革命根据地财经史资料选编》，湖北人民出版社 1989 年版，第 754-755 页。

上提出的苏维埃文化教育的总方针中非常明确地指出"使教育与劳动联系起来","使文化教育为革命战争与阶级斗争服务"①。当时苏区的学生大部分在读书的同时参加劳动。

在抗日战争时期，中国共产党在总结和继承土地革命时期实践经验的基础上，进一步发展、丰富了教育与生产劳动相结合的思想。1939年2月和5月，中共中央先后召开生产动员大会和干部学习大会，号召各机关干部、各所干部学校、中等学校和小学等逐步动员起来，积极投身到大生产运动中去。1939年5月4日，毛泽东在延安青年群众举行的五四运动二十周年纪念会上指出："中国古代在圣人那里读书的青年们，不但没有学过革命的理论，而且不实行劳动。"②他高度赞扬延安青年"一面学习，一面生产"、把学习和生产劳动紧密结合在一起的做法，并从教育适应革命和建设的需要是教育与生产劳动相结合的基本要求角度，提出"伟大的抗战必须有伟大的抗战教育运动与之相配合，二者间的不配合现象亟应免除"③。毛泽东把教育与生产劳动相结合作为进行思想品德教育，培养和造就革命干部，使知识分子与工农群众相结合的主要途径。

在解放战争时期，1947年2月，晋冀鲁豫边区教育厅《关于本边区实施新教育方针的初步意见》提出："教育要和实际结合，就必须与生产结合。与生产结合不是光生产无教育，主要是能在生产活动中融合各种学习，在学习内容上，注重生产知能，生产不是教育以外的东西，而是使学习内容更加充实，学了马上能实

---

① 《苏维埃中国》，中国现代史资料编辑委员会1957年翻印本，第285页。
② 《毛泽东选集》第二卷，人民出版社1991年版，第568页。
③ 人民教育出版社编：《毛泽东同志论教育工作》，人民教育出版社1992年版，第49页。

用。"①1947 年 4 月,《晋察冀日报》报道,冀晋行署和群众团体联合发出指示,强调教育要和战斗、生产、土地改革密切结合,教育方式和教学时间要适应当地战斗、生产情况。②1949 年 4 月 11 日至 18 日,中国新民主主义青年团第一次全国代表大会在北京召开,毛泽东为大会题词:"同各界青年一起,领导他们,加强学习,发展生产。"③

1951 年 3 月 31 日,钱俊瑞在第一次全国中等教育会议上指出:"我们要实行的是马、恩、列、斯所指出的关于全面发展的基本精神,即体力与智力的均衡发展,教育与生产劳动的密切结合,要实行工艺教育(或称综合技术教育),那就是要着重地进行对生产有关的科学知识教育,并将这些知识联系国家当前工农业生产的实际情况和科学的最新成就。"④1956 年 5 月 28 日,教育部印发《关于普通学校实施基本生产技术教育的指示(草案)》,指出:"几年来,普通教育的质量是在不断地提高着,但是我们的工作还存在着一些缺点,其中最突出的是教育和生产劳动脱节。我们培养出来的学生缺少生产的基本知识和技能,劳动观点也很薄弱。这一缺点的存在,直接影响到学生的全面发展。我国社会主义建设事业正在飞快

---

① 中央教育科学研究所编:《老解放区教育资料(三) 解放战争时期》,教育科学出版社 1991 年版,第 50—51 页。
② 董纯才主编:《中国革命根据地教育史》第三卷,教育科学出版社 1993 年版,第 36 页。
③ 共青团中央青运史工作指导委员会、中国青少年研究中心、中央档案馆利用部编:《中国青年运动历史资料》第 19 集(1948 年 11 月—1949 年 9 月),中国青年出版社 2002 年版,第 350 页。
④ 何东昌主编:《中华人民共和国重要教育文献(1949—1975)》,海南出版社 1998 年版,第 86 页。

地发展，为了使我们的普通教育工作和整个社会主义建设事业相适应，我们培养出来的学生，不仅需要具有文化科学的知识，同时还要具有现代生产的基本知识和技能。"①

1958年2月4日，教育部印发《关于大力支持共青团中央〈关于在学生中提倡勤工俭学的决定〉的通知》，指出："实行半工半读、勤工俭学，这是根据脑力劳动和体力劳动相结合的原则，革新我国教育制度，贯彻培养有社会主义觉悟的、有文化的、身体健康的劳动者的教育方针，使学校教育与生产劳动相结合的重大措施之一。同时也发扬了勤俭建国，勤俭办学的精神，有可能成为解决学生学习费用困难，并有助于学校发展的一个重要途径。"②

1958年，《红旗》杂志第7期发表了陆定一根据中共中央教育工作会议的结论撰写的文章《教育必须与生产劳动相结合》。文章指出："在今年4月和6月中共中央召开的教育工作会议上，解决了一系列的理论问题和实际问题。""中国共产党的教育方针，向来就是，教育为工人阶级的政治服务，教育与生产劳动相结合；为了实现这个方针，教育必须由共产党领导。"③

三、主要实践

1958年9月19日，中共中央、国务院《关于教育工作的指示》

---

① 何东昌主编：《中华人民共和国重要教育文献（1949—1975）》，海南出版社1998年版，第629页。
② 同①，第799页。
③ 同①，第852页。

在提出"教育为无产阶级的政治服务，教育与生产劳动结合"的教育方针外，还提出了"三结合""六并举""两条腿走路"的办学方针和群众路线的工作方法，对我国社会主义教育的建设和发展发挥了持久的指导作用。[①]

在全国"大跃进"中，教育领域的"大跃进"被称为"教育革命"。这场"教育革命"从 1958 年至 1960 年持续了三年之久，造成教育结构失调、教育质量下降。1961 年以后，教育系统认真贯彻中共中央提出的"调整、巩固、充实、提高"的方针，1963 年取得显著成效，1965 年调整任务基本完成。这一阶段，主要实践成就有：改进和加强了党对于教育工作的领导，改进和加强了学校思想政治工作，制定和试行了全日制学校暂行工作条例，进行了教育制度改革的尝试，开展了全日制学校的教育教学改革，加强了中小学教材建设。

（一）加强党的领导

新中国成立以后，为了加强中国共产党对学校工作的领导，中共中央和各级党委曾派遣一部分党员干部在中等以上学校担任领导职务。1953 年 5 月，在毛泽东主持下，中共中央政治局开会讨论教育工作，决定从中央一级党政机关抽调 1000 名高、中级党员干部，派往大学和中等学校充实领导力量。1955 年 8 月 27 日发布的《中共中央批发中央宣传部〈关于学校教育工作座谈会的报告〉给各地党委的指示》提出："必须引起全党对学校教育工作的重

[①] 何东昌主编：《中华人民共和国教育史》上卷，海南出版社 2007 年版，第 236 页。

视。""要保证做好学校工作，首先必须建立起那里的强有力的党的领导。没有党的组织，没有强有力的党的领导，党委不管学校中党的工作，……就会犯很大错误。"①该文件明确指出，"高等学校所需要的党员正副校（院）长，由中央宣传部会同中央组织部和各有关政府党组及省（市）提出具体方案，加以调配，党委书记则由各省（市）委和自治区党委负责调配"②。

在 1958 年的"教育革命"中，为了加强党的领导，取消了过去学习苏联"一长制"而实行的校长负责制，一切高等学校都实行党委领导下的校务委员会负责制。各校都召开了党员代表大会，选举出新的党委领导班子，对学校工作实行全面领导。根据中央关于抽调干部加强大、中学校及科研机构的领导的指示，中共中央组织部从中央一级党政机关抽调了近千名高级、中级党员干部，加强对文教战线的领导，其中新任高等学校校（院）长、党委书记的有一百多人。各省市也都从省直机关抽调大批干部加强了学校党委的领导。各校都充实或新建了校务委员会。许多学校还进行了校内机构的调整和精简，加强了教学、科研、生产第一线的机构建设，充实了人员。在此期间，由于过分强调权力下放，过分强调因地制宜、因校制宜，学校对上级的规章制度可以存、废、修订等，所以学校受到的约束较少，几乎凡能自己解决的问题，学校都可以自行决定。如学校可以作出关于学校的"大跃进"发展规划，不需要上一级批准；自行决定设立新专业，并立即抽调教师筹备、抽调学生转专业；自行决定停课，缩短假期；自行决定修改教学计划、教学

---

① 中共中央文献研究室编：《建国以来重要文献选编》第七册，中央文献出版社 2011 年版，第 129–130 页。

② 同①，第 130 页。

大纲，编写教材；自行决定批判教授和其他教师；有的学校自行宣布成立"人民公社"，如郑州大学等7所高等学校成立了人民公社、北京有的大学参加了海淀区东升人民公社等。

（二）改进和加强学校思想政治工作

青少年的思想政治素质和科学文化素质不仅是现实社会文明程度的重要体现，而且对社会未来的风貌、民族精神起着决定性的作用。在这一阶段，我国各级各类学校都根据党和国家制定的社会主义教育方针，改进和加强了思想政治工作。

1. 重视学校思想政治工作机构和队伍的建设

1958年9月19日，中共中央、国务院在《关于教育工作的指示》中提出，为了切实改进和加强学校思想政治工作，学校党委应当"配备党员去做政治思想工作"，"党委书记和委员力求担任政治课的教学、研究工作"[1]。后来三份全日制学校暂行工作条例明确规定，学校的思想政治工作都由党组织来领导。

共青团在开展学校思想政治工作中负有重要责任。1962年1月4日中共中央转发的《共青团在学校中的思想政治工作纲要（试行草案）》指出："共青团是团结教育青年的核心，是党联系青年群众的纽带。要教育团员在完成党的各项任务中，在日常学习、劳动和生活中，严格要求自己，发挥模范作用。"[2]同时规定："共青团是党的助手，团的学校基层组织应当在党的领导下，密切配合有关部

---

[1] 何东昌主编：《中华人民共和国重要教育文献（1949—1975）》，海南出版社1998年版，第859页。

[2] 同①，第1075页。

门进行工作。"①

1964 年 6 月 10 日，中共中央批转高等教育部党组《关于加强高等学校政治工作和建立政治工作机构试点问题的报告》。该报告要求：高等学校逐步建立政治工作机构，改进和加强思想政治工作。主要意见有：一是高等教育部党组改为党委制，直接领导直属高等学校的党委，高等教育部和直属高等学校都设立政治部。二是明确高等学校政治部是校党委的工作机构，同时又是领导全校政治工作的行政机构。其主要任务是在上级政治机关和学校党委的领导下，负责领导全校的思想政治工作和党的工作，保证党的各项方针政策的贯彻执行，以利于培养又红又专的人才。三是高等教育部直属高等学校的政治工作，原则上实行以高等教育部党委的领导为主、地方党委的领导为辅的双重领导制度。②此后，高等教育部直属高等学校里普遍设立了政治部，充实了政治工作队伍，思想政治工作也得到了改进和加强。

在全日制中小学和中等专业学校、师范学校里，校工会、共青团和其他群众组织都在党支部（党总支）的领导下进行思想政治工作。小学的少先队也要在共青团的领导下，加强对少年儿童的思想品德教育。为了适应团、队组织经常性工作的需要，1956 年 11 月，教育部青年团中央将团、队专职干部统一列入了学校的行政编制，从而使这支思想政治工作队伍在这些学校有了稳定的地位。

全日制中小学和中等专业学校、师范学校的班主任是学生集体的组织者和教育者，是学校进行思想政治工作的骨干力量。大量事

---

① 何东昌主编：《中华人民共和国重要教育文献（1949—1975）》，海南出版社 1998 年版，第 1076 页。

② 同①，第 1285–1287 页。

实说明，做好班主任工作是做好学校思想政治工作的重要保证。

2. 改进和加强学校政治理论课教学

政治理论课是学校思想政治工作一个十分重要的阵地。第一，通过政治理论课教学，可以直接地、比较系统地向学生传授马克思列宁主义、毛泽东思想等，使学生获得辩证唯物主义和历史唯物主义的基本观点，培养无产阶级世界观，学会科学的思想方法，增强分辨是非的能力。第二，可以直接地、比较系统地向学生传授我国的国家制度、社会制度等方面的有关知识，党和国家当前的任务和方针政策，使学生对于我国的政治经济状况、国际形势、社会主义的前途以及自己的责任获得基本的认识，以培养学生为人民服务和为社会主义服务的思想。第三，可以直接地、比较系统地向学生传授关于共产主义道德的基本规范，培养学生的无产阶级道德观念和爱国主义精神，使学生正确理解个人同集体、个人同国家的关系，懂得一个社会主义公民应该具备的品质，以便逐步养成自觉的、良好的行为习惯。

1959 年 7 月，教育部印发了《中等学校政治课教学大纲（试行草案）》。1964 年 7 月 10 日至 8 月 3 日，中共中央宣传部和教育部临时党组、高等教育部党组在北京召开了全国高等学校、中等学校政治理论课工作会议。会后，中共中央于 1964 年 10 月 11 日批转了中共中央宣传部等单位报送的《关于改进高等学校、中等学校政治理论课教学的意见》，明确规定了政治理论课教学的任务，要求政治理论课的课程和教材的改进必须坚持"少而精"的原则。

3. 开展学习雷锋等英雄模范的活动

在开展学校思想政治工作的过程中，各地各级各类学校都十分重视树立先进典型，以英雄模范的思想品德和先进事迹教育儿童和青少年。当时，在儿童和青少年学生中广泛开展了学习雷锋、黄继光、王杰、刘英俊、欧阳海、焦裕禄等英雄模范人物的活动，在提高儿童和青少年的社会主义觉悟方面收到了显著效果。其中影响最为深远的是在全国范围内开展的学习雷锋的活动。这对于广大儿童和青少年养成高尚的道德情操发挥了不可估量的积极作用。

4. 进行日常的思想政治工作

学校思想政治教育除了设置政治理论课和开展向英雄模范学习的活动外，还通过组织学生学习毛泽东著作、时事政策，开展课外活动，参加生产劳动，进行课堂教学等形式展开。实践证明，这些形式都是行之有效的。

5. 进一步加强校外教育

在对儿童和青少年进行思想政治教育的过程中，学校教育担负着主要责任，与此同时，校外教育在培养和教育儿童与青少年方面也起着很大的作用。

各地根据中共中央在1963年10月18日印发的《关于加强少年儿童校外教育和整顿中小学教师队伍的指示》精神，在一些大中城市建立了一支由专职辅导员等组成的校外辅导员队伍。这些校外辅导员分别被安排在街道的少年儿童活动站、少年之家和少年宫工作。他们对校外教育常抓不懈，在学生思想政治教育方面取得了显著成绩。

（三）开展"教育革命"

"教育革命"是"大跃进"运动的重要组成部分，两者的发动、发展、继续和结束在时间上基本是同步的。仅就这场"教育革命"而言，从1958年年初到1958年5月是"教育革命"的全面发动时期，1958年6月至1958年年底是"教育革命"的高潮时期。

1958年1月1日，《人民日报》发表了社论《乘风破浪》，向全国乃至全世界公布我国要在十五年左右的时间内在钢铁和其他重要工业产品产量方面赶上和超过英国的奋斗目标，并再次强调要坚持"多快好省"的方针，同时提出了"鼓足干劲，力争上游"的口号。2月《人民日报》又发表了题为《鼓起干劲，力争上游！》的社论。"大跃进"运动开始，"教育革命"进入全面发动阶段。

1958年3月3日，中共中央发出了《关于开展反浪费反保守运动的指示》，要求各地必须放手发动群众，进行反浪费、反保守的"双反"运动。教育系统在"双反"运动中掀起了"思想大跃进"的高潮。以"兴无产阶级思想，灭资产阶级思想""开展教学工作中的两条路线斗争"为主导思想，在领导干部自我检讨的带动下，发动师生开展以"自觉革命，向党交心"为基本内容的群众性整风活动。"向党交心"的活动告一段落后，教育系统还对一些带有普遍性的问题进行了专题辩论，特别是较为普遍地开展了"红专大辩论"。

1958年3月24日至4月8日，教育部在北京召开了第四次全国教育行政会议。会上提出了开展"教育革命"的任务和方法，交流了各地教育事业"大跃进"、大改革的经验。会议提出，各地在"教育革命"中要大力开展识字运动，大力普及小学教育，大力举办农业中学、工业中学和手工业中学，发展普通中学；要积极发展和改进各级师范学校，改造和提高现有教师；要改革教育制度、教育内容和教育方法；要把体力劳动、勤工俭学列入教学计划，但应服务于教育目的；要破资产阶级思想、立社会主义思想，把学生教育成有社会主义觉悟的人；要依靠党的领导，放手发动群众办学，采取群众运动的办法做好普及教育的工作。

1958 年 5 月，中共八大二次会议在北京召开。这次会议通过了社会主义建设总路线。会后，全国各地、各行各业的"大跃进"运动相继进入高潮。各地、各行各业都在片面地追求工农业生产和各项建设工作的高速度，不断大幅度地提高和修改计划指标，兴起了一阵虚报高产、竞放"卫星"的浪潮。8 月，中央政治局扩大会议在北戴河举行。会议决定在全国农村普遍建立人民公社，提出 1958 年要完成 1070 万吨钢产量的任务。这次会议后，在全国范围内掀起了农村大办人民公社和全民大炼钢铁的高潮，并以此为中心，号召包括文教事业在内的各行各业都要"全民大办"各种事业。

1958 年 9 月，中共中央、国务院发布《关于教育工作的指示》，强调全党和全国人民的历史任务之一，就是正确地领导教育工作，坚持党的教育工作的方针，反对"左"倾思想和教条主义，调动一切积极因素，鼓足干劲，力争上游，多快好省地扫除文盲，普及教育，培养出一支数以千万计的又红又专的工人阶级知识分子的队伍。在这样的形势下，"教育革命"也进入了高潮。

在"教育革命"的高潮中，为了尽快发展教育事业，不仅教育系统大办各项教育事业，而且社会上也大办教育。一些地区以及工厂、机关、街道掀起了办学热潮，有的人民公社甚至宣布已经办起了从幼儿园到高等学校的完整的教育体系，实现了"人人劳动，人人学习"的"共产主义教育制度"。

据统计，从 1957 年到 1958 年，我国的高等学校由 229 所猛增到 791 所，在校学生由 44.12 万人增加到 65.96 万人；中等专业学校由 1320 所增加到 3113 所，在校学生由 77.79 万人增加到 146.98

万人；普通中学由 11096 所增加到 28931 所，在校学生由 628.13 万人增加到 852.02 万人；普通小学由 54.73 万所增加到 77.68 万所，学生由 6428.3 万人增加到 8640.3 万人；幼儿园由 1.64 万所猛增到 69.53 万所，在园幼儿由 108.8 万人猛增到 2950.1 万人。[①]

但是，同期教育经费的增加同教育事业这种"大跃进"式的增长极不协调。1957 年全国教育事业费支出总额为 19.52 亿元，1958 年只增加了 3100 万元，教育事业费占国家财政总支出的比重却由 1957 年的 6.42% 下降到 4.84%。[②] 由于盲目大办教育事业远远超过了国民经济的承受能力，造成了教育同经济的比例严重失调，导致许多学校不能维持正常的办学条件，教育质量下降。

尽管当时"教育革命"存在过热的现象，但仍然有一批成果保留了下来，成为以后进一步发展的基础。

半工半读教育迅速发展。各省、自治区、直辖市举办了许多农业中学、劳动大学、工业大学等形式的半工（农）半读学校。

广大人民群众还积极掀起了扫除文盲和大办工农业余教育的高潮。1958 年，全国有 8000 万人参加了扫盲运动。通过"教育革命"，我国文盲的比例从新中国成立初期的 80% 下降为 43%。与 1957 年相比，1958 年业余高等学校的学生数由 7.6 万人增加到 15.0 万人；业余中等学校的学生数由 1957 年的 330.2 万人增加到 1959 年的 1116.2 万人；业余小学（高小）的学生数由 1957 年的

---

① 《中国教育年鉴》编辑部编：《中国教育年鉴（1949—1981）》，中国大百科全书出版社 1984 年版，第 965–966 页，第 981–982 页，第 1000–1001 页，第 1021 页，第 1031 页。

② 同①，第 98 页。

626.7 万人增加到 1959 年的 5500.0 万人。[①]

（四）制定和试行全日制学校暂行工作条例（草案）

在对教育事业进行调整的同时，教育系统经过深入的调查研究，在认真总结新中国成立十多年来教育工作的成绩和经验，特别是三年"教育革命"的经验教训的基础上，制定了三份全日制学校暂行工作条例（草案）文件。这三份文件分别对学校教育的基本任务、教育教学工作、思想政治教育、教师的根本任务与相关政策、党政工作等方面作出了具体规定，使学校各方面的管理工作都有章可循。

1. 制定全日制学校暂行工作条例（草案）

鉴于国家陷入严重经济困难的沉痛教训，毛泽东在 1960 年 6 月撰写了《十年总结》一文。文章指出："我们对于社会主义时期的革命和建设，还有一个很大的盲目性，还有一个很大的未被认识的必然王国，我们还不深刻地认识它。我们要以第二个十年时间去调查它，去研究它，从其中找出它的固有的规律，以便利用这些规律为社会主义的革命和建设服务。"[②]1961 年 1 月，毛泽东在中共八届九中全会上号召全党大兴调查研究之风，并亲自主持制定了《农村人民公社工作条例（草案）》，即"农村六十条"。接着，在中共中央的领导下，工业、商业、手工业、科研、文艺等各个领域都在开展调查研究的基础上制定了具体的工作条例，使各方面的调整工

---

① 《中国教育年鉴》编辑部编：《中国教育年鉴（1949—1981）》，中国大百科全书出版社 1984 年版，第 1036 页。

② 中共中央文献研究室编：《毛泽东文集》第八卷，人民出版社 1999 年版，第 198 页。

作有章可循。三份全日制学校暂行工作条例（草案）文件就是在这样的背景下制定出来的。

1961 年 9 月 15 日，中共中央发出《关于讨论和试行教育部直属高等学校暂行工作条例（草案）的指示》。《中华人民共和国教育部直属高等学校暂行工作条例（草案）》分总则、教学工作、生产劳动、研究生培养工作、科学研究工作、教师和学生、物质设备和生活管理、思想政治工作、领导制度和行政组织、党的组织和党的工作等共十章六十条，故通称"高校六十条"。主要内容包括：高等学校的基本任务是贯彻执行教育为无产阶级的政治服务、教育与生产劳动相结合的方针，培养社会主义建设所需要的各种专门人才。高等学校学生的培养目标是：具有爱国主义和国际主义精神，具有共产主义道德品质，拥护共产党的领导，拥护社会主义，愿为社会主义事业服务、为人民服务；通过马克思列宁主义、毛泽东著作的学习和一定的生产劳动、实际工作的锻炼，逐步树立无产阶级的阶级观点、劳动观点、群众观点、辩证唯物主义观点；掌握本专业所需要的基础理论、专业知识和实际技能，尽可能了解本专业范围内科学的新发展；具有健康的体魄。高等学校必须加强党的领导。高等学校的领导制度是党委领导下的以校长为首的校务委员会负责制。高等学校的思想政治工作在学校党委的领导下进行。思想政治工作的任务是：在全校师生员工中宣传马克思列宁主义、毛泽东思想，宣传党的总路线和各项方针政策，不断地提高他们的政治思想觉悟和道德品质；团结全校师生员工，充分调动他们的积极性，贯彻执行党的教育方针，保证学校的教学工作和其他各项工作任务的完成。在思想政治工作中，必须正确处理红与专的关系。思想政治工作不但要管红，而且要管专。高等学校师生的红，不但应该表现在政治思想方面，而且应该表现在他们教学和学习的实际行动中。①

《教育部直属高等学校暂行工作条例（草案）》比较全面和系统地总结了我国进行社会主义高等教育建设的经验，明确规定了我国举办高等教育的一些重要原则和制度。它对纠正三年"教育革命"在高等学校造成的偏差和失误、稳定高等学校的教学秩序、改进教学工作、提高教学质量、调动知识分子的积极性、发展高等教育事业都起到了积极的作用，保证高等学校贯彻执行党和国家的教育方针。

1963 年 3 月 23 日，中共中央发布了《关于讨论试行全日制中小学工作条例草案和对当前中小学教育工作几个问题的指示》。《全日制中学暂行工作条例（草案）》和《全日制小学暂行工作条例（草案）》作为附件同时发布。中共中央强调："中小学教育是整个教育事业的基础。中小学教育质量的高低，不仅关系到能否把我们的后代培养成为有社会主义觉悟的有文化的劳动者，而且直接影响我国高等教育和科学研究的水平。应该了解，一二十年以后，我们新的一代的精神面貌和知识水平将会如何，我国的科学文化将会达到什么样的水平，以至我们能不能在比较短的时间内，把我国建设成为一个具有现代工业、现代农业、现代科学技术和现代国防的社会主义强国，在相当程度上将取决于现在中小学教育的状况如何。因此，提高中小学的教育质量，是一项具有战略意义的任务。"②该指示要求各地党委和政府要把中小学教育工作摆到重要的议事日程上。教育部和各省、自治区、直辖市教育厅（局）必须按照文件要

---

① 何东昌主编：《中华人民共和国重要教育文献（1949—1975）》，海南出版社 1998 年版，第 1060–1066 页。

② 同①，第 1150 页。

求，直接指导和帮助办好一批全日制中小学校，作为示范。

《全日制中学暂行工作条例（草案）》分总则、教学工作、思想政治教育、生产劳动、体育卫生和生活管理、教师、行政工作、党的工作和其他组织工作，共计八章五十条，故通称"中学五十条"。《全日制小学暂行工作条例（草案）》分总则、教学工作、思想品德教育、生产劳动、生活保健、教师、行政工作、党的工作和其他组织工作，共计八章四十条，故通称"小学四十条"。

这两个条例草案对中小学教育工作作出的规范，既明确了统一的要求，又在某些问题上具有一定的灵活性。当时，这两个条例草案对于正确贯彻党的社会主义教育方针、稳定学校正常教学秩序、提高教学质量，都起到了重要作用。

2. 全日制学校暂行工作条例（草案）的试行与贯彻

三份全日制学校暂行工作条例（草案）颁布后，受到了学校教育工作者和广大学生的热烈欢迎，很快就在高等学校和中小学掀起了学习和试行的热潮。

1962 年 3 月，周恩来在二届全国人大三次会议的政府工作报告中提出，"高校六十条"可以在全国所有的高等学校中试行。到 1963 年上半年，全国试行"高校六十条"的高等学校已有 222 所。其中包括教育部直属的 24 所高等学校，中央各部委领导的 71 所高等学校，各省、自治区、直辖市领导的 127 所高等学校。① 其他高等学校也都参照"高校六十条"的精神改进了工作。

试行"高校六十条"的高等学校切实贯彻了以教学为主的原

---

① 　中央教育科学研究所编：《中华人民共和国教育大事记（1949—1982）》，教育科学出版社 1984 年版，第 298 页。

则，教学工作逐步走上了正轨。为此采取的主要措施有：①通过修订教学计划，合理安排了教学工作和生产劳动、科学研究、社会活动的时间，保证了学校以教学为主，保证教师一周有六分之五的时间用于业务活动。②根据学校培养目标，精心设计了课程和各个教学环节；加强了基础理论课程和基本知识课程的教学，加强了基本技能的训练。③选派有经验的教师走上教学第一线，强调发挥教师在教学中的主导作用，严格了学生的考试考勤制度，加强了教学管理。④一些试行"高校六十条"的师范院校较好地处理了师范性同学术性的关系，使所设课程充分体现了师范教育的特色。同时，为了保证毕业生符合教学计划所要求的培养规格，有些高等学校还安排学生补修"教育革命"以来缺修的课程。

在思想政治工作特别是对学生的思想政治教育方面，由于加强了马克思列宁主义、毛泽东思想和党的路线、方针、政策的宣传教育，正确地处理了红与专的关系，从而提高了广大学生的政治思想觉悟，调动了学生学习的积极性，加上对生产劳动、社会活动的合理安排，使他们能够将主要时间和精力用于业务学习和政治学习，增长知识，锻炼能力，提高素质，沿着又红又专的道路健康地成长。

在试行"高校六十条"的过程中，各高等学校实行党委领导下的以校长为首的校务委员会负责制，加强和改善了党的领导，充分发挥了校长、校务委员会和各级行政组织的作用，调动了广大教职工的积极性，增强了学校的凝聚力，使大家同心同德，为办好社会主义大学贡献了自己的智慧和力量。

中共中央《关于讨论试行全日制中小学工作条例草案和对当前中小学教育工作几个问题的指示》在 1963 年 3 月颁布以后，各省、自治区、直辖市党委和教育行政部门立即采用各种形式，组织教育行政干部、中小学党政负责人、教师、学生进行学习讨论，深入领会"小学四十条"和"中学五十条"的精神，制定具体措施或补充办法，以便贯彻落实。同时，各省、自治区、直辖市都选定了一部分领导力量较强、师资水平较高、设备条件较好的中小学分别试行"中学五十条"和"小学四十条"，以便总结经验，逐步扩大试行范围。

（五）推进教育教学改革

1956 年到 1966 年，我国在社会主义教育方针的指引下继续推进教育教学改革。改革的重点是：教育制度的改革，包括鼓励中小学毕业生参加生产劳动，各级各类学校开展勤工俭学活动，提出和进行"两种教育制度"的试验；根据毛泽东关于教育工作的指示精神开展教学改革，包括在全日制学校进行学制改革试验、教学改革试验和教材建设；改进学校思想政治工作，包括加强学校思想政治工作机构和队伍建设，改革政治课教学，开展向雷锋等英雄模范学习的活动。通过教育教学改革，学校的教育教学质量有了明显提高。

1. 改革教育制度的尝试

社会主义改造任务基本完成以后，我国开始了大规模的社会主义建设，国家的政治、经济和文化教育建设进入了一个新的发展阶段。但当时的教育制度、教育结构还不适应这种发展需要。这种不适应集中表现在中小学毕业生升学和就业的问题上：一方面，教育的发展水平还不能满足全体青少年学生继续升学的愿望；另一方面，没有升学机会的毕业生不愿意回乡参加生产劳动，也没有其他的发展机会。为了解决这些矛盾，党和政府提出了一系列改革教育制度的意见，为探索适合中国国情的社会主义教育发展道路进行了有益的尝试。

（1）鼓励中小学毕业生参加生产劳动

为了妥善处理中小学毕业生升学和就业的问题，教育部于1957年2月28日发出了《关于指导中小学毕业生正确对待升学与就业问题的通知》。同年3月16日，中共中央宣传部发出《关于加强中小学校毕业生劳动生产教育的通知》。两个文件提出了解决中小学毕业生升学与就业问题的方针和办法，要求各级教育行政部门在当地党委的领导下，以中小学的领导干部和教师为主要力量，充分发挥青年团组织的积极作用，做好思想工作，切实解决好家长和学生的思想认识问题，并对不能升学的毕业生作出妥善安排。

由于各地党组织和教育行政部门在中小学毕业生中做了大量的、深入细致的宣传教育工作，在1957年以后，每年都有大量的中小学毕业生直接参加生产劳动，特别是参加农业生产劳动。他们积极、热情地同广大农民一起并肩劳动，成了我国第一代有社会主义觉悟的有文化的劳动者。随着越来越多的中小学毕业生参加生产劳动，我国体力劳动者的文化科学素质有了显著提高，这对于提高劳动生产率是十分重要的。

（2）开展勤工俭学活动

1956年冬和1957年春，许多地方的学生中已有不少人一面刻苦攻读，一面利用课余和假期的时间去从事各种有益的劳动。1957年5月5日，《中国青年报》根据刘少奇在河北、河南、湖北、湖南、广东等省视察时的几次谈话的内容，发表了题为《提倡勤工俭学，开展课余劳动》的社论。社论指出，"组织学生参加课余劳动，提倡勤工俭学，不仅是必要的，而且是可能的。只要认真加以倡导，我国学生也大多具有这方面的积极性"①，希望各地学校的领导和青年团组织都能把组织学生参加课余劳动、提倡勤工俭学看作学校教学活动中一项不可缺少的重要内容，积极地加强领导，使它健康地、更加广泛地开展起来。

1957年6月，《人民日报》发表了社论《一面劳动，一面读书》，提出各地的各级各类学校都应该组织学生参加课余劳动，开展勤工俭学活动。

1958年1月27日，共青团中央作出了《关于在学生中提倡勤工俭学的决定》，指出：这种一面劳动、一面读书，勤工俭学的活动，对于培养学生成为具有社会主义觉悟的、有文化的劳动者，有着极其重大的意义。实行勤工俭学，可以使学生在获得文化知识的同时，受到体力劳动的锻炼，掌握一定的生产技能，培养劳动习惯和艰苦朴素的作风，加强和劳动人民同甘共苦的思想感情。因此，勤工俭学是具体实现知识分子同工农相结合、脑力劳动同体力劳动相结合的一个重要途径，并且对彻底改变旧社会遗留下来的鄙视体力劳动和劳动人民的恶习，也可以起到移风易俗的作用。②

1958年2月4日，教育部发出了《关于大力支持共青团中央〈关于在学生中提倡勤工俭学的决定〉的通知》，并于2月7日至12日召开部分省、自治区、直辖市的教育厅（局）长和中学校长座谈会，具体部署了开展勤工俭学活动的各项事宜。在开展勤工俭学活动的热潮中，各地学校积极行动起来，根据当地的自然条件和

①　《刘少奇选集》下卷，人民出版社1985年版，第315页。

②　何东昌主编：《中华人民共和国重要教育文献（1949—1975）》，海南出版社1998年版，第793页。

季节特征，开展了多种多样的勤工俭学活动。

勤工俭学活动的普遍开展使许多学生解决了全部或一部分学习和生活的费用，既减轻了学生家庭和国家的经济负担，也培养了学生克服困难的精神，使书本知识同实践结合起来。这对学生形成劳动观念、培养劳动习惯、掌握劳动技术是十分有益的。

2."两种教育制度"的提出和试验

在毛泽东发表题为《关于正确处理人民内部矛盾的问题》的讲话以后，中央调查组南下五省，调查研究有关人民内部矛盾的问题。在深入进行教育调研的过程中发现，中小学毕业生的升学与就业问题不仅仅是思想认识问题，而且深刻地反映了教育制度、教育结构同社会主义经济发展不相适应的矛盾。要从根本上解决中小学毕业生的升学与就业问题，就必须找到改革现行教育制度的途径。

在进行教育改革的过程中，全国各地采取"两条腿走路"的办学方针，一面发展全日制学校，一面大力举办半工（农）半读学校和各种业余学校。业余学校就其根本性质来说，也是半工（农）半读学校。1958年9月，中共中央、国务院在《关于教育工作的指示》中明确指出：全国将有三类主要的学校，即全日制学校、半工半读学校和各种形式的业余学习的学校。在党的教育方针指引下，全国各地为适应政治经济发展形势的需要，兴办了许多半工半读学校和农业中学，为各项事业培养了大量人才。

1958年5月27日，天津国棉一厂半工半读学校开学。这是天津第一所厂办性质的半工半读学校。后来《人民日报》对此事进行了报道，配了社论，指出这是多快好省地培养工人阶级知识分子的一项重要办法，要求各地多办提高工人文化技术水平的半工半读学校。①

1964 年 11 月 17 日，中共中央《关于发展半工（耕）半读教育制度问题的批示》正式提出发展"两种教育制度"。②全国各地开始再次大力试验和推行"两种教育制度"，半工（农）半读学校迅速发展。

1965 年 3 月 26 日至 4 月 23 日，教育部在北京召开了全国农村半农半读教育会议。会议总结和交流了各地农村试办半农半读学校的经验，提出今后农村教育的任务是在办好全日制学校的同时，坚定不移地推行半农半读教育制度。这次会议以后，《人民日报》发表了社论《努力办好半农半读学校》③，并开辟专栏，在半年多的时间里展开了"怎样办好半工半读学校、半农半读学校"的讨论。通过讨论，广大干部群众对"两种教育制度"和"两种劳动制度"有了更深刻的认识，在广大农村涌现出了一大批半农半读学校。

1965 年 10 月 25 日至 11 月 23 日，教育部在北京召开了全国城市半工半读教育会议。会议期间，中共中央政治局召开扩大会议，听取会议汇报并进行了讨论。中央领导人对实行半工半读的方针、长远目标和当前任务以及具体办法等作了指示。陆定一在全国城市半工半读教育会议上作了报告。参加全国城市半工半读教育会议的代表一致认为，在我国逐步推行"两种教育制度"是巩固无产阶级专政、防止资本主义复辟的根本措施之一。各地试办的城市半

---

① 《举办半工半读的工人学校》,《人民日报》1958 年 5 月 29 日第 7 版。

② 中央档案馆、中共中央文献研究室编:《中共中央文件选集（一九四九年十月——一九六六年五月）》第四十七册，人民出版社 2013 年版，第 234-236 页。

③ 《努力办好半农半读学校》,《人民日报》1965 年 5 月 30 日第 2 版。

工半读学校，已经在促进教育与生产劳动相结合、培养有社会主义觉悟的有文化的劳动者、逐步缩小脑力劳动同体力劳动的差别等方面显示出了优越性。会议认为，必须坚持"五年试验，十年推广"的方针，坚定方向，积极进行试办，以便取得经验。要在第三个五年计划期间，通过推行"两种教育制度"，尽可能在城市普及初中教育，通过举办"城来社去"的半工半读学校，组织城市知识青年上山下乡。会议还指出，城市半工半读的重点是中等技术学校和高等学校。

1965年12月25日至1966年1月16日，高等教育部召开了全国半工（农）半读高等教育会议。会议交流了半工（农）半读高等教育的经验，讨论了全日制高等学校的改革问题。会议确定，要按照中共中央关于"决心要大，步子要稳"的指示精神，对于半工（农）半读的高等教育，在积极试办的同时，着重于巩固提高和保证质量。半工（农）半读高等学校的学生既要认真劳动，又要认真读书。全日制学校要认真改革，包括进行半工（农）半读试点，调整专业，教学内容要少而精，进一步缩短学制。

"两种教育制度"的主张及其试验是马克思主义教育理论同中国教育实际相结合的产物，是尽快扫除文盲、普及教育的有效途径，也是贯彻和实施社会主义教育方针、改革教育制度、探索建立适合中国国情的社会主义教育制度的有益尝试。它开辟了一条教育与生产劳动相结合的新途径。

3. 全日制学校的教育教学改革

在探索社会主义教育发展道路的过程中，各地的全日制学校进行了一系列教育教学改革试验，加强了教材建设。

1964年2月13日，毛泽东在春节座谈会上说："旧教学制度摧残人材，摧残青年，我很不赞成。"①"现在课程多，害死人，使中小学生、大学生天天处于紧张状态。""课程可以砍掉一半。学生成天看书，并不好，可以参加一些生产劳动和必要的社会活动。""现在的考试，用对付敌人的办法，搞突然袭击，出一些怪题、偏题，整学生。这是一种考八股文的方法，我不赞成，要完全改变。""现在一是课多，一是书多，压得太重。有些课程不一定要考。""课程讲的太多，是烦琐哲学。烦琐哲学总是要灭亡的。如经学，搞那么多注解，现在没有用了。我看这种方法，无论中国的也好，其他国家的也好，都要走向自己的反面，都要灭亡的。书不一定读得很多。马克思主义的书要读，读了要消化。"②毛泽东的这些意见虽然非常尖锐，但是总的精神是积极的，特别是对于培养有创新能力的人才有重要意义。

1964 年 3 月 10 日，毛泽东在一份批示中指出："现在学校课程太多，对学生压力太大。讲授又不甚得法。考试方法以学生为敌人，举行突然袭击。这三项都是不利于培养青年们在德、智、体诸方面生动活泼地主动地得到发展的。"③这份批示尖锐地指出了我国学校教育中存在的问题，这对于克服我国学校教育教学工作中的弊端，对于促进青少年生动活泼地主动地发展，对于培养他们的独立工作能力和创新能力，具有深刻的指导意义。

此后，毛泽东又发出了"七三指示"。当时，共青团北京市委对北京师范学院历史系二年级一个班作了一次调查，根据调查所得

① 中共中央文献研究室编：《毛泽东著作专题摘编》下卷，中央文献出版社
　 2003 年版，第 1645 页。
② 同①，第 1648 页。
③ 同②。

写成了《北京师范学院一个班学生生活过度紧张健康状况下降》一文。文中说，由于学生学习负担太重、体育锻炼运动量过大、课外活动过多，学生的身体健康受到了严重影响。毛泽东看了这份材料后，于1965年7月3日给中共中央宣传部部长、中共中央文教小组组长陆定一写了一封信（即"七三指示"）。信中说："学生负担太重，影响健康，学了也无用。建议从一切活动总量中，砍掉三分之一。请邀学校师生代表，讨论几次，决定实行。如何，请酌。"①这个指示对于解决当时各级各类学校中长期存在的学生负担过重的问题起了积极的推动作用。

教育部在1964年上半年多次召开座谈会，研究精简中小学的课程、改进教学方法和考试方法、减轻学生负担等问题。与会人员提出了许多改进教学工作的建议。其中，1964年3月下旬至4月上旬，教育部和北京市教育局就邀请北京市部分中小学教师、校长举行了五次座谈会，研究如何贯彻毛泽东对教育工作的指示、改进教学工作、提高教学质量。这五次座谈会的纪要在《光明日报》发表后，引起了教育界人士的广泛关注。与此同时，各地教育行政部门也纷纷召开座谈会，对如何贯彻执行毛泽东的指示进行了深入研究，并在实践中探索改进教育教学工作的方法。

1964年4月11日，《人民日报》发表社论《培养生动活泼的主动的学习空气》，指出：为了改进教学方法和提高教学质量，就必须克服片面追求升学率的错误思想，在教学中坚持贯彻"少而精"和"学以致用"的原则，提倡启发式的教授法，发挥学生在学

---

① 　中共中央文献研究室编：《毛泽东年谱（一九四九——一九七六）》第五卷，中央文献出版社2013年版，第507页。

习上的主动性，并且要改进考试方法。

为了减轻中小学生的学习负担，中共中央、国务院于 1964 年 5 月 4 日批转《教育部临时党组关于克服中小学学生负担过重现象和提高教学质量的报告》，要求各级教育行政部门和学校要采取措施减轻学生学习负担。一要大力宣传党的教育方针，坚决克服片面追求升学率的思想，禁止以升学率为标准衡量学校、教师工作的好坏。禁止举行学期、学年的统考。禁止以大量留级的办法淘汰学生和限制毕业生报考。不得放松非毕业班级的工作而去突击抓毕业班。不得任意改变教学计划，突击复习备考。不得离开教学大纲和教科书，为了考试而另搞一套复习大纲和任意补充习题。二要加强思想政治教育，教育学生以正确的态度对待升学和参加劳动，树立从事社会主义农业生产光荣的思想。三要努力提高教学质量。全日制学校仍然应该以教学为主。教师要在提高思想水平、业务水平的基础上，努力改进教学方法。教学是师生的共同活动，既要有教师的主导性，更要启发、培养学生的主动性。四要改进考试方法，不得采取突然袭击的方法，或以烦琐古怪的试题和种种清规戒律，去束缚学生。五要适当开展课外科技、文娱、体育、阅读活动。要特别注意劳逸结合，增进师生健康。①

高等教育部为了贯彻 1964 年 2 月以来毛泽东关于教育工作的指示精神，也于 1964 年 3 月 18 日至 4 月 11 日在北京召开了直属高等学校领导干部（扩大）会议，学习和讨论毛泽东关于教育工作的指示精神。会议认为，毛泽东提出的使青年们在德、智、体诸方

---

① 何东昌主编：《中华人民共和国重要教育文献（1949—1975）》，海南出版社 1998 年版，第 1276–1279 页。

面生动活泼地主动地得到发展和必须进行学制、课程、教学方法、考试制度等四个方面的改革，指出了改进高等教育工作的方向，是提高教育质量的关键。会议还提出，高等学校的思想政治工作必须同教学、科学研究等业务工作紧密结合，真正地落实到贯彻党的教育方针和提高教育质量上面。同年 6 月 24 日，中共中央批转了高等教育部党组关于这次会议的报告，对于学制、课程、教学方法、考试制度等方面的改革作出了具体部署。

1965 年 8 月 13 日至 21 日，教育部召开了各省、自治区、直辖市教育厅（局）长座谈会。会议提出，贯彻"七三指示"必须从实际出发，不同地区、不同学校要区别对待。关键是要解决认识问题。为此，会议要求 1965 年下半年要在教育工作者中掀起学习毛泽东教育思想的新高潮。在具体措施方面，要认真执行中央有关学生学习、劳动、社会活动时间的规定，精简中小学课程和教材，统一安排其他部门对学校提出的活动项目和要求。[①]

1966 年年初，《光明日报》以"把教师的主导作用同学生的主动性正确地结合起来"为题继续展开讨论。这些讨论对于广大教育工作者正确地领会和贯彻执行毛泽东关于教育工作的重要指示精神起了推动作用。

我国于 1959 年开始全日制学校的学制改革试验。

1959 年 5 月，中共中央、国务院印发《关于试验改革学制的规定》，要求各省、自治区、直辖市党委和教育行政部门指定个别小学、普通中学进行学制改革试验。中小学学制改革试验由此

---

① 中央教育科学研究所编：《中华人民共和国教育大事记（1949—1982）》，教育科学出版社 1984 年版，第 384-385 页。

进一步展开。

1960 年以后，中央各有关部门进一步加强了中小学学制改革试验的力度。

1960 年 4 月 9 日，中央文教小组组长陆定一在二届全国人大二次会议上作了题为《教学必须改革》的发言。他说教学中还有严重的少慢差费现象，他提出："我们想从现在起，进行规模较大的试验，在全日制的中小学教育中，适当缩短年限，适当提高程度，适当控制学时，适当增加劳动。我们准备以 10 年至 20 年的时间，逐步地分期分批地实现全日制中小学教育的学制改革。……我们对新学制的初步设想，是全日制中小学的年限能够缩短到十年左右，程度能够提高到大约相当于现在的大学一年级。"[①]

陆定一的这次发言，有力推动了各地较大规模的中小学学制改革试验。但由于他提出的"四个适当"并未经过典型试验，工作要求过急过快，因而学制改革的试验面一度偏大。据 1960 年 9 月对 27 个省、自治区、直辖市的不完全统计，当时进行学制改革试验的小学达到 92341 所，占这些地区小学总数的 14.77%；中学达到 3495 所，占这些地区中学总数的 18.67%。[②] 个别地区的中小学全部实行了新学制。有许多学校还在各年级同时进行学制改革套级过渡。在一些试验学校，教学工作中一度出现了忽视学生年龄特征和循序渐进原则的问题。

1963 年 7 月 27 日，教育部发出《关于坚持进行中小学校教学

---

① 何东昌主编：《中华人民共和国重要教育文献（1949—1975）》，海南出版社 1998 年版，第 971–972 页。

② 何东昌主编：《中华人民共和国教育史》上卷，海南出版社 2007 年版，第 330 页。

改革试验工作的通知》，提出继续进行学制改革试验的具体措施。

1964 年 2 月 6 日，中共中央决定成立学制问题研究小组。2 月 25 日，中央学制问题研究小组召开第一次会议。林枫在会上传达了中央交给小组的任务，提出学制要多样化，学制研究要有分工。此后，中央和各省、自治区、直辖市学制问题研究小组，先后召开了八次有关五年制小学、四年制中学、五年制中学、城市半工半读学校、中等专业学校、大学预科、高等学校文科和工科等学制问题的专题座谈会。7 月下旬，中央学制问题研究小组召开扩大会议，集中研究学制改革问题，草拟了《学制改革初步方案（征求意见稿）》。该文件提出，在我国新学制中，有全日制、半工（农）半读、业余三类学校。在全日制学校中，小学的基本学制为五年，不分段；中学的基本学制为四年，不分段；实行高等学校预备教育，作为四年制中学教育同高等教育的衔接和过渡。中等教育阶段的半工（农）半读学校，为中等技术教育和师范教育（农业中学，初、中级技术学校，师范学校）。业余学校分初、中、高三级。根据这个方案，一些地区的学校进行了学制改革试验。但由于后来爆发了"文化大革命"，所以这次学制改革的方案没有正式施行。

1960 年以后，在进行学制改革试验的同时，教学领域的改革试验也进一步开展起来。其中辽宁省黑山县北关小学是一个备受关注的先进典型。

1964 年 9 月 29 日，为了搞好全日制高等学校的教学改革，高等教育部发出《关于高等教育部直属高等工业学校积极进行教学改革的几点意见（初稿）》。该意见提出的高等学校进行教学改革的措施主要有以下几点。

一是普遍地进行"小改"，就是在学习年限、专业划分和教学计划大框架不变的前提下，在各门课程、各个教学环节中，进一步精选教学内容、改进教学方法和考试方法，并对少量课程的课时进行调整。

二是积极地、有重点地进行"中改"（即局部改革）试验，就是在学习年限、专业划分和主要课程不变动的前提下，对部分课程的内容和课时进行调整。

三是进一步研究"大改"（即全面改革）的方案，待条件成熟时，经高等教育部批准后在个别班级进行试点。[①]

上述措施说明我国当时在高等学校进行的教学改革所采取的办法是比较稳妥的。

1965 年 4 月，教育部在北京召开全日制中小学教学改革座谈会。教育部副部长刘季平在会议总结发言中提出，教育改革要从实际出发，既破又立。除了抓好面上的教学改革以外，还要抓好少数"大改"试点学校。这些学校在学制、课程、教材、教学方法、考试方法、思想政治教育、劳动等方面都可以进行"大改"试验。据22 个省、自治区、直辖市不完全统计，到 1965 年年底，全国已确定 43 所中小学为"大改"试点学校。[②]

4.加强中小学教材建设

编辑出版教材是中小学改进教学工作、提高教育质量的重要条件。在我国，1953 年至 1956 年由人民教育出版社编辑出版的中小学教材，基本上能够初步运用辩证唯物主义和历史唯物主义观点阐

---

① 何东昌主编：《中华人民共和国重要教育文献（1949—1975）》，海南出版社 1998 年版，第 1314-1316 页。

② 何东昌主编：《中华人民共和国教育史》上卷，海南出版社 2007 年版，第333 页。

述自然现象和社会现象，大部分教材注意吸取最新的科学成果，但广大师生普遍反映这套教材要求高、分量重、内容深。为了克服这些缺点，教育部决定重新编辑出版中小学教材。

一是编辑出版十年制中小学实验教材。1960 年，为了适应教学改革的需要，教育部研究了十二年制中小学教材中存在的问题，着手组织力量编写了一套十年制新教材（包括课本和教学参考书）。这套教材包括课本 26 种 77 册，教学参考书 22 种 72 册（没有历史、地理、生物学科），于 1961 年编成，在程度上达到了当时十二年制中小学教材的水平。[①] 从 1961 年秋季开始，在全国实验十年制学校的小学一年级和初中一年级试用该套教材。

二是编写十二年制中小学教材。1961 年年初，中共中央文教小组指示：在总结过去编写教材经验的基础上，重新编写一套质量较好的全日制十二年制中小学教材。据此，教育部决定从 1961 年 6 月开始进行准备。人民教育出版社研究了新中国成立前的教材和外国教材，总结了新中国成立以来编写教材的经验，提出了改进编辑工作的意见，统一了编辑人员的认识，于 1962 年夏初开始编写工作。各科教材初稿于 1962 年秋季在少数学校试教。修改完初稿后，从 1963 年秋季起，各科教材的第一册在全日制十二年制小学一年级和初中一年级正式试用。这套教材只出版了一部分，包括教学大纲 14 种 14 册，教科书和教学指导书 19 种 46 册。[②] 这套中小学教材在 1963 年正式投入使用，不久一些地区便反映其内容深、

---

① 何东昌主编：《中华人民共和国教育史》上卷，海南出版社 2007 年版，第 334 页。
② 同①，第 335 页。

分量重、难度大。为此，教育部指示人民教育出版社对这套教材进行精简。但是，不同地区、不同学校对精简教材的反应很不一致。一般中等水平的学校认为精简的幅度适当；条件较差的学校则认为仍精简得不够；而一部分水平较高的学校则认为不必精简或精简过多，有的学校不仅没有精简，反而补充了部分习题。

三是各地自编补充教材和乡土教材。1960年2月，教育部在普通教育工作座谈会上提出：教材可以大改小革并举，除基础知识外，也必须充分反映地方的特点。[①] 据此，各地除采用全国通用的中小学课本外，还编写了一定数量的补充教材和乡土教材。补充教材一般由县以上教育行政部门组织专人编写，主要是编写农业常识之类的补充读物。这些教材的特点是同地方实际结合得比较紧密，能够更好地适应我国各地经济和社会发展的不同特点。1961年4月24日，教育部发出通知，提出农村半日制初中学校所用的教材以各省、自治区、直辖市自编为宜，或者选用其他省、自治区、直辖市编写的合适的教材。

此外，我国在重新修订高等学校通用专业目录和高等学校教材建设方面做了大量工作，为高等教育的继续发展奠定了很好的基础。

[①]　中央教育科学研究所编：《中华人民共和国教育大事记（1949—1982）》，教育科学出版社1984年版，第267页。

四、经验启示

1956 年至 1966 年，是在社会主义改造基本完成以后中国共产党领导全国各族人民开始全面建设社会主义的十年，也是为社会主义现代化建设奠基的十年。1958 年，毛泽东提出要把党和国家的工作重点转移到社会主义建设上来。但是，"大跃进"运动打乱了社会主义建设的正常秩序。1961 年以后，通过贯彻中共中央提出的"调整、巩固、充实、提高"的方针，到 1963 年国民经济出现了全面好转的局面。此后，经过继续调整，到 1965 年，国民经济调整任务基本完成，工农业生产得到全面恢复和发展。这期间，随着大规模社会主义建设高潮的到来，我国的社会主义教育也进入了一个全面建设和探索的新阶段。"文化大革命"对我国社会主义建设事业的破坏是持续的、全方位的，对教育事业的冲击和破坏尤为突出。1976 年 10 月，党以自身的力量纠正了错误，结束了动乱。

回顾这个阶段，我国在初步建立了社会主义教育制度的基础上，开始探索适合中国国情的社会主义教育发展道路，取得了很大的成绩，也一度出现失误并进行了纠正，为建设中国特色社会主义教育积累了正反两方面的经验。

（一）坚持党对教育的正确领导

中国共产党是中国人民的领导核心。没有这样一个核心，中国新民主主义革命和社会主义建设事业就不可能取得胜利。新民主主义教育和社会主义教育事业是整个新民主主义革命与社会主义事业的重要组成部分，只有加强党对教育工作的正确领导，才能坚持正确的政治方向，保证党的教育方针、政策的全面贯彻执行，充分发挥教育在新民主主义革命和社会主义建设中的作用。这是为历史所证明的真理，是我国教育发展史上最重要、最基本的经验之一。一百年的教育历史经验证明，无论是要从全局上解决教育的指导思想、战略地位问题，还是要把党的教育方针、政策、决定、指示真正落实到基层，都离不开党的领导。特别是实行党委领导下的校务委员会负责制，加强高等学校党的领导和党的建设，是新中国教育一条非常重要的经验。在新中国教育历史上，曾经因为"左"的指导思想的影响，有些学校发生党委包办一切、党政不分、党的各级组织都实行"一元化领导"的不正常现象，严重影响了学校行政部门的积极性，而党委应该管的思想政治工作反而被削弱了。至于"文化大革命"期间由"踢开党委闹革命"造成的极端无政府主义状况，给国家、学校带来巨大损失的悲剧，更是决不能重演。

中共十一届三中全会以后，各级各类学校尤其是高等学校普遍重视党的建设，从政治上、思想上、组织上加强了党的领导。

党对教育政治上的领导，就是指要保证党的路线、方针、政策的全面贯彻落实，保证办学的正确方向。学校党委要确立政治领导核心的地位，统一领导全校的工作，保证学校工作坚持社会主义的方向，正确贯彻党的教育方针，保证所培养的社会主义建设人才的质量，保证学生全面发展。

党对教育思想上的领导，就这一历史时期而言，就是要用马克思主义、毛泽东思想武装全体党员和全校师生，加强学校思想政治工作，保证师生思想上的统一。要对复杂的社会政治形势保持清醒的头脑，抵制意识形态领域的错误思想对学生的侵蚀，提高学生的政治思想水平和道德素质，提高学生抵御错误思想的能力。要引导学生关心国家大事，愿意为社会主义建设、为人民服务而好好学习。在学校中要确立马克思主义的领导地位和巩固马克思主义的思想阵地，把学校建成精神文明建设的园地。在思想政治工作特别是对学生的思想政治教育方面，由于加强了马克思列宁主义、毛泽东思想和党的路线、方针、政策的宣传教育，正确地处理了红与专的关系，从而提高了广大学生的政治思想觉悟，调动了学生学习的积极性，加上对生产劳动、社会活动的合理安排，使他们能够将主要时间和精力用于业务学习与政治学习，增长知识，锻炼能力，提高素质，沿着又红又专的道路健康地成长。

党对教育组织上的领导，就是坚持从严治党、党管干部、党要协调各方关系的原则。要加强党组织建设，使党组织发挥战斗堡垒作用，每个党员发挥先锋模范作用。要组建好各级领导班子，选拔、培养、使用好干部，使领导权真正掌握在马克思主义者手中。要强调让懂教育的内行领导教育工作，加强对干部的教育和监督。特别要注意发挥校长和行政机构的作用。要加强对共青团、工会等组织的领导，特别是要充分发挥共青团的先进作用。

（二）坚持实事求是，坚持马克思主义与中国具体实际相结合

要坚持实事求是，立足国情办教育。只有实事求是，才能不拘泥和盲从，才能切实地走中国特色社会主义道路。

坚持实事求是，最重要的是立足国情，看清我国正处于社会主义初级阶段这一基本国情。社会主义初级阶段，是我国在经济文化落后的条件下建设社会主义必然要经历的特定阶段，即从我国进入社会主义到基本实现社会主义现代化的整个历史阶段。

对社会主义初级阶段的理解有助于正确认识我国教育的现状、问题和发展趋势。根据这个论断，从社会性质看，我国是社会主义国家，因此，我国的教育事业必须始终不渝地坚持社会主义的方向；从社会主义发展阶段看，我国还处于社会主义初级阶段，因此，发展社会主义教育事业必须以我国社会主义初级阶段的政治、经济、文化、人口等方面的基本情况为出发点，服从和服务于经济建设这个中心，推进社会生产力的发展，不断满足人民物质文化生活的需要，使我国由科技教育文化比较落后的国家逐步转变为科技教育文化比较发达的国家。

20世纪50年代，我国以苏联为鉴，开始探索适合中国国情的社会主义建设道路，并开始了探索一条适合中国国情的社会主义教育发展道路的实践。刘少奇关于"两种教育制度"的主张及其试验是马克思主义教育理论同中国教育实际相结合的产物，是尽快扫除文盲、普及教育的有效途径，也是贯彻和实施社会主义教育方针、改革教育制度、探索建立适合中国国情的社会主义教育制度的有益尝试。它开辟了一条教育与生产劳动相结合的新途径。

从1956年社会主义改造基本完成到1966年"文化大革命"前夕，是我国社会主义教育全面建设和曲折发展的阶段。在这一阶段，在探索如何建设和发展适合中国国情的社会主义教育过程中，中国共产党在教育指导思想和工作思路上都有重要建树。其中最重要的成果就是在认真总结经验的基础上，确立了社会主义教育方针，从而明确了我国社会主义教育的性质，教育在政治、经济、文化和社会发展中的重要作用，教育的总目标和实现这一目标的基本途径。这个方针是马克思主义教育理论同中国教育实践相结合的产物，是毛泽东教育思想的重要组成部分。它在一定程度上反映了社会主义教育的客观规律，以及社会主义改造基本完成后，政治、经济、文化和社会发展对教育提出的基本要求，成为党和国家领导教育工作的根本指导思想。从发展的观点看，这个方针反映了一定历史时期人们对教育本质、功能的认识水平。随着教育的不断改革与发展，人们对教育本质、功能的认识不断深化，社会主义教育方针在不同历史时期不断得到发展完善，对我国教育的改革与发展和人才的培养发挥了持久的指导作用。

不过，在实践中也出现了没有坚持实事求是的原则，没有正确认识中国社会政治、经济、文化、教育的具体实际，造成严重失误的情况。"大跃进"时期，"教育革命"的初衷是要尽快发展我国的教育事业，改变几千年来只有剥削阶级、富人才能接受教育的传统，让劳动人民能够普遍地受到教育。可是，由于当时人们对教育事业发展的速度和规模必然要受到各种主客观条件的制约，特别是要受到国家经济发展水平的制约这一规律认识不足，加之受到"左"的思想影响，在各行各业都要"大跃进"的背景下，不顾客观条件，一味"大办"教育事业，从中央到地方都制定了一些远远脱离当时实际的教育发展目标，使教育事业的发展出现了偏差。

"文化大革命"对我国教育事业的严重破坏，给我们留下了极其深刻的教训。第一，要正确处理政治与教育的关系，不能以政治运动冲击教育。在指导思想上，要始终坚持教育为无产阶级的政治服务的原则。党的基本路线规定，党在这一阶段最大的政治任务是建设富裕、民主、文明的社会主义现代化国家。教育最根本的作用是通过培养人来为这个政治任务服务。因此，在任何情况下都要保证教育的长期稳定和持续发展。否则，就会使教育失衡，人才断层，给社会主义建设造成难以弥补的损失。第二，在全面发展的基础上，要以德育为首，坚持从小对广大儿童、青少年加强思想道德教育和民主法治教育。学校培养出来的人是否具有高水平的思想道德素质和先进的民主法治观念，关系到整个民族思想道德素质和民主法治素质的提高，关系到社会主义建设事业的稳定与兴旺发达。第三，要在全党和全社会营造尊重劳动、尊重人才、尊重知识、尊重创造的氛围。在发展教育事业的过程中，必须正确贯彻党和国家的知识分子政策，在政治上信任广大教师，在办学上依靠广大教师，在生活上关心广大教师，并使广大教师的综合素质和业务水平不断提高。在任何情况下，都不能把教师作为"革命的对象"。第四，必须坚持党对教育事业的正确领导，严格按照教育规律办教育，努力适应各个时期社会发展和人的全面发展对教育提出的新要求，不断推动教育事业沿着健康的道路前进。

（三）深入认识教育的本质，始终遵循教育规律办事

教育是社会的重要组成部分，是一种培养人的复杂的社会活动，它同政治、经济、文化有着密不可分的关系。教育不能脱离政治、经济和文化，但教育有自身的发展、运行规律，办教育必须遵循教育自身的规律，不能违背教育规律，也不能照搬社会上别的系统的规律。我国社会主义教育发展史中的基本经验之一，就是必须遵循社会主义教育的基本规律。否则，教育事业必将出现偏差甚至遭受严重损失，这已经为历史事实所证明。

按教育规律办事就是要处理好教育系统内外诸方面的关系。教育系统同外部的关系，即教育同政治、经济、文化等的关系；教育系统内部的关系，即教育系统内诸要素之间的关系，如德育、智育、体育之间的关系，师生之间的关系，各级各类教育之间的关

系，教育内容同教育方法、教育手段之间的关系，学校教育同家庭教育、社会教育之间的关系，等等。

按教育规律办事就必须处理好服务和依靠的关系。一方面，教育必须主动服从、服务于经济建设这个中心，为社会主义建设服务，为无产阶级的政治服务；另一方面，经济建设必须转移到依靠科技进步和提高劳动者素质的轨道上来，并为教育事业的发展提供必要的经费保障。

处理好教育系统内部诸要素之间的关系，就是教育必须遵循受教育者身心发展的特点和规律，促进受教育者的身心和谐发展。社会主义教育的目的是培养德智体美劳全面发展的社会主义事业的建设者和接班人。因而，在处理教育系统内部诸要素之间的关系方面，主要是要解决好培养什么人和怎样培养人的问题。

从实践的情况看，我国社会主义教育建设应当处理好以下几个方面的问题。一是正确处理德育和智育的关系。社会主义教育必须通过德育、智育、体育、美育、劳动教育来培养全面发展的人。在培养过程中要正确处理好德育、智育、体育、美育、劳动教育之间的关系，特别是德育和智育的关系。要防止出现只抓某一方面而忽视甚至妨碍其他方面的问题。我国一贯强调又红又专，强调把坚定、正确的政治方向放在第一位，既反对不懂业务的政治家，也反对迷失方向的实践家。回顾新中国的教育发展历程，在处理德育和智育关系的实际工作中曾出现过两种不良倾向。一种是把德育同智育对立起来，把学生用功读书视为走"白专道路"加以反对，或对德育认识不当，认为搞政治活动会冲击正常的教学活动；另一种是重智育、轻德育，强调教学业务压倒一切，只注意引导学生埋头读书，不注意引导学生关心政治和养成良好的政治思想道德素质。这两种倾向都导致了学生没能全面发展的严重后果，必须引以为戒。二是正确处理数量和质量的关系。为了适应社会主义建设的需要，教育事业必须随着经济的发展而发展，但发展要符合客观规律。衡量教育工作的根本标准是其所培养的各级各类人才的数量和质量。发展教育要从实际条件出发，实事求是，不能盲目追求发展的速度和规模，更不能用牺牲质量要求来实现数量目标。超过了国民经济的承受能力，超过了学校师资和设备的承受能力，盲目追求教育发展的高指标，导致不少学校的教育质量严重下降，不得不进行调整，造成教育发展的大起大落。实践证明，教育的发展必须保证需要与可行性的统一，在保证质量的前提下积极提高数量。还要保证各级各类教育协调发展，使各级各类教育之间在不同发展时期保持合理的比例。

这一时期，教育改革和实践都是以坚持社会主义道路、为人民大众服务、为国家培养建设人才、赶超世界先进水平为基本目标的。但是一些重要的基本教育概念还未厘清，对于教育本质的理解还有偏差或误区。20世纪80年代的"教育本质大讨论"也说明对于教育问题的正确认识是基础性的，是正确制定、理解和落实教育方针的前提。

第三编

改革开放和社会主义现代化建设 新时期的教育方针

粉碎"四人帮"后，广大干部群众强烈要求纠正"文化大革命"的错误理论和实践，彻底扭转十年内乱造成的严重局面，使党和国家从危难中重新奋起。1978年党的十一届三中全会作出把党的工作重点转移到社会主义现代化建设上来、实行改革开放的历史性决策，实现了新中国成立以来党的历史上具有深远意义的伟大转折，开启了改革开放和社会主义现代化建设的新时期。此后，党在社会主义初级阶段的基本路线得到确立，我国开始建立社会主义市场经济体制，实现了经济社会和科学技术的飞速发展，取得了举世瞩目的成就。

在这一时期，党对教育的认识不断深化，党的教育方针不断丰富和完善，推动教育改革发展不断深入。其中，具有里程碑意义的是1981年《关于建国以来党的若干历史问题的决议》和1995年《中华人民共和国教育法》提出的教育方针。《关于建国以来党的若干历史问题的决议》明确指出："坚持德智体全面发展、又红又专、知识分子与工人农民相结合、脑力劳动与体力劳动相结合的教育方针。"①这标志着党的教育方针在拨乱反正完成后得到了重新阐释和发展。这一方针不断地丰富和完善，指引教育事业全面恢复并快速发展。1995年《中华人民共和国教育法》明确提出"教育必须为社会主义现代化建设服务，必须与生产劳动相结合，培养德、智、体等方面全面发展的社会主义事业的建设者和接班人"②，首次以法律形式提出培养"社会主义事业的建设者和接班人"。此后，党的十六大、十七大提出的教育方针均以此为基础加以补充、丰富和发展。在这一教育方针的指引下，各项教育改革稳步推进，为开拓21世纪教育工作的新局面作出了卓越贡献。

回顾总结这一时期党的教育方针，贯穿始终的原则是，坚持走中国特色社会主义道路，坚持以服务经济建设为中心，坚持以人民发展为中心，坚持以改革为动力。这是我国教育事业蓬勃发展，由"文盲大国"向教育大国、从人口大国向人力资源大国转变的根本保证。

---

① 中共中央文献研究室编：《三中全会以来重要文献选编》下，人民出版社1982年版，第842页。
② 何东昌主编：《中华人民共和国重要教育文献（1991—1997）》，海南出版社1998年版，第3790页。

第五章
改革开放起步和全面展开时期的教育方针

　　党的十一届三中全会的胜利召开，标志着粉碎"四人帮"后党和国家工作在徘徊中前进的局面的结束，重新确立了实事求是的思想路线。党在思想、政治、组织等领域的拨乱反正开始全面展开。党在社会主义初级阶段的基本路线逐渐形成，我国改革开放事业踏上了日新月异的新征程，我国教育事业进入改革与发展的新阶段。1981年党的十一届六中全会通过的《关于建国以来党的若干历史问题的决议》明确提出："坚持德智体全面发展、又红又专、知识分子与工人农民相结合、脑力劳动与体力劳动相结合的教育方针。"这一教育方针以"全面发展""又红又专"和两个"相结合"为关键词，辩证地吸收了1957年和1958年教育方针的精华，是党的教育方针在改革开放和社会主义现代化建设新时期的创新与发展。在党的教育方针指引下，我国不断推进教育体制机制改革，积极保障人民受教育的权利，提高人民的文化素质，实现人才培养模式的多元化，为社会主义现代化建设培养了大批的建设者和接班人。在制定与贯彻教育方针的过程中也积累了丰富的经验：坚持以马克思主义为指导、坚持党对教育工作的领导和坚持教育改革开放等。

一、历史背景

经过拨乱反正，教育战线推倒了"两个估计"，平反了大量的冤假错案，为教育事业走向正轨提供了思想基础。这一时期，党领导全国人民探索中国特色社会主义道路，全面进行社会主义现代化建设，不断开创社会主义现代化建设新局面，我国教育紧紧围绕社会主义初级阶段基本路线探索建设有中国特色的社会主义教育的发展道路。

（一）全面恢复教育工作是指导思想拨乱反正的重要成果

粉碎"四人帮"后，广大干部群众强烈要求纠正"文化大革命"的错误理论和实践，但是由于"左"的指导思想没有得到根本纠正（最突出的表现就是提出和贯彻"两个凡是"错误方针），党和国家工作出现了在徘徊中前进的局面。

1978 年 5 月 11 日，《光明日报》以特约评论员名义发表《实践是检验真理的唯一标准》。由此引发的关于真理标准问题的讨论在各个领域迅速展开。1978 年党的十一届三中全会冲破长期"左"的错误的严重束缚，彻底否定"两个凡是"错误方针，高度评价关于真理标准问题的讨论，重新确立了党的实事求是的思想路线。党在思想、政治、组织等领域的拨乱反正从这次全会开始全面展开。全会后，党有步骤地端正指导思想，解决新中国成立以来许多历史遗留问题和实际生活中出现的新问题，对在"文化大革命"中被严重破坏的各方面社会关系进行恢复和调整。1981 年 6 月，党的十一届六中全会通过的《关于建国以来党的若干历史问题的决议》

标志着党在指导思想上的拨乱反正胜利完成。

教育指导思想上的拨乱反正是教育战线拨乱反正的关键，在进行教育指导思想的拨乱反正过程中，教育工作逐步得到恢复。1978年先后召开的全国科学大会和全国教育工作会议，为科学事业和教育事业的全面恢复与发展指明了方向。

党在指导思想上的拨乱反正，要求教育工作全面恢复并尽快走上正轨，要求教育事业必须同国民经济发展的要求相适应，培养社会主义建设需要的合格人才，为党的中心工作提供支持。在邓小平同志的亲自领导下，教育领域率先开展了拨乱反正工作，极大地调动了教育工作者的积极性，教育工作步入正轨。

（二）高度重视教育的战略地位是党的工作中心的现实要求

1978年党的十一届三中全会决定把全党的工作重点和全国人民的注意力转移到社会主义现代化建设上来，并提出了改革开放的任务。1981年《关于建国以来党的若干历史问题的决议》重申，党和国家工作的重点必须转移到以经济建设为中心的社会主义现代化建设上来。党的十二大明确提出建设有中国特色的社会主义的重大命题和"小康"战略目标，改革开放由此全面展开，社会主义现代化建设出现新的局面。党的十三大系统阐释了社会主义初级阶段的理论，明确概括了党在社会主义初级阶段的基本路线，确定了"三步走"的发展战略，对中华民族百年图强的宏伟目标作了积极而稳妥的规划，是中国共产党探索中国特色社会主义建设规律的重大成果。

经济社会的新发展，要求教育与之相适应。各项事业在全面恢复、快速发展，国家急需大规模的建设人才，人才数量不足、结构不合理成为这一时期的突出问题。多出人才、快出人才，更好地为社会主义建设服务，高度重视教育事业，成为党和国家对教育的迫切要求。党的十二大提出，"在今后二十年内，一定要牢牢抓住农业、能源和交通、教育和科学这几个根本环节，把它们作为经济发展的战略重点"①。1983年10月，邓小平提出"教育要面向现代化，面向世界，面向未来"②，为新时期我国教育事业改革发展指明了方向。1985年5月，《中共中央关于教育体制改革的决定》提出，教育必须为社会主义建设服务，社会主义建设必须依靠教育。1987年党的十三大报告提出必须坚持把发展教育事业放在突出的战略位置。党和国家在改革开放与社会主义现代化建设过程中逐渐确立了教育的战略地位，坚持教育为社会主义现代化建设服务的方向。这是党和国家顺应人民的意志，直面时代潮流所作出的战略抉择，反映了对教育与社会经济发展关系的认识的深化。

（三）快速提升人民的科学文化素质要求教育事业迅速发展

国民教育普及程度体现了一个国家现代化的水平。这一时期，我国基础教育的落后状况不能适应和满足社会主义现代化建设的需求与要求。相当一部分农村地区尚未普及初等教育；青壮年中的文盲、半文盲大量存在并不断产生；中小学生辍学问题十分严重，在一些城市和商品经济发展较快的乡镇，学生辍学率呈上升趋势，初中学生中途辍学就业和从事劳动的情况时有发生。此外，世界各国

---

① 中共中央文献研究室编：《十二大以来重要文献选编》上，人民出版社1986年版，第16页。

② 《邓小平文选》第三卷，人民出版社1993年版，第35页。

都把延长义务教育年限、提高教育质量作为一项重要国策，置于重要的地位。当时我国人均受教育年限与发达国家相比也有着较大的差距。人民文化素质低是当时我国社会发展和经济建设面临的最大压力。

在这种背景下，党和国家根据我国经济与社会发展的新形势，明确提出了要有步骤地实行九年制义务教育，实施教育体制机制改革，大力发展各级各类教育事业，提升人民的科学文化素质。党的十二大报告提出："必须大力普及初等教育，加强中等职业教育和高等教育，发展包括干部教育、职工教育、农民教育、扫除文盲在内的城乡各级各类教育事业，培养各种专业人才，提高全民族的科学文化水平。"①1986年印发的《中共中央关于社会主义精神文明建设指导方针的决议》强调，"社会主义精神文明建设的根本任务，是适应社会主义现代化建设的需要，培育有理想、有道德、有文化、有纪律的社会主义公民，提高整个中华民族的思想道德素质和科学文化素质"②。

教育是发展科学技术和培养人才的基础，在社会主义现代化建设中具有先导性、全局性作用。党和国家站在增强综合国力与国际竞争力的战略高度，从我国现代化进程的发展全局出发来认识和把握教育，将教育发展与人力资源开发作为首要任务，不断探索通过教育提升人民科学文化素质的发展道路。

---

① 中共中央文献研究室编：《十二大以来重要文献选编》上，人民出版社1986年版，第15页。

② 《中共中央关于社会主义精神文明建设指导方针的决议》，《人民日报》1986年9月29日第1版。

二、方针内涵

1981 年 6 月，党的十一届六中全会通过的《关于建国以来党的若干历史问题的决议》提出了"坚持德智体全面发展、又红又专、知识分子与工人农民相结合、脑力劳动与体力劳动相结合的教育方针"。这是在党和国家的工作重点转移到社会主义现代化建设上来，在经济社会走上新的发展道路，教育事业完成拨乱反正，确立马克思主义的思想路线、政治路线和组织路线后提出的教育方针。它回答了改革开放起步和全面展开时期培养什么人、怎样培养人和为谁培养人三个根本性的问题。

在改革开放和社会主义现代化建设的过程中，根据经济社会和教育事业日新月异的发展，党和国家也在不断地丰富这一方针的内涵。1982 年的《中华人民共和国宪法》明确规定："中华人民共和国公民有受教育的权利和义务。国家培养青年、少年、儿童在品德、智力、体质等方面全面发展。"[1]1985 年通过的《中共中央关于教育体制改革的决定》提出："教育体制改革的根本目的是提高民族素质，多出人才、出好人才"，"教育必须为社会主义建设服务，社会主义建设必须依靠教育"。[2]1986 年《中华人民共和国义务教育法》第三条明确提出，"义务教育必须贯彻国家的教育方针，努力提高教育质量，使儿童、少年在品德、智力、体质等方面全面发展，为提高全民族的素质，培养有理想、有道德、有文化、有纪律

---

① 《中华人民共和国宪法》，《人民日报》1982 年 12 月 5 日第 1 版。

② 中共中央文献研究室编：《十二大以来重要文献选编》中，人民出版社 1986 年版，第 721 页。

的社会主义建设人才奠定基础"①。1990年12月30日党的十三届七中全会通过的《中共中央关于制定国民经济和社会发展十年规划和"八五"计划的建议》指出："继续贯彻教育必须为社会主义现代化服务，必须同生产劳动相结合，培养德、智、体全面发展的建设者和接班人的方针。"②

（一）德智体全面发展

德智体全面发展是对培养什么人这一根本问题的回答，也是改革开放后重新确立的马克思主义教育方针。它是与马克思主义关于人的全面发展学说相一致的，是对毛泽东教育思想的回归与继承，也是对新中国教育事业发展的经验与教训的总结。

德智体全面发展是对片面理解教育方针的拨乱反正。"四人帮"反对严格要求学生学习科学文化知识，反对学生以学习科学文化知识为主，鼓吹"宁要没有文化的劳动者""知识越多越反动"。邓小平曾多次强调，要全面正确地执行党的教育方针，要把德智体等方面全面发展作为培养人才的质量标准，他指出："我们的学校是为社会主义建设培养人才的地方。培养人才有没有质量标准呢？有的。这就是毛泽东同志说的，应该使受教育者在德育、智育、体育几方面都得到发展，成为有社会主义觉悟的有文化的劳动者。"③

这一方针也强调了体育的地位，强调了德智体等方面的统一关

---

① 《中华人民共和国义务教育法》，《人民日报》1986年4月18日第3版。
② 全国人大财政经济委员会办公室、国家发展和改革委员会发展规划司编：《建国以来国民经济和社会发展五年计划重要文件汇编》，中国民主法制出版社2008年版，第223页。
③ 《邓小平文选》第二卷，人民出版社1994年版，第103页。

系。实现社会主义现代化，还必须有体魄健康的人。这也是针对当时高考恢复后出现的片面教育的拨乱反正。当时已经开始盛行一些说法："智育不抓压力大，体育不抓没有啥。""学好数理化，走遍天下也不怕。"邓小平还指出，体育是使受教育者全面发展的一个重要方面。他十分关心青少年的健康成长，重视学校的体育，并多次提出要采取有效措施减轻学生的课业负担。他说："学生负担太重是不好的，今后仍然要采取有效措施来防止和纠正。"①大中学校招生要"德智体全面考核"②。要保证学生德智体全面发展，要增强学生的体质。

（二）又红又专

"又红又专"是对"教育为谁服务、为谁培养人"问题的回答。这个问题不解决好，就不可能实现社会主义现代化。"红"主要指坚定的政治方向，要有坚定的社会主义建设的立场和"四有精神"；"专"主要指良好的科学文化素质和业务水平，实质内容是要有知识，掌握现代科学技术，能够真正服务于社会主义现代化建设，否则，社会主义现代化建设事业就等于空中楼阁。"又红又专"的人，就是能够坚持社会主义方向的各级各类合格人才。新中国成立以来，我们在这个问题上也有过丰富的经验和深刻的教训。邓小平同志指出，否定了"专"，哪里又有真正的"红"呢？因此，《关于建国以来党的若干历史问题的决议》提出要坚持"又红又专"的方针，强调了"红"和"专"的辩证统一关系，强调了教育为社会主

---

① 《邓小平文选》第二卷，人民出版社 1994 年版，第 104 页。

② 同①，第 106 页。

义培养合格建设者的根本目的。邓小平对坚持"又红又专"的重要意义以及"红"与"专"的辩证关系作了精辟深刻的阐述。他说："我们要掌握和发展现代科学文化知识和各行各业的新技术新工艺，要创造比资本主义更高的劳动生产率，把我国建设成为现代化的社会主义强国，并且在上层建筑领域最终战胜资产阶级的影响，就必须培养具有高度科学文化水平的劳动者，必须造就宏大的又红又专的工人阶级知识分子队伍。"①"专并不等于红，但是红一定要专，不管你搞哪一行，你不专，你不懂，你去瞎指挥，损害了人民的利益，耽误了生产建设的发展，就谈不上是红，不解决这个问题，就不可能实现四个现代化。"②"没有专业知识，又不认真学习，尽管你抱了很大的热心建设社会主义，结果做不出应有的贡献，起不到应有的作用，甚至还起相反的作用。"③"至于搞经济建设、搞教育、搞科学、搞政法等等，应该说，我们的专业人才太缺乏了。所以，我们需要建立一支坚持社会主义道路的、具有专业知识和能力的干部队伍，而且是一支宏大的队伍。""我们需要有越来越多的专门人才。"④

　　结合实际正确理解"红"和"专"很重要。在1978年的全国科学大会上，邓小平明确提出："在我们的社会主义社会里，人人都要改造。不仅那些基本立场没有转过来的人要改造，而且所有的人都应该学习，都应该不断改造，研究新问题，接受新事物，自觉地抵制资产阶级思想的侵袭，更好地担负起建设社会主义现代化强

---

① 《邓小平文选》第二卷，人民出版社1994年版，第104页。
② 同①，第262页。
③ 同①，第264页。
④ 同①，第264页。

国的光荣而又艰巨的任务。"① 邓小平要求知识分子又红又专。他希望知识分子努力学习马列主义、毛泽东思想，始终保持坚定的政治立场和正确的政治方向。在新的历史时期，邓小平提出："一个重要的问题，是对又红又专要有正确的理解，合理的要求。"② 他突出强调了"专"在一定的条件下就是"红"，从而使我们党对知识分子又红又专的要求从理论到政策更加完善。

　　"红"的基本要求是坚持四项基本原则。1979 年 3 月 30 日，邓小平明确提出实现四个现代化必须坚持四项基本原则。思想政治工作是经济工作和其他一切工作的生命线，要实行政治和经济的统一、政治和技术的统一、又红又专的方针。知识分子在革命和建设中具有重要作用，知识分子要同工农相结合，通过学习马克思列宁主义和工作实践，树立无产阶级世界观，必须坚定不移地坚持社会主义道路，坚持无产阶级专政，坚持共产党的领导，坚持马列主义、毛泽东思想。为了适应社会主义四化建设的需要，我们的教育所培养的人，就必须首先做到"四个坚持"，具有为社会主义四化建设作贡献的思想，这是社会主义觉悟的具体体现。1981 年《关于建国以来党的若干历史问题的决议》重申四项基本原则。1985 年通过的《中共中央关于教育体制改革的决定》提出："所有这些人才，都应该有理想、有道德、有文化、有纪律，热爱社会主义祖国和社会主义事业，具有为国家富强和人民富裕而艰苦奋斗的献身精神，都应该不断追求新知，具有实事求是、独立思考、勇于创造

---

① 《邓小平文选》第二卷，人民出版社 1994 年版，第 93—94 页。
② 同①，第 91—92 页。

的科学精神。"①1989年政治风波之后，党重视加强对青年学生的思想政治工作，中央要求全党必须努力培养和造就千百万社会主义事业的接班人。1989年7月全国高等学校工作会议提出，高等学校要培养无产阶级革命事业接班人。1989年邓小平给少先队题词："培养有理想、有道德、有文化、有纪律的无产阶级革命事业接班人。"②1990年至1991年，党和政府加大力度在广大人民群众中开展社会主义思想教育。思想教育制度和工作方法得到恢复与改进，爱国主义、集体主义、独立自主、艰苦奋斗以及遵纪守法的教育得到加强。党的十四大报告强调在整个社会主义现代化建设进程中都要进行反对资产阶级自由化的教育和斗争。如果不提出并解决培养接班人的任务，党就不可能有坚强的后备队，就不可能胜利地走向未来。这是我们的社会主义事业能否长久地坚持和发展下去的一个具有战略意义的大问题。

"专"是指具有良好的科学文化素质和业务水平，要有为社会主义现代化建设服务的本领。1983年10月邓小平为北京景山学校题词："教育要面向现代化，面向世界，面向未来。"③"三个面向"是邓小平立足经济建设这一中心，根据国际新技术革命进展和国内现代化建设实际对教育提出的发展要求，也体现了对"专"的高要求。1985年印发的《中共中央关于教育体制改革的决定》指出，"教育体制改革的根本目的是提高民族素质，多出人才、出好

---

① 中共中央文献研究室编：《十二大以来重要文献选编》中，人民出版社1986年版，第722页。

② 《邓小平同志挥笔题词 勉励全国少先队组织》，《人民日报》1989年10月11日第1版。

③ 《邓小平文选》第三卷，人民出版社1993年版，第35页。

人才"，"教育必须为社会主义建设服务，社会主义建设必须依靠教育"。[①]并进而提出要造就数以亿计的工业、农业、商业等各行各业有文化、懂技术、业务熟练的劳动者。要造就数以千万计的具有现代科学技术和经营管理知识，具有开拓能力的厂长、经理、工程师、农艺师、经济师、会计师、统计师和其他经济、技术工作人员。还要造就数以千万计的能够适应现代科学文化发展和新技术革命要求的教育工作者、科学工作者、医务工作者、理论工作者、文化工作者、新闻和编辑出版工作者、法律工作者、外事工作者、军事工作者和各方面党政工作者。

（三）知识分子与工人农民相结合，脑力劳动与体力劳动相结合

知识分子与工人农民相结合，脑力劳动与体力劳动相结合回答的是怎样培养人的问题。培养德智体全面发展、又红又专的人，需要知识分子与工人农民相结合，脑力劳动与体力劳动相结合。这也是在十年"文化大革命"后对教育方针的拨乱反正，是教育与生产劳动相结合的深化、具体化，是非常具有现实针对性的。知识分子与工人农民相结合，不仅有利于发展生产，加速社会主义建设，而且也是培养德智体全面发展的又红又专的新型知识分子的重要途径。如果不注重两个"相结合"，培养的人往往会出现轻视体力劳动和劳动人民，脱离生产、脱离实际、脱离群众的问题。知识分子必须与工人农民相结合，通过自己的亲身经历，提高认识，才能培

---

① 中共中央文献研究室编：《十二大以来重要文献选编》中，人民出版社 1986 年版，第 721 页。

养对劳动人民的思想情感，加强革命斗争意志的锻炼，进一步克服
自己的非无产阶级思想，逐步达到立场、观点和思想方法的彻底改
造，全心全意地为人民服务，为社会主义现代化建设事业贡献全部
的力量。脑力劳动和体力劳动相结合是指既能从事体力劳动又能从
事脑力劳动，体脑结合，手脑并用；既有广泛的、高度的文化科学
知识，又有高度的共产主义觉悟，具有良好的劳动态度、劳动习惯
和劳动技能；既有多方面的志趣，又有高度的创造性，即个性得到
充分的自由的发展和运用。两个"相结合"是培养德智体全面发
展、又红又专的社会主义建设者的根本途径。

两个"相结合"是教育方针拨乱反正的重要成果。邓小平明确
地提出了脑力劳动也是劳动、知识分子也是劳动者，"一定要在党
内造成一种空气：尊重知识，尊重人才。要反对不尊重知识分子的
错误思想。不论脑力劳动，体力劳动，都是劳动。从事脑力劳动的
人也是劳动者。将来，脑力劳动和体力劳动更分不开来。……要重
视知识，重视从事脑力劳动的人，要承认这些人是劳动者"①。各行
各业都要抓科技和教育。"无论是从事科研工作的，还是从事教育
工作的，都是劳动者。不是讲脑力劳动、体力劳动吗？科研工作、
教育工作是脑力劳动，脑力劳动也是劳动嘛。"②"一定要用锄头才算
劳动？一定要开车床才算劳动？自动化的生产，就是整天站在那里
看仪表。这也是劳动。"③邓小平在全国科学大会开幕式讲话中明确
指出："他们的绝大多数已经是工人阶级和劳动人民自己的知识分
子，因此也可以说，已经是工人阶级自己的一部分。他们与体力劳

① 《邓小平文选》第二卷，人民出版社1994年版，第41页。
② 同①，第50页。
③ 同①，第50页。

动者的区别，只是社会分工的不同。从事体力劳动的，从事脑力劳动的，都是社会主义社会的劳动者。"①《关于建国以来党的若干历史问题的决议》明确指出："要坚决扫除长期间存在而在'文化大革命'期间登峰造极的那种轻视教育科学文化和歧视知识分子的完全错误的观念，努力提高教育科学文化在现代化建设中的地位和作用，明确肯定知识分子同工人、农民一样是社会主义事业的依靠力量，没有文化和知识分子是不可能建设社会主义的。"②

　　两个"相结合"的思想进一步深化了对教育与生产劳动相结合的认识，阐释了在新的历史条件下如何贯彻教育方针的问题，强调教育事业必须同国民经济发展的要求相适应，使教育事业的计划成为国民经济计划的一个重要组成部分。1978 年 4 月 22 日，邓小平在全国教育工作会议上指出："为了培养社会主义建设需要的合格的人才，我们必须认真研究在新的条件下，如何更好地贯彻教育与生产劳动相结合的方针。马克思、恩格斯、列宁和毛泽东同志都非常重视教育与生产劳动的结合，认为在资本主义社会里这是改造社会的最强有力的手段之一；在无产阶级取得政权之后，这是培养理论与实际结合、学用一致、全面发展的新人的根本途径，是逐步消灭脑力劳动和体力劳动差别的重要措施。""现代经济和技术的迅速发展，要求教育质量和教育效率的迅速提高，要求我们在教育与生产劳动结合的内容上、方法上不断有新的发展。""更重要的是整个教育事业必须同国民经济发展的要求相适应。""我们的国民经济是有计划按比例发展的，我们培养训练专门家和劳动后备军，也应

---

①　《邓小平文选》第二卷，人民出版社 1994 年版，第 89 页。

②　中共中央文献研究室编：《三中全会以来重要文献选编》下，人民出版社 1982 年版，第 842 页。

该有与之相适应的周密的计划。我们不但要看到近期的需要，而且必须预见到远期的需要；不但要依据生产建设发展的要求，而且必须充分估计到现代科学技术的发展趋势。"①可以说，两个"相结合"正是在新的历史条件下对教育与生产劳动相结合的具体化，进一步地解答了教育如何与生产劳动相结合、具体表现为什么的问题。

因此，两个"相结合"既是对马克思主义教育思想的深化，也是对当时历史问题的回应。它旨在从国家、社会的全局，指导各级各类教育事业，培养又红又专的德智体全面发展的劳动者、建设者，培养既能从事体力劳动又能从事脑力劳动、既有一定的文化修养又有一定的实际经验的全面发展的人。只有这样，才可以逐步缩小脑力劳动与体力劳动的本质差别，并消除知识分子与工人、农民之间的阶级对立。现代科学技术日新月异，生产设备更新和生产工艺变革迅速，这就要求社会主义的建设者具备较高的科学文化水平、丰富的生产经验、先进的劳动技术，能够将体力劳动和脑力劳动结合起来，从而在现代化的生产中发挥更大的作用。

三、主要实践

1981 年，在五届全国人大四次会议上通过的《政府工作报告》再次确认："我们教育的基本方针是明确的，这就是使受教育者在德育、智育、体育几方面都得到发展，成为有社会主义觉悟的有文化的劳动者和又红又专的人才，坚持脑力劳动与体力劳动相结合，

---

① 《邓小平文选》第二卷，人民出版社 1994 年版，第 107–108 页。

知识分子与工人农民相结合。现在的任务是要根据现代化建设中的实际情况来进一步贯彻执行这个方针。"①全面贯彻落实这一时期党的教育方针，首先要全面恢复教育事业和教育教学秩序，使我国社会主义教育走上健康发展轨道；从根本上改变不适应社会主义市场经济体制需要的教育体制机制，使整个教育事业同国民经济发展的要求相适应，为社会主义现代化建设奠定教育体制机制基础；立足教育事业发展，改善基础教育状况，整体提升人民的科学文化素质；实施教育对外开放，扩大派遣出国留学人员规模，加强国际交流与合作，培养更多人才，更好地服务于社会主义现代化建设。

（一）全面恢复教育事业

随着党和国家的工作重点的转移，社会主义现代化建设急需多出人才、快出人才。1977 年 8 月 8 日，邓小平在科学和教育工作座谈会上指出："今年就要下决心恢复从高中毕业生中直接招考学生，不要再搞群众推荐。"②8 月 13 日至 9 月 25 日，教育部召开全国高等学校招生工作会议。9 月 19 日，邓小平会见教育部主要负责同志，再次强调应该从应届高中毕业生中直接招收大学生，并指出高等学校招生应该主要抓两条："第一是本人表现好，第二是择优录取。"③在邓小平的直接指导下，招生工作会议决定恢复高等学校招生统一考试制度。10 月 12 日，国务院正式批转教育部《关于1977 年高等学校招生工作的意见》，并强调："高等学校招生工作，

---

① 《当前的经济形势和今后经济建设的方针》，人民出版社 1981 年版，第 43 页。

② 《邓小平文选》第二卷，人民出版社 1994 年版，第 55 页。

③ 同②，第 69 页。

直接关系大学培养高级专门人才的质量，影响中小学教育，涉及各行各业和千家万户，是一件大事。为快出人材，早出成果，尽速改变教育与社会主义事业发展严重不适应的状况，在本世纪末把我国建设成伟大的社会主义现代化强国，……切实把优秀青年选拔上来。要认真总结经验，逐步健全和完善无产阶级的招生制度。"①10 月 21 日，《人民日报》发表社论《搞好大学招生是全国人民的希望》，正式宣布恢复高校招生统一考试制度。1977 年冬，570 万考生参加了高考。②恢复高考就像一声春雷，震撼了整个中国大地。恢复高考是拨乱反正和全面恢复教育教学秩序的一个重要标志，对其他领域的拨乱反正、全面恢复工作也起到了巨大的促进作用。

　　研究生教育的恢复与恢复高考工作同步进行。1977 年 11 月 3 日，教育部、中国科学院联合发出《关于 1977 年招收研究生的通知》，中断了 12 年的研究生教育开始得到恢复。1978 年 5 月，高等学校招收研究生的工作正式开始。这一年有 210 所高等学校、162 所研究机构共招收研究生 10708 人，相当于"文化大革命"前 17 年招收研究生总数的 46.56%。③研究生教育的恢复标志着全国高等教育形势的全面好转，是为我国实现社会主义现代化建设源源不断输送各类高级专门人才的重要保证。

　　为加快科学和教育事业的恢复和发展，1978 年 4 月 22 日到 5

---

① 　何东昌主编：《中华人民共和国重要教育文献（1976—1990）》，海南出版社 1998 年版，第 1579 页。
② 　何东昌主编：《中华人民共和国教育史》下卷，海南出版社 2007 年版，第 538 页。
③ 　转引自：何东昌主编：《中华人民共和国教育史》下卷，海南出版社 2007 年版，第 540 页。

月 16 日，全国教育工作会议在北京召开。邓小平发表了重要讲话，提出"提高教育质量，提高科学文化的教学水平，更好地为社会主义建设服务"①，"教育事业必须同国民经济发展的要求相适应"②。

在恢复学校工作方面，1978 年 9 月教育部发布《全日制中学暂行工作条例（试行草案）》《全日制小学暂行工作条例（试行草案）》，两个条例都规定，学校应该为提高整个中华民族的科学文化水平，为实现新时期的总任务而奋斗。③1978 年 10 月教育部发布《全国重点高等学校暂行工作条例（试行草案）》，明确提出今后高等学校实行党委领导下的校长负责制。三个条例的重新修订和颁布，为尽快恢复正常的教育教学秩序、端正教育方向、促进科学管理学校、提高教育教学质量起到了重要作用。教育部把恢复和办好重点学校作为一项为现代化建设培养人才的重要措施。

在恢复和加强教师队伍建设方面，1978 年 9 月，教育部在北京召开高等学校确定与提升职称工作座谈会，会上确定在两三年内逐步妥善地解决十多年来积压的职称问题，中断多年的教师职称评定工作首先在高等学校开展起来，到 1981 年，恢复了高等院校中原有的教授、副教授、讲师和助教等职称。1978 年 10 月，教育部印发了《关于加强和发展师范教育的意见》，要求各地统筹规划，建立师范教育网，恢复和加强师范教育。1978 年 12 月，教育部、国家计委制定了《关于评选特级教师的暂行规定》，使评选特级教师的工作制度化和规范化，同时还建立了中小学荣誉称号授予

---

① 《邓小平文选》第二卷，人民出版社 1994 年版，第 103 页。

② 同①，第 107 页。

③ 何东昌主编：《中华人民共和国重要教育文献（1976—1990）》，海南出版社 1998 年版，第 1630、1635 页。

制度。

在恢复和加强教材建设方面，1977 年 12 月，教育部和国家出版事业管理局联合召开全国教材出版发行工作会议，会议确定，中小学教材由教育部负责统编，高等学校和中等专业学校的教材由教育部和国务院各部委及所属出版社，按专业对口的原则，在地方协助下，分工负责编写、出版工作，教材编审制度和出版发行办法得到恢复。

教育工作全面恢复的整个过程，是在党的直接领导和关怀下进行的，整个教育面貌发生了明显变化，这也为在中国特色社会主义教育事业发展过程中全面贯彻这一时期党的教育方针奠定了基础。

（二）实施教育体制改革

随着社会主义事业和现代化建设的不断推进，在教育工作和教育教学秩序全面恢复的基础上，党和国家出台了若干个重要文件，改革与社会主义市场经济、政治和科技体制不相适应的计划型教育体制，逐步确立了比较完善的中国特色社会主义教育体系。1985年《中共中央关于教育体制改革的决定》的出台标志着我国教育体制改革已经进入全面实施阶段，确定了适应社会主义经济、政治和科技体制的教育体制改革框架，为提高民族素质、多出人才、出好人才、建设比较完善的社会主义教育体系提供了依据和蓝图。

1. 基础教育改革

有步骤地实行和普及九年制义务教育。1985 年 5 月，《中共中央关于教育体制改革的决定》首次提出了实施九年制义务教育的任务，把发展基础教育的责任交给地方，改变中央过于集权的体制，确立依靠地方和人民群众办教育的体制，调动各地办学的积极性，促进和加快了各地基础教育特别是义务教育的发展进程。1986年，《中华人民共和国义务教育法》正式颁布，明确国家实行九年义务教育制度，建立义务教育经费保障机制，保证义务教育的顺利实施。由于我国区域之间经济社会发展的不平衡和城乡二元结构的明显存在，区域之间、城乡之间基础教育水平差距扩大。为确保我国义务教育的基本普及，中央和地方各级政府采取多种有力措施，向弱势群体倾斜。如为促进中西部地区普及九年义务教育，实施国家贫困地区义务教育工程、东部地区学校对口支援西部贫困地区学校工程等。

2. 中等教育改革

中等教育结构调整是改革开放后教育领域改革发展中的大事件，受到中央的高度重视。中等教育是在初等教育基础上实施的中等普通教育和中等职业教育。两类教育保持合理的结构，有利于形成合理的人才供给结构，适应社会分工和经济社会建设的基本需要。职业技术教育是这一时期整个教育事业最薄弱的环节，职业技术教育改革和发展的重点是中等职业技术教育，改革的目标是为社会主义现代化建设培养千百万受过良好职业技术教育的初、中级技术人员、管理人员与技工。为适应我国经济体制由计划经济向市场经济转轨引发的一系列深层变革，职业教育在办学方向、办学主体和培养模式等方面进行了变革。

在办学方向上，职业教育培养目标面向市场，办学形式适应市场，专业设置瞄准市场，中等职业学校招生和分配制度实行国家任务计划和调节性计划相结合，毕业后供需见面、双向选择，并在《中华人民共和国教育法》《中华人民共和国劳动法》和其他法律法规中加以规定。

在办学主体上，从政府直接管理向宏观引导转变，坚持政府主导，促进办学主体多元化，充分发挥行业组织的作用，调动多方面力量发展职业教育，实现产业结构和人才结构、行业人才需求与教育人才供给的衔接。1985年《中共中央关于教育体制改革的决定》提出要鼓励集体、个人和其他社会力量办学，提倡各单位和部门自办、联办或与教育部门合办各种职业技术学校，逐步形成了全社会兴办多形式、多层次职业技术教育的局面，逐步建立以政府办学为主体、社会各界共同办学的体制。

在培养模式上，从传统的升学导向向就业导向转变，大力推行工学结合、校企合作和半工半读，积极推广"订单式"培养。1986年10月，国家教委发布《普通中等专业学校设置暂行办法》，强调广泛开展跨部门、跨行业、跨地区的横向联系，联合办学或委托培养学生。随着职业教育改革的不断深入，我国逐步建立起一个从初级到高级、行业配套、结构合理又能与普通教育相互沟通的职业技术教育体系。

3. 高等教育改革

高等教育领域体制改革是关键。高校的办学体制、管理体制、经费筹措体制、招生就业制度、学校内部管理体制，包括后勤社会化改革等改革，打破了计划经济体制下形成的"一包二统"的局面，使我国高等教育初步适应了建立和完善社会主义市场经济体制的要求。这一时期我国高等教育体制的弊端是在教育事业管理权限的划分上，政府有关部门对学校主要是对高等学校统得过死，使学校缺乏应有的活力。

《中共中央关于教育体制改革的决定》明确提出："在国家统一的教育方针和计划的指导下，扩大高等学校的办学自主权，加强高等学校同生产、科研和社会其他各方面的联系，使高等学校具有主动适应经济和社会发展需要的积极性和能力。"①高等教育领域中的这些改革淡化和改变了单一隶属关系，变"条块分割"为"条块有机结合"；扩大了省级政府统筹权，在一定程度上扩大了高等学校的办学自主权，初步建立了一个适应社会主义市场经济的高等教育宏观结构和新型管理体制框架。

4.成人教育改革

实行成人教育体制改革，充分发挥成人教育在直接提高劳动者素质、直接提高工作效率和经济效益等方面的作用。1980年，教育部起草了《高等教育自学考试办法（试行草案）》。1981年1月，国务院批转教育部《关于高等教育自学考试试行办法的报告》。高等教育自学考试制度为造就和选拔建设四个现代化的专门人才开辟了广阔的道路，这是鼓励广大群众特别是青年为实现社会主义现代化发奋自学的重要措施。1986年，新中国成立以来首次全国成人教育工作会议召开，会议讨论和修改了《关于改革和发展成人教育的决定（讨论稿）》。

1987年6月，国务院批转了《关于改革和发展成人教育的决定》，确定岗位培训、成人基础教育、成人高等中等学历教育、继续教育、社会文化和生活教育为成人教育的主要任务，其中岗位培训为成人教育的重点。成人教育体制改革把发展成人教育的责任和权力交给地方与基层单位，给予其充分的主动权。1988年，国家教委印发了《关于下放普通高等学校举办函授、夜大学专科教育审

---

① 　中共中央文献研究室编:《十二大以来重要文献选编》中，人民出版社1986年版，第731页。

批权限的意见》，扩大省、自治区、直辖市和国务院有关部委的自
主权，成人教育工作由成人教育司统一管理，地方各级教育部门大
多设置成人教育专门机构，负责制定地方的成人教育发展规划，指
导地方成人教育工作，形成了从中央到地方相对独立的成人教育管
理体系，各级各类成人学校在改革中不断发展。20 世纪 90 年代已
初步形成多渠道、多门类、多形式、多层次、多规格的成人教育结
构体系。

（三）普及九年义务教育和扫盲行动

"穷国办大教育"是这一时期我国教育的基本国情。我国是发
展中国家，却要办世界上规模最大的教育。我国人口多，底子薄，
经济落后，经济文化发展不平衡，特别是贫困地区多，人口居住分
散，义务教育规模庞大，教育经费短缺，办学条件差。这是 20 世
纪 80 年代我国义务教育发展环境的基本特征。

1. 普及义务教育

教育部多次发出通知，对农村普及小学教育作出全面部署。
1980 年 12 月 3 日，中共中央、国务院发布《关于普及小学教育若
干问题的决定》，提出 20 世纪 80 年代全国应基本实现普及小学教
育的历史任务，有条件的地区还可以进而普及初中教育。文件指
出：对于普及小学教育，要分期分批予以实现；对少数民族地区应
给予大力扶植，对最贫困地区要由国家包下来、实行免费教育；要
坚持"两条腿走路"方针；要切实改善农村办学条件，做到"校
校无危房，班班有教室，学生人人有课桌凳"（简称"一无两有"）

等。①全国各地对《关于普及小学教育若干问题的决定》的贯彻落实，有效地促进了小学教育的普及工作。

1982 年《中华人民共和国宪法》第四十六条规定，"中华人民共和国公民有受教育的权利和义务"。第十九条规定，"国家举办各种学校，普及初等义务教育"。②这是新中国成立以来我国第一次以国家根本大法的形式对普及义务教育作出明确规定。

1985 年《中共中央关于教育体制改革的决定》提出要"有步骤地实行九年制义务教育"③。1986 年全国人大颁布《中华人民共和国义务教育法》，以法律的形式确立了我国的义务教育制度，以法律手段规范、保障和促进义务教育发展，初步形成了一个符合我国国情的较完善的义务教育法规体系。此后，在国务院领导下，我国的义务教育实行地方负责、分级管理的体制，把办学权、管理权下放给地方，实行"县、乡、村三级办学，县、乡两级管理"。这一体制在当时国家财政困难的情况下，对调动地方政府的办学积极性，尤其是调动乡镇政府和人民群众办学的积极性发挥了重要作用。

2. 扫除青壮年文盲

1978 年，据一些地区调查，在少年、青年、壮年中，文盲、半文盲一般占 30% —40%，有的边远地区、山区和一些少数民族

---

① 何东昌主编：《中华人民共和国重要教育文献（1976—1990）》，海南出版社 1998 年版，第 1878 页。

② 《中华人民共和国宪法》，《人民日报》1982 年 12 月 5 日第 1 版。

③ 中共中央文献研究室编：《十二大以来重要文献选编》中，人民出版社 1986 年版，第 725 页。

地区达到 50% 以上。① 针对这种情况，1978 年 11 月，国务院发出了《关于扫除文盲的指示》，指出："扫除文盲是提高全民族科学文化的起码要求。""要完成扫除文盲的历史任务，必须努力做到'一堵、二扫、三提高'。"②《关于扫除文盲的指示》发布后，扫盲教育普遍得到重视，并逐渐得以恢复和持续发展。根据 25 个省、自治区、直辖市的统计，1979 年冬和 1980 年春参加学习的青壮年农民有 1978 万余人，其中扫盲班学员 1236 万余人，达到扫除文盲标准的学员 598 万人。③1982 年 12 月经修改颁布的《中华人民共和国宪法》第十九条明文规定"国家发展各种教育设施，扫除文盲"④，再次强化了扫盲教育的法律地位。1988 年国务院颁布《扫除文盲工作条例》，对扫盲对象、标准、规划目标、政策措施作了具体规定。1992 年党的十四大提出"到本世纪末，基本扫除青壮年文盲，基本普及九年制义务教育"⑤，这成为 20 世纪 90 年代我国教育事业发展的重要目标。由于扫盲工作成效卓著，我国多次获得联合国教科文组织颁发的国际扫盲奖，为世界扫盲行动作出了重要贡献。

实施九年义务教育、扫除青壮年文盲是提高全民族思想文化和科技水平的基础工程，也是一项十分艰巨的系统工程，使我国教育发生了史无前例的巨大变化。实施普及义务教育和扫盲行动、整体

---

① 何东昌主编：《中华人民共和国重要教育文献（1976—1990）》，海南出版社 1998 年版，第 1651 页。

② 同①。

③ 同①，第 1879 页。

④ 《中华人民共和国宪法》，《人民日报》1982 年 12 月 5 日第 1 版。

⑤ 《加快改革开放和现代化建设步伐 夺取有中国特色社会主义事业的更大胜利——在中国共产党第十四次全国代表大会上的报告》，《人民日报》1992 年 10 月 21 日第 1 版。

提升人民的科学文化素质是党领导我国人民在社会主义市场经济框架下，探索有中国特色社会主义教育发展道路和发展模式的伟大创举，是全面贯彻党的教育方针、坚持体力劳动和脑力劳动相结合的重要体现。

（四）实施教育对外开放

教育对外开放是我国改革开放的开端之一，作为我国改革开放事业的重要组成部分，被纳入国家对外开放战略，促进了我国教育事业的发展。专业人才是国家发展和建设的基础性力量。改革开放初期，国家事业百废待兴，科学技术发展急需高级专业人才。派遣留学生是培养国家现代化建设和科技发展需要的高级专业人才的重要途径。随着派遣留学生制度和方针的不断完善，教育对外开放逐步全方位展开。

1978 年 6 月，邓小平在听取清华大学主要领导汇报工作时，发表了关于扩大派遣出国留学人员的重要讲话，为教育对外开放指明了方向、夯实了信心。1979 年到 1982 年，公派留学的总方针是"在确保质量的前提下，根据国家的需要和可能，广开渠道，力争多派"[①]。这一阶段主要以公派留学生为主，并形成了国家、地方、单位和个人自费等多种出国留学形式。我国在派遣留学生方面始终秉持"人才培养与人才使用并重"原则。1983 年邓小平提出"三个面向"的重要思想，其中"教育要面向世界"进一步明确了教育要不断对外开放的方向。

---

① 　中央教育科学研究所编：《中华人民共和国教育大事记（1949—1982）》，教育科学出版社 1983 年版，第 566 页。

1986年12月国务院批转国家教委《关于出国留学人员工作的若干暂行规定》，这是我国第一个公开发布的关于出国留学工作的法规性文件。文件明确指出，出国留学工作应从我国社会主义现代化建设的实际出发，密切结合国内生产建设、科学研究和人才培养的需要，以解决科研、生产中的重要问题和增强我国培养高级人才的能力；并提出了派遣出国留学人员的方针——按需派遣，保证质量，学用一致，努力创造条件使留学人员回国能学以致用，在社会主义现代化建设中发挥积极作用。1990年设立留学回国人员科研启动基金。我国在公派留学方面既注重人才培养的类型和质量，又充分发挥出国留学人员在我国社会主义现代化建设中的重要作用。

根据邓小平南方谈话精神，1992年8月，国务院办公厅发布了《关于在外留学人员有关问题的通知》，其总的指导思想是：公派出国留学人员有义务为国家服务；不能长期回国服务，也可以短期回国服务；国家保证出国留学人员来去自由。这一时期，教育对外开放已经起步，并不断努力学习和追赶西方。

"引进来"是教育对外开放的另一重要方面，这一时期主要表现在两个方面。一是改革来华留学办法，规范来华留学工作。1978年，自费留学生开始进入我国。1983年之后，我国颁布了一系列文件，拓宽了来华留学人员的范围，开始接收外国研究者来华从事某项科学研究工作。1989年，我国政府将接收来华留学生的高等学校的审批权下放给各省、自治区、直辖市的教育主管部门，来华留学生的数量由高等学校自主决定。二是加强教育国际交流与合作，按照"政府与民间并举，双边与多边并行"的原则积极推动教育国际交流与合作的发展。我国通过各种形式，搭建了多种区域教育交流与合作的平台，建立了"官民互动"、定期交流的有效机制。

除了政府间的合作，我国还积极推动中外民间的教育交流，1981年成立了中国教育国际交流协会，这是我国第一个专门从事民间教育国际交流的非政府组织。随后，一些省、自治区、直辖市和计划单列市也相继成立了地方的、民间性质的教育国际交流协会。根据对外汉语教学工作的需要，1987年我国政府成立了国家对外汉语教学领导小组这一跨部门的对外汉语教学领导机构，并提出了对外汉语教学工作的基本方针。中外合作办学是教育国际交流与合作的重要组成部分，1986年9月，我国改革开放以来第一个中外合作办学机构，即南京大学–约翰斯·霍普金斯大学中美文化研究中心成立。

教育对外开放是我国对外开放战略的重要组成部分，也是全面贯彻党的教育方针、坚持"又红又专"、注重培养"专业人才"的重要路径。"走出去"和"引进来"是这一时期教育对外开放的主要方式。派遣留学人员，实现人才培养方式多样化，是培养高级专业人才、服务国家现代化建设的重要路径。教育交流与合作是吸收西方先进教育发展经验，促进我国教育事业发展的重要方式。中外合作办学在发展过程中日益显示出其独特的优势和作用，成为培养现代化建设急需的短缺学科人才、各类专业人才的一条有效路径。

四、经验启示

这一时期党的教育方针的确立与贯彻落实，使教育事业得到全面恢复和快速发展。回顾这段非凡历史，可以发现，和社会主义建设时期党的教育方针相比，这一时期党的教育方针在内涵上更加全面，既体现了教育的政治功能，也体现了教育的社会功能和育人功能；同时，方针内涵也随着社会政治经济和教育的发展不断得到深化和丰富。在这一教育方针指引下，我国不断地进行教育改革，取得了辉煌成就。这一时期的宝贵经验为：以马克思主义为指导，坚持党的领导，做到四个坚持，即坚持教育方针政治性与教育性的有机统一，坚持教育方针继承性与创新性的有机统一，坚持全面贯彻党的教育方针，坚持教育改革开放。

（一）坚持教育方针政治性与教育性的有机统一

教育方针要为特定政治服务，同时需要体现社会经济文化的发展状况，也需要符合人才培养的基本规律。1981 年的教育方针重申了"坚持德智体全面发展"，强调了"又红又专"和"两个结合"，在坚持四项基本原则的同时强调了教育为社会主义培养合格建设者的根本目的，体现了政治性与教育性的统一，纠正了"文化大革命"中忽视教育社会功能的做法以及把教育为无产阶级政治服务误解为为阶级斗争、路线斗争服务的倾向。坚持政治性与教育性的有机统一是教育方针正确发挥作用的必备品格。正因为如此，1981 年的教育方针不仅有力地指导了教育事业的全面恢复和快速发展，也为以后教育方针的发展完善奠定了坚实的基础。

随着中国特色社会主义理论不断完善和对教育规律的认识不断深化，我国教育方针政治性与教育性的统一应该得到进一步的体现。我国是中国共产党领导的社会主义国家，中国共产党是代表中国最广大人民根本利益的先进政党，是中国特色社会主义事业的领导核心。党的利益和人民利益从根本上来说是一致的、统一的，实现人民利益的过程同党治国理政的过程也是内在统一的。"这就决定了我们的教育必须把培养社会主义建设者和接班人作为根本任务，培养一代又一代拥护中国共产党领导和我国社会主义制度、立志为中国特色社会主义奋斗终身的有用人才。"[①]

（二）坚持教育方针继承性与创新性的有机统一

1981 年的教育方针很好地体现了继承性与创新性。它重申"坚持德智体全面发展"，强调了"又红又专"、两个"相结合"，既坚持了党的教育方针的精神实质，又切合了当时拨乱反正的要求，反映了改革开放和社会主义现代化建设新时期的社会经济文化发展的需求，指导了教育事业快速地恢复和发展。

党的教育方针的精神实质是一以贯之的。如何看待"红"与"专"，如何看待知识分子，实际上是非常关键的问题。邓小平要求实事求是地完整地准确地理解毛泽东思想，要把毛泽东同志在教育方面的主导思想、在知识分子问题上的主导思想讲清楚："毛泽东同志历来重视知识分子的作用，同时也非常注意知识分子要好好地改造世界观。这是从爱护出发，是为了更好地调动他们的积极性，发挥他们的作用，使他们能够好好地为社会主义事业服务。"[②]邓小平在多次讲话中都强调了毛泽东对知识分子的肯定。经过思想上的拨乱反正，形成了关于"知识分子与工人农民相结合""红专结合"的共识，并在《关于建国以来党的若干历史问题的决议》中确定下来。

党的教育方针是与时俱进的。随着社会政治经济的发展，教育

---

① 习近平：《坚持中国特色社会主义教育发展道路 培养德智体美劳全面发展的社会主义建设者和接班人》，《人民日报》2018 年 9 月 11 日第 1 版。
② 《邓小平文选》第二卷，人民出版社 1994 年版，第 43 页。

方针的精神实质在不同的时期应该有不同的内涵，需要被赋予新的意义和内容。正如邓小平同志所明确指出的那样："为了培养社会主义建设需要的合格的人才，我们必须认真研究在新的条件下，如何更好地贯彻教育与生产劳动相结合的方针。"[①]

在新的历史条件下，我们必须研究如何使教育方针符合党和国家的中心工作、符合新的生产关系和生产力、符合经济社会对人才的要求、符合未来教育现代化的需要。

（三）坚持全面贯彻党的教育方针

全面贯彻党的教育方针，主要有两个方面。一是准确、全面地理解教育方针的政治性与教育性，反对、谨防割裂教育方针。要始终坚持马克思主义的指导地位，坚持用历史唯物主义与辩证唯物主义理解、贯彻党的教育方针。二是要切实贯彻全面发展的教育方针。要始终坚持德智体全面发展，又红又专。

在改革开放初期，高考恢复不久就出现了"片面追求升学率"的"应试教育"，在学校中表现为忽视大多数学生，只抓毕业班，忽视基础知识教学和基本技能训练，在社会上则表现为把升学率作为衡量学校办学成效的唯一标准。

20世纪80年代末，党进一步加强了对青年学生的思想政治工作，思想教育制度和工作方法得到恢复和改进，爱国主义、集体主义、独立自主、艰苦奋斗以及遵纪守法的教育得到加强。

因此，必须准确、全面地理解贯彻党的教育方针，使全面发展、又红又专、德才兼备、德智体美劳诸方面形成一个不可分割的

---

① 《邓小平文选》第二卷，人民出版社1994年版，第107页。

统一整体。而一个人的身心发展，关键在于能否真正受到全面发展的教育，在德育、智育、体育几方面是否得到和谐的生动活泼的发展，离开了全面发展的教育来谈人身心全面发展就是缘木求鱼，是根本不可能实现的。在新时代背景下坚持准确全面贯彻党的教育方针，就要努力构建德智体美劳全面发展的教育体系，形成更高水平的人才培养体系。要把立德树人融入思想道德教育、文化知识教育、社会实践教育各环节，贯穿基础教育、职业教育、高等教育各领域。学科体系、教学体系、教材体系、管理体系要围绕这个目标来设计，教师要围绕这个目标来教，学生要围绕这个目标来学。

（四）坚持教育改革开放

中国特色社会主义现代化建设是前无古人的伟业，中国特色社会主义教育方针的制定与全面贯彻，都需要坚持改革开放。改革是教育事业健康发展的不竭动力，是教育活力的重要源泉。教育要有生机活力，就必须从计划经济体制束缚中解放出来，大力推进体制改革和创新。我国教育的改革与发展，就是要不断发现新问题，克服新困难，探索新途径。教育改革的核心是教育体制改革。1985年通过的《中共中央关于教育体制改革的决定》确立了我国教育改革的主线和方向，拉开了教育体制改革的大幕。通过下放权力、逐步扩大地方和学校自主权等一系列改革，在利益多元化的格局中，建立、平衡中央与地方管理教育的权限和关系，在各级各类教育中建立科学的管理制度，不断调整和完善政府与学校的关系。教育对外开放是我国改革开放事业的重要组成部分。通过教育对外开放，学习国外优秀的办学模式和经验，提升我国教育的质量和水平，从而更好地服务于国家发展大局和战略需要，同时也满足了人民群众不同的受教育需求。

　　这一时期教育改革开放的本质就是优化人才培养结构，调整与协调教育中的各种关系，重视教育与市场的关系，改革在计划经济体制基础上建立起来的教育体制，建立适应社会主义市场经济的教育体制，使教育服务于社会主义现代化事业的发展。教育改革坚持"两基""重中之重"的地位，正确处理了各级各类教育的关系；正确处理了教育发展的规模、结构、质量、效益的关系，认识到在教育快速发展的同时，必须注重优化结构、提高质量效益；正确处理了市场与计划的关系，政府与地方、社会力量的关系，扩大了学校办学自主权，激发了地方和社会办教育的积极性，有效处理了教育的公益性与市场作用的盲目性和局限性之间的矛盾、冲突。

　　在新的历史条件下，全面贯彻党的教育方针，健全立德树人落实机制，就要推动教育更深层次改革，实行更高水平开放。更加注重教育改革的系统性、整体性、协同性，及时研究解决教育改革发展的重大问题和群众关心的热点问题，以改革激活力、增动力，坚决破除制约教育事业发展的体制机制障碍，扭转不科学的教育评价导向，深化办学体制和教育管理改革，提高教育质量，提升教育服务经济社会发展的能力。扩大教育开放，提升我国教育的世界影响力。加快推进教育现代化，建设教育强国，办好人民满意的教育。

第六章
改革开放全面深化时期的教育方针

    1992 年，党的十四大明确了我国经济体制改革的目标是建立社会主义市场经济体制，要求全党集中精力把经济建设搞上去。以邓小平南方谈话和党的十四大为标志，我国改革开放和社会主义现代化建设事业进入全面深化的新阶段。在党的教育方针政策引领下，教育法治化建设取得重大进展。1995 年 3 月，八届全国人大三次会议通过的《中华人民共和国教育法》将党在改革开放全面深化时期的教育方针以法律形式作了明确规定，即"教育必须为社会主义现代化建设服务，必须与生产劳动相结合，培养德、智、体等方面全面发展的社会主义事业的建设者和接班人"①。这一教育方针与以往相比，不同之处在于明确提出"教育必须为社会主义现代化建设服务"和首次以法律形式正式提出培养"社会主义事业的建设者和接班人"。随后，党的十六大报告、十七大报告又对这一教育方针在内涵上进行了丰富和发展。在这一时期教育方针的指引下，各项教育改革稳步推进：深化教育体制改革、继续巩固"两基"成果、全面推进素质教育、持续深化高等教育改革、把美育列入教育目标、加强教育国际交流与合作。

---

① 何东昌主编：《中华人民共和国重要教育文献（1991—1997）》，海南出版社 1998 年版，第 3790 页。

一、历史背景

由 20 世纪八九十年代到 21 世纪，国际国内形势发生了深刻变革。从国际形势来看，东欧剧变、苏联解体，东西方冷战结束，和平与发展成为时代主题，经济全球化的趋势在曲折中发展，综合国力竞争日趋激烈；从国内形势来看，我国进入全面建设小康社会、加快推进社会主义现代化的新发展阶段，把教育摆在优先发展的战略地位成为我国社会主义现代化建设的重要指导思想和行动指南，素质教育成为面向 21 世纪教育改革与发展的主旋律。上述历史背景为改革开放全面深化时期党的教育方针的制定提供了重要实践依据。

（一）复杂多变的国际局势为我国教育事业发展带来重要机遇

20 世纪 80 年代末 90 年代初，国际形势风云变幻：东欧剧变、柏林墙倒塌、海湾战争、苏联解体，"二战"以后形成的社会主义阵营不复存在，持续几十年的东西方冷战宣告结束。根据邓小平提出的方针，党中央对国际局势作出基本判断，认为世界正处在大变动的历史时期。两极格局已终结，各种力量重新分化组合，世界朝向多极化发展。尽管当时国际形势动荡不安，充满各种矛盾，但和平与发展仍是世界两大主题。为扭转局面、争取主动，党和政府确定了 90 年代初期外交工作的两个重点：一是开展睦邻外交，二是打破西方国家的"制裁"。经过三年多的努力，中国有效应对了

1989 年政治风波后的种种外部挑战，中国外交更加坚定地朝着全方位方向发展。①

由 20 世纪步入 21 世纪，世界格局深刻变化，国际竞争日趋激烈。科技发展日新月异、突飞猛进，不仅成为经济发展的决定性因素，而且极大地改变了产业结构和生产组织形式，改变了社会的组织管理和运行方式，改变了人们的生活方式、行为方式及思维方式。在和平与发展成为时代主题的情况下，国与国之间的竞争和较量，集中表现为以经济为基础、以科技为核心的综合国力的较量。而随着经济全球化进程的不断加快，国家之间的各种壁垒和阻碍逐渐消除，世界各国对物力资源的争夺日益让位于对智力资源的竞争，人才竞争和教育竞争成为 21 世纪国际竞争的核心与关键。基于此，在由 20 世纪向 21 世纪迈进的重要关头，许多国家都把教育、把提高国民素质作为经济振兴和社会发展的首要任务，不断致力于探究在即将到来的知识经济时代，如何依托人力资源优势取得国际竞争的胜利。对于像中国这样的发展中国家来说，这种发展格局既提供了超越传统发展模式的有利机遇，又提出了前所未有的严峻挑战。

新中国成立以来，经过五十多年的积累，经济不断发展，经济总量在这一时期已跃居世界第 7 位，逐渐缩小了同发达国家的差距，但科技和教育竞争力，特别是创新能力，却出现与国际先进水平差距拉大的迹象，科技的国际竞争力排在世界第 28 位，对经济增长的贡献率只有 35%，教育体制满足国家经济竞争力的程度排

---

① 中共中央党史研究室著：《中国共产党的九十年》，中共党史出版社、党建读物出版社 2016 年版，第 777–780 页。

在世界第 40 位，总体发展水平还比较落后。① 为尽快缩小与发达国家的差距，在 21 世纪的国际竞争中取得主动地位，保护和平稳定的发展环境，保证国家的统一和安全，实现我国现代化建设"三步走"的战略目标，在跨世纪的历史当口，以江泽民同志为核心的党的第三代中央领导集体，号召"全党全社会都要高度重视知识创新、人才开发对经济发展和社会进步的重大作用，使科教兴国真正成为全民族的广泛共识和实际行动"②。

2001 年年底，中国加入世界贸易组织，此后，我国经济和社会发展对高层次人才的需求更加强烈。2002 年 5 月，为适应我国加入世界贸易组织后的新形势，保证中国特色社会主义的健康发展，中共中央制定下发了《2002—2005 年全国人才队伍建设规划纲要》，明确提出要实施人才强国战略，对新时期我国人才队伍建设进行了全面部署。③2002 年 12 月，党的十六大提出了全面建设小康社会的宏伟目标，对我国人才资源开发工作提出了更高要求。为实现党的十六大提出的宏伟目标，建设高素质人才队伍，2003 年 12 月 19 日至 20 日，中共中央、国务院在北京召开了全国人才工作会议，全面部署实施人才强国战略。中共中央总书记胡锦涛在会议上强调：全党同志必须从全局和战略的高度，以高度的政治责任感和历史使命感，把实施人才强国战略作为党和国家一项重大而紧迫的任务抓紧抓好，努力造就数以亿计的高素质劳动者、数以

---

① 中华人民共和国教育部编：《共和国教育 50 年》，北京师范大学出版社 1999 年版，第 134 页。

② 《江泽民文选》第二卷，人民出版社 2006 年版，第 123 页。

③ 何东昌主编：《中华人民共和国教育史》下卷，海南出版社 2007 年版，第 821–822 页。

千万计的专门人才和一大批拔尖创新人才，建设规模宏大、结构合理、素质较高的人才队伍。这次会议把实施人才强国战略确定为新世纪新阶段的根本任务，确立了党和国家人才工作的基本思路和宏观布局，为提升我国的综合国力和国际竞争力奠定了坚实的基础。随着中国共产党对发展、人才以及教育战略地位的认识达到了一个新的高度，教育事业获得了前所未有的发展机遇，成为推动国家繁荣、民族振兴和掌握国际竞争主动权的关键要素。受此影响，对具有全局引领作用的教育方针的讨论也进入了新的历史阶段。

（二）经济社会的全新局面为教育优先发展战略位置的确立提供现实依据

党的十四大是在我国加快改革开放和社会主义现代化建设的新形势下召开的一次十分重要的大会，这次会议提出了 20 世纪 90 年代加快改革开放、推动经济发展和社会全面进步的主要任务，确立了社会主义市场经济体制的改革目标。以邓小平南方谈话和党的十四大召开为标志，我国经济社会发展进入新的历史时期，改革开放和社会主义现代化建设进入新的发展阶段。

由计划经济体制向社会主义市场经济体制的转变，实现了改革开放新的历史性突破，打开了我国经济、政治和文化发展的崭新局面。90 年代，随着社会主义市场经济体制的逐步建立，我国国民经济持续稳定发展，市场体系建设全面展开，宏观调控体系不断完善，财税、金融和政府机构等改革进一步深化。社会主义民主政治和精神文明建设取得了显著成效，政治体制改革迈出新步伐，民族团结稳定取得新进展，社会综合治理获得新突破，科教文卫事业不断进步，群众精神文化生活日益丰富。到 2000 年，人民生活总体上达到小康水平，居民生活质量显著提高。

但是也必须看到，这一时期我国在经济建设和社会发展方面仍面临着一些突出矛盾和问题：经济结构不合理和粗放型经济增长方式还没有根本改变；城乡、区域、经济社会发展不够协调；人口资源环境压力加大；就业、社会保障、教育、医疗等民生问题比较突出。①

面对上述严峻挑战，以江泽民同志为核心的党的第三代中央领导集体，高举邓小平理论伟大旗帜，承前启后，继往开来，大力推进有中国特色社会主义现代化建设事业，坚持把经济发展和社会进步建立在科技进步和教育发展的基础之上，并在党的十四大报告中明确指出："我们必须把教育摆在优先发展的战略地位，努力提高全民族的思想道德和科学文化水平，这是实现我国现代化的根本大计。"② 在党的十五大报告中提出："发展教育和科学，是文化建设的基础工程。培养同现代化要求相适应的数以亿计高素质的劳动者和数以千万计的专门人才，发挥我国巨大人力资源的优势，关系二十一世纪社会主义事业的全局。要切实把教育摆在优先发展的战略地位。"③ 其后，又在党的十六大报告中进一步指出："教育是发展科学技术和培养人才的基础，在现代化建设中具有先导性全局性作用，必须摆在优先发展的战略地位。"④

2006年8月29日，胡锦涛在主持中共中央政治局第三十四次

---

① 中共中央党史研究室著：《中国共产党的九十年》，中共党史出版社、党建读物出版社 2016 年版，第 896 页。
② 《江泽民文选》第一卷，人民出版社 2006 年版，第 233 页。
③ 《江泽民文选》第二卷，人民出版社 2006 年版，第 34 页。
④ 《江泽民文选》第三卷，人民出版社 2006 年版，第 560 页。

集体学习时强调：必须坚定不移地实施科教兴国战略和人才强国战略，切实把教育摆在优先发展的战略地位，推动我国教育事业全面、协调、可持续发展，努力把我国建设成为人力资源强国。2007年，胡锦涛在党的十七大报告中把"优先发展教育、建设人力资源强国"①放在以改善民生为重点的社会建设的六大任务之首，提出要"办好人民满意的教育"②，进一步明确教育在国民经济社会发展中的优先发展的战略地位。

改革开放以来，党的历代中央领导集体对教育重要战略地位的深刻认识清楚地表明，教育是提高中华民族科学文化素质、为社会主义现代化建设提供人力资源支持的奠基工程，也是推动我国经济社会持续健康发展、实现我国作为发展中国家的赶超战略、实现中华民族伟大复兴的重要支撑。正是基于对这一时期国内经济社会发展形势以及教育战略地位的正确认识，1995年《中华人民共和国教育法》明确提出，坚持教育为社会主义现代化建设服务的基本方向以及培养德、智、体等方面全面发展的社会主义事业的建设者和接班人的教育目标，从而赋予了改革开放全面深化时期的教育方针以独特的时代内涵及明确的价值意蕴。

（三）对素质教育的深入探讨为人才培养模式的深刻变革指引前进方向

改革开放以来，我国教育事业获得了前所未有的发展，但与全面建设小康社会和加速推进现代化的需要相比，与参与国际竞争的

---

① 《胡锦涛文选》第二卷，人民出版社2016年版，第642页。
② 同①。

要求相比，与人民群众的需求相比，教育事业仍然相对薄弱，应试教育倾向严重、学生创新能力明显不足等仍是突出问题。

1985 年 5 月，中共中央、国务院召开了改革开放后的第一次全国教育工作会议。邓小平在会议上指出："我们国家，国力的强弱，经济发展后劲的大小，越来越取决于劳动者的素质，取决于知识分子的数量和质量。"① 这是素质教育的思想源头。

此后，教育理论界关于"素质""民族素质""劳动者素质""国民素质"的研究日益增多，并针对片面追求升学率等弊端开展了"端正教育思想、明确教育目标"的讨论，把素质同教育联系起来，逐步产生了素质教育的提法。② 这一时期，有关素质教育的理论探讨和实践探索日渐深入。

1993 年 2 月 13 日，中共中央、国务院颁布的《中国教育改革和发展纲要》指出："发展教育事业，提高全民族的素质，把沉重的人口负担转化为人力资源优势，这是我国实现社会主义现代化的一条必由之路。"③ 这将对素质教育的探讨推向高潮，使素质教育逐步成为一场引人注目的教育改革运动。

1994 年 8 月，中共中央《关于进一步加强和改进学校德育工作的若干意见》提出："增强适应时代发展、社会进步，以及建立社会主义市场经济体制的新要求和迫切需要的素质教育。"④ 这是中

① 《邓小平文选》第三卷，人民出版社 1993 年版，第 120 页。
② 改革开放以来的教育发展历史性成就和基本经验研究课题组撰写：《改革开放 30 年中国教育重大历史事件》，教育科学出版社 2008 年版，第 173 页。
③ 何东昌主编：《中华人民共和国重要教育文献（1991—1997）》，海南出版社 1998 年版，第 3468 页。
④ 同③，第 3686 页。

央文件第一次正式使用"素质教育"的概念。

1996 年 3 月，八届全国人大四次会议通过的《中华人民共和国国民经济和社会发展"九五"计划和 2010 年远景目标纲要》又明确提出，要"改革人才培养模式，由'应试教育'向全面素质教育转变"①。这就以国家文件的方式确立了素质教育在基础教育改革中的重要地位。

1997 年 10 月，国家教委《关于当前积极推进中小学实施素质教育的若干意见》强调："在中小学全面贯彻国家的教育方针，积极推进素质教育，已经是摆在我们面前的刻不容缓的重大任务。"②全国首批建立了 10 个素质教育实验区，一些省份也建立了省级素质教育实验区。

1998 年 12 月，教育部制定的《面向 21 世纪教育振兴行动计划》明确提出要实施"跨世纪素质教育工程"，整体推进素质教育，同时强调"体育和美育是素质教育的重要组成部分"③。

在 1999 年 6 月召开的改革开放后第三次全国教育工作会议上，江泽民发表重要讲话，号召全党全社会大力推进教育改革，全面实施素质教育。会议通过的《关于深化教育改革全面推进素质教育的决定》进一步指出："实施素质教育应当贯穿于幼儿教育、中小学教育、职业教育、成人教育、高等教育等各级各类教育，应当贯穿

---

① 中共中央宣传部宣传教育局、国务院研究室宏观经济司编著：《迈向新世纪：学习八届人大四次会议文件辅导》，中国言实出版社 1996 年版，第 212 页。

② 同①，第 4288 页。

③ 何东昌主编：《中华人民共和国重要教育文献（1998—2002）》，海南出版社 2003 年版，第 218 页。

于学校教育、家庭教育和社会教育等各个方面。""实施素质教育，必须把德育、智育、体育、美育等有机地统一在教育活动的各个环节中。"①上述政策文件为素质教育从典型示范转向整体推进拉开了序幕。

与此同时，广大教育理论工作者对素质教育的内涵，实施素质教育的意义，国民素质的提高，素质教育目标的确定，素质教育人才培养模式、课程结构、督导评估等方面也作了大量研究，为全面推进素质教育提供了诸多理论和实践依据。

素质教育是面向全体学校、全体学生，使每个学生每个方面都能够得到健康发展的教育。实施素质教育是我国教育领域人才培养模式的深刻变革。20 世纪 90 年代有关素质教育的深入探讨为 1995 年《中华人民共和国教育法》及其后党的历次全国代表大会报告中教育方针内容的确立，以及形成更加全面完整、立体丰富的方针体系提供了重要启示。

二、方针内涵

在党的教育方针政策引领下，教育法治化建设取得重大进展。1995 年 3 月，八届全国人大三次会议通过的《中华人民共和国教育法》将党在改革开放全面深化时期的教育方针以法律形式作了明确规定，即"教育必须为社会主义现代化建设服务，必须与生产劳

---

① 何东昌主编：《中华人民共和国重要教育文献（1998—2002）》，海南出版社 2003 年版，第 287 页。

动相结合，培养德、智、体等方面全面发展的社会主义事业的建设者和接班人"①。随后，党的十六大报告、十七大报告又对教育方针的内涵进行了丰富和发展。总体而言，这一时期的教育方针集中回答了"培养什么人""怎样培养人""为谁培养人"等一系列教育的根本性问题，突出强调了"教劳结合"的育人方式和"人的全面发展"的价值旨归，充分体现了党的教育方针的科学性与时代性的和谐统一。

（一）教育必须为社会主义现代化建设服务

"教育为谁服务"，直接关涉教育的性质、宗旨和总任务，影响着教育发展的总方向。它是党的教育方针的一个最基本的要素，也是教育方针必须首先指明的根本问题。1995 年《中华人民共和国教育法》明确提出"教育必须为社会主义现代化建设服务"，这一提法破除了教育以阶级斗争为中心、为无产阶级的政治服务的禁锢，提高了教育的战略地位，端正了教育的发展方向，拓展了教育的功能，促进了社会主义现代化建设模式向依靠科学技术进步和提高劳动者素质的转变，同时也把对教育与社会主义现代化建设二者关系的理解和认识提高到一个新的境界。

教育必须为社会主义现代化建设服务，正式见诸 1993 年中共中央、国务院颁布的《中国教育改革和发展纲要》，之后载入 1995 年《中华人民共和国教育法》和 1998 年《中华人民共和国高等教育法》，作为党的教育方针的基本内容以国家立法的形式固定下来。

---

① 何东昌主编：《中华人民共和国重要教育文献（1991—1997）》，海南出版社 1998 年版，第 3790 页。

教育必须为社会主义现代化建设服务的方针既揭示了我国教育的社会主义性质，同时也传递了教育具有的服务政治、经济、文化、科技等多种功能。首先，教育必须为社会主义的政治服务。作为社会主义政治文明建设的一个组成部分，教育在促进全社会思想道德建设和民主法制建设方面具有不可替代的作用，应根据教育的特点，充分发挥其政治功能，不断强化教育在社会主义政治体制改革和民主政治建设中的作用。其次，教育必须为社会主义的经济服务。教育虽然不直接参与生产过程，但是具有潜在的生产力性质。因此，要紧紧围绕社会主义经济建设这个中心，促进教育成果转化为现实生产力，推动我国经济持续、健康、快速发展。最后，教育必须为社会主义的科学文化发展服务。要把中华优秀传统文化和社会主义核心价值体系融入国民教育全过程，引导学生树立正确的世界观、人生观、价值观、荣辱观，以发展的、长远的、战略的眼光发展教育，全面实施科教兴国战略和人才强国战略，培养更多复合型、外向型人才，为世界文化科技发展作出贡献。

进入 21 世纪，随着"以人为本"理念的广泛传播和推广，党的教育方针在"教育为谁服务"这一问题上也得到了进一步扩展和完善。党的十六大报告提出"坚持教育为社会主义现代化建设服务，为人民服务"[①]。党的十七大报告提出"坚持育人为本、德育为先，实施素质教育，提高教育现代化水平"，"办好人民满意的教育"。[②] 显而易见，在"以人为本"理念的驱动下，改革开放全面深化时期的教育方针已由教育为社会主义现代化建设服务的"一为"

---

① 《江泽民文选》第三卷，人民出版社 2006 年版，第 560 页。
② 《胡锦涛文选》第二卷，人民出版社 2016 年版，第 642 页。

服务扩充至教育为社会主义现代化建设和为人民服务的"二为"服务。这既彰显了教育的社会本位取向，又强调了教育的以人为本宗旨；既充分反映了教育服务于党和国家中心工作的基本规律，又生动再现了中国共产党立党为民、执政为民、与时俱进的治国理念。

教育为人民服务，源于马克思、恩格斯在《共产党宣言》中提出的"为绝大多数人谋利益"①的论断。全心全意为人民服务是党的根本宗旨。在新旧世纪之交，以江泽民同志为核心的党的第三代中央领导集体提出了"三个代表"重要思想，赋予了"为人民服务"新的时代内涵。2000年2月，江泽民在广东省考察工作时强调："因为我们党是代表最广大人民的根本利益的，所以全党同志的一切工作都是全心全意为人民服务的。"②2001年7月1日，江泽民在庆祝中国共产党成立八十周年大会上的讲话中指出："我们党要始终代表中国最广大人民的根本利益，就是党的理论、路线、纲领、方针、政策和各项工作，必须坚持把人民的根本利益作为出发点和归宿。"③在"三个代表"重要思想的指导下，为满足人民群众接受良好教育的迫切愿望，努力做最广大人民根本利益的维护者，党的十六大报告明确将"为人民服务"列入党的教育方针。其后，党的十七大报告又正式提出"办好人民满意的教育"。由"教育为人民服务"到"办好人民满意的教育"，充分体现了中国共产党"坚持以人民为中心的发展思想"，有力彰显了中国共产党对马克思主义"人民性"的正确把握，把马克思主义的群众观点、群众路线提

---

① 《马克思恩格斯选集》第一卷，人民出版社2012年版，第411页。

② 《江泽民文选》第三卷，人民出版社2006年版，第2–3页。

③ 同②，第279页。

升到一个崭新的境界。如何理解"教育为人民服务"的深刻内涵？第一，培育实现中华民族伟大复兴的一代新人，是教育为人民服务的集中体现。教育为人民服务，就是要为中华民族伟大复兴的理想服务，培育信念坚定、艰苦奋斗、有能力实现中华民族复兴伟业的人才。第二，让人民享有接受良好教育的机会，是教育为人民服务的前进方向。教育为人民服务，就是要千方百计增加高质量的教育供给，努力保障人民受教育权益的实现，满足人民多样化的教育需求。第三，办好人民满意的教育，是教育为人民服务的最高宗旨。教育为人民服务，必须实现教育同经济发展和社会进步更紧密的结合，为人民过上更加幸福的生活作出更大的贡献。[①]一言以蔽之，即为人民办更加公平有质量的教育，让人民在教育发展改革中享有更多的获得感，让人民获得实实在在的利益。

（二）教育必须与生产劳动相结合

"教育必须与生产劳动相结合"强调的是实现教育目标的基本途径和方式，也就是回应了"怎样培养人"的根本问题。教育与生产劳动相结合不仅是现代大工业生产发展的要求和提高社会生产力的一种有效手段，而且是改造旧社会、培养革命新人的唯一途径和方法。在马克思、列宁看来，现代物质生产劳动要想达到现代科学技术发展水平所要求的高度，教育发展、教育质量要想达到现代科学技术发展水平所要求的高度，就必须将教育与现代生产劳动结合起来。基于此，"教育与生产劳动相结合"乃是社会主义初级阶段

---

① 何东昌主编：《中华人民共和国教育史》下卷，海南出版社 2007 年版，第 815-816 页。

生产发展的必然要求，是对社会主义现代化建设发展规律的根本遵循，更是马克思主义"教劳结合"思想在教育事业与整体国民经济发展相结合中的重要应用。

"教育同生产劳动相结合"早在 1958 年就作为党的教育方针的基本内容固定下来，成为坚持社会主义教育方向和原则的一项重要举措。1978 年 4 月，邓小平在全国教育工作会议上指出："现代经济和技术的迅速发展，要求教育质量和教育效率的迅速提高，要求我们在教育与生产劳动结合的内容上、方法上不断有新的发展。"[①]这为准确理解和运用马克思主义"教劳结合"思想提供了方法论依据。因为生产工作者难以在生产过程中获得科学知识，所以他们必须先通过接受现代科学知识教育，提升自身的素质和生产能力，从而达到现代生产劳动的基本要求。换言之，只有通过教育给予生产者一定的现代科学技术知识，才能使他们通晓现代生产的科学原理，从而提高社会生产力。正如邓小平 1978 年 4 月在全国教育工作会议上的讲话中指出，"为了培养社会主义建设需要的合格的人才，我们必须认真研究在新的条件下，如何更好地贯彻教育与生产劳动相结合的方针"[②]，从而确保整个教育事业同国民经济发展的要求相适应。

与 1995 年《中华人民共和国教育法》提出的教育方针相比，党的十六大报告提出的教育方针在"教育与生产劳动相结合"的基础上，增加了"与社会实践相结合"的内容表述。从"一个结合"扩展到"两个结合"，既是对马克思主义"教劳结合"思想的继承

---

① 《邓小平文选》第二卷，人民出版社 1994 年版，第 107 页。
② 同①。

完善，也是对新时期我国教育实践工作的科学总结。

随着时代的发展特别是新技术革命的到来，社会实践的内涵越来越丰富，过去意义上的"教育与生产劳动相结合"已无法涵盖教育与社会日益广泛且深刻的联系。在新的历史条件下，以江泽民为核心的党的第三代中央领导集体和以胡锦涛为总书记的党中央，继承和丰富了"教劳结合"思想，在重申加强"教育与生产劳动相结合"的同时，进一步提出"教育与社会实践相结合"的主张，将教育方针的思想内容推向了一个新的高度。

1998 年 5 月，在庆祝北京大学建校一百周年大会上，江泽民对新时期的广大青年提出了"四个统一"的要求，其中之一就是"坚持学习书本知识与投身社会实践的统一"①，并且号召大家"向社会实践学习，自觉投身于火热的改革开放和现代化建设实践"②，形成了教育与社会实践相结合思想的雏形。1999 年 6 月，在改革开放后的第三次全国教育工作会议上，江泽民指出："我们必须全面贯彻党的教育方针，坚持教育为社会主义现代化建设服务、为人民服务，坚持教育与社会实践相结合。"③ 2000 年 2 月，江泽民发表《关于教育问题的谈话》，着重强调："不能整天把青少年禁锢在书本上和屋子里，要让他们参加一些社会实践"，"各级各类学校，都要认真贯彻执行教育为社会主义事业服务、教育与社会实践相结合的教育方针"。④ 在上述思想指导下，党的十六大报告明确将教育与

---

① 《江泽民文选》第二卷，人民出版社 2006 年版，第 124 页。

② 同①。

③ 同①，第 332 页。

④ 江泽民：《关于教育问题的谈话》，中华人民共和国教育部、中共中央文献研究室编：《毛泽东 邓小平 江泽民论教育》，中央文献出版社、人民教育出版社、北京师范大学出版社 2002 年版，第 288 页。

社会实践相结合确立为新时期党的教育方针的重要内容。所谓"社会实践"，是指学生在教师的指导下，走出教室，参与社区活动和社会实践活动，以获得直接经验、发展实践能力、增强社会责任感为主旨的学习领域。该学习领域，可以增进学校与社会的密切联系，不断提升学生的精神境界、道德能力，使学生人格不断臻于完善；可以加强学生与社会的有机融合，将个体发展的整体性与社会生活的综合性相统一，促进学生综合素质有效提升。由此可见，坚持教育与社会实践相结合是丰富教育内容、拓宽教育路径、创新教育模式的重要手段，对推进素质教育的有效落实具有极为关键的作用和价值。

教育方针由"教育与生产劳动相结合"发展到"教育与生产劳动和社会实践相结合"，表明党对实现教育目标基本途径的认识日臻成熟和完善，这不仅能够为教育事业的改革和发展提供更为科学全面的政策指导，而且也有益于提高受教育者的学习能力、实践能力和创新能力，为培养兼具科学素养与实践技能的全方面、复合型人才提供重要支撑。

（三）培养德、智、体等方面全面发展的社会主义事业建设者和接班人

教育的根本任务是培养人。培养什么人，是教育的首要问题，也是教育方针的核心内容，体现着党和国家的教育理想与终极的教育目的。同之前的教育方针相比，1995年《中华人民共和国教育法》提出的教育方针，在"德、智、体"后加上了"等方面"，反映了这一时期党对人才培养标准与马克思主义人的全面发展理论认识的深化。

　　世纪之交，随着素质教育的理论探讨和实践探索得到发展，党的教育方针又被赋予了新的时代内容。在 1999 年 6 月召开的改革开放后第三次全国教育工作会议上，中共中央、国务院颁布的《关于深化教育改革全面推进素质教育的决定》明确指出："实施素质教育，就是全面贯彻党的教育方针，以提高国民素质为根本宗旨，以培养学生的创新精神和实践能力为重点，造就'有理想、有道德、有文化、有纪律'的、德智体美等全面发展的社会主义事业建设者和接班人。""实施素质教育，必须把德育、智育、体育、美育等有机地统一在教育活动的各个环节中。""美育不仅能陶冶情操、提高素养，而且有助于开发智力，对于促进学生全面发展具有不可替代的作用。要尽快改变学校美育工作薄弱的状况，将美育融入学校教育全过程。"①正是基于上述提法，在党的十六大报告、十七大报告有关教育方针的表述中，美育始终位列其中，与德育、智育、体育形成一个有机整体，强调要培养德智体美全面发展的社会主义事业建设者和接班人，从而使受教育者具备更加全面的素质。

　　改革开放全面深化时期的教育方针以培养德智体美全面发展的社会主义事业建设者和接班人为落脚点，实际上还包含两层意思。一是强调我们的教育必须把培养社会主义事业建设者和接班人作为根本目标，这是在更开阔的视野下和更高的层面上对教育目的的审视与限定。其中，"建设者"突出教育的经济功能，体现了教育为社会主义现代化建设服务的任务和使命；"接班人"突出教育的政治功能，明确了人才培养的社会主义性质和方向。二是阐明我们要培

---

① 何东昌主编：《中华人民共和国重要教育文献（1998—2002）》，海南出版社 2003 年版，第 286-287 页。

养的社会主义事业建设者和接班人应当具备的基本素质。根据党的十六大报告及其后有关党的教育方针的表述，社会主义建设者和接班人应当是德智体美等方面全面发展的，具有高尚的品德、创新的思维、健康的体魄、良好的审美等综合素质，能够在改革开放和社会主义现代化建设的浪潮中开拓奋进，成为担当民族复兴大任的时代新人。

三、主要实践

1995 年《中华人民共和国教育法》在总结概括既往教育方针研究成果的基础上，根据我国教育发展实际，结合时代发展要求，对改革开放全面深化时期党的教育方针作了提炼性和确认性的表述。其后，党的十六大报告、十八大报告又对这一方针进行了丰富和发展。在这一时期教育方针的指引下，各项教育改革稳步推进，为开拓 21 世纪教育工作的新局面作出了卓越贡献。

（一）深化教育体制改革

1992 年，党的十四大在总结改革开放以来的经验的基础上，明确提出了我国经济体制改革的目标是建立社会主义市场经济体制。"社会主义市场经济"这一划时代的理论创新，为中国经济体制改革指明了方向，为中国特色社会主义伟大事业注入了蓬勃生机，也深刻影响到包括教育在内的社会事业的各个方面。1993 年，中共中央颁布了《中国教育改革和发展纲要》，明确提出：建立社会主义市场经济体制，加快改革开放和现代化建设步伐，进一步解放和发展生产力，使国民经济整体水平和综合国力都迈上一个新台阶。这对教育工作既是难得的机遇，又提出了新的任务和要求。在改革开放全面深化时期党的教育方针的指引下，为了适应经济体制改革和社会发展提出的挑战，也为了突破教育发展的体制性"瓶颈"，完善相关的制度与政策，教育体制创新和改革的切入点和着力点被逐渐锁定。

第一，基础教育逐步实现义务教育政府办。2005 年 12 月 24 日，《国务院关于深化农村义务教育经费保障机制改革的通知》对农村义务教育经费保障机制作出了明确规定和重大调整。该文件提出："按照'明确各级责任、中央地方共担、加大财政投入、提高保障水平、分步组织实施'的基本原则，逐步将农村义务教育全面纳入公共财政保障范围，建立中央和地方分项目、按比例分配的农村义务教育经费保障机制。"①2006 年 6 月 29 日全国人大常委会通过的新修订的《中华人民共和国义务教育法》规定："实施义务教育，不收学费、杂费。国家建立义务教育经费保障机制，保证义务教育制度实施。"②义务教育经费保障机制的建立是中国教育发展史上的重要里程碑。它标志着中国义务教育实现了由"人民教育人民办"到"义务教育政府办"的重大历史性转变，同时也彰显了"教育为人民服务"的方针内涵。

第二，高等教育打破部门办学管理体制。20 世纪 90 年代以来，高等教育管理体制改革主要包括共建、调整、合作、合并四种形式。改革的主要内容包括：改革部门办学管理体制，淡化和改变单一隶属关系，解决"条块分割"问题，变"条块分割"为"条块

---

① 何东昌主编：《中华人民共和国重要教育文献（2003～2008）》，新世界出版社 2010 年版，第 920 页。

② 同①，第 1123 页。

有机结合"；正确处理中央与地方的关系，扩大省级政府统筹权；
正确处理中央教育行政部门和中央各业务部门的关系；改善和加强
中央政府宏观管理的手段；在一定程度上扩大高等学校的办学自主权。

　　在"共建、调整、合作、合并"方针的指导下，高等学校管理
体制改革在全国范围内普遍展开并且不断深化。据统计，1992 年
至 2002 年，708 所高等学校合并组建为 302 所高等学校，合并调
整减少了 406 所高校。通过合并调整，组建了如浙江大学、四川大
学等一批文、理、工、农、医等各大学科门类比较齐全、规模较大
的综合性大学。^①高等教育从"两级办学、中央为主"发展到"三
级办学、两级管理、以省为主"，不仅打破了条块分割、重复办学
的局面，实现了优势互补，有限的教育资源得到合理重组、配置和
充分利用，而且调动了中央、地方及社会各方面参与办学的积极
性，使教育质量和办学效益都有了明显的提高与改善。

　　第三，职业教育主动适应经济社会发展需要。改革开放以来，
随着中国经济社会的发展，职业教育越来越受到国家的高度重视和
社会的广泛关注。1996 年 9 月 1 日，《中华人民共和国职业教育法》
开始施行，第三条明确规定："建立、健全适应社会主义市场经济
和社会进步需要的职业教育制度。"^②2005 年，国务院印发《关于大
力发展职业教育的决定》，以国家最高规范性行政文件的形式，确
立了"以服务为宗旨、以就业为导向"^③的职业教育办学方针。

---

① 中华人民共和国教育部编：《跨世纪中国教育》，高等教育出版社 2002 年
　　版，第 139 页。
② 何东昌主编：《中华人民共和国重要教育文献（1991—1997）》，海南出版
　　社 1998 年版，第 3986 页。
③ 何东昌主编：《中华人民共和国重要教育文献（2003～2008）》，新世界出
　　版社 2010 年版，第 867 页。

　　这一时期，党中央、国务院把职业教育作为经济社会发展的重要基础和教育工作的战略突破口，出台了一系列加快发展职业教育的政策措施。一是加大公共财政对职业教育的投入。"十一五"期间，中央财政对职业教育投入 100 亿元，重点用于支持职业教育实训基地建设，充实教学设备，资助贫困家庭学生接受职业教育。二是调整教育结构，大力发展中等职业学校。中等职业学校 2005 年、2006 年连续两年扩招 100 万人，招生规模达到了 750 万人。2007 年又在 2006 年的基础上扩招 50 万人，招生规模达到了 800 万人。2008 年招生规模达到了 812 万人，大体上和普通高中招生规模持平。三是建立并完善职业学校学生的资助政策体系。2007 年，国务院颁发《关于建立健全普通本科高校高等职业学校和中等职业学校家庭经济困难学生资助政策体系的意见》，明确规定 2007 年起，国家助学金资助所有全日制中等职业学校在校农村学生和城市家庭经济困难学生，资助标准为每生每年 1500 元。四是深化职业教育体制改革。这方面的改革包括进行职业教育管理体制改革，建立行业、企业和学校共同参与的机制，大力推进集团化办学；进行教育教学体制改革，在规模发展的基础上强调职业教育的质量保障。2007 年，教育部在浙江、江苏等 4 省份的示范高职建设院校中开展了高职院校单独招生改革试点，创新了高职院校优秀生源选拔模式。①

　　第四，办学体制改革中民办教育异军突起。自 20 世纪 90 年代以来，中国民办教育进入了一个加快发展的新时期。1993 年中共中央、国务院印发《中国教育改革和发展纲要》，明确提出要"改

---

①　方晓东主编：《中华人民共和国教育 60 年》，湖北教育出版社 2009 年版，第 366–367 页。

变政府包揽办学的格局，逐步建立以政府办学为主体、社会各界共同办学的体制"[①]，同时指出国家对社会力量办学，采取"积极鼓励、大力支持、正确引导、加强管理"[②]的方针。进入 21 世纪，以《中华人民共和国民办教育促进法》的颁布为标志，发展民办教育和改革办学体制的有关政策进一步明确和法制化。在法律规范和政策指导下，中国的民办教育得到了持续发展。2006 年全国共有各级各类民办学校 9.32 万所，各类学历教育在校学生 2313.02 万人。[③]

随着民办教育的迅速发展，这一时期的教育体制改革也在不断深化。一是促进了公办学校办学体制改革的探索。各地纷纷借鉴民办教育的管理经验，结合当地实际对传统公办学校办学体制进行了探索性尝试，如经营承包型的转制试验模式、"名校办民校"模式、优质公办学校"翻牌型"模式、公办学校产权转让型模式以及"校中校""校中班"模式。二是推动了高校民营机制的独立学院建设。21 世纪初，一些地方和高校在高等教育办学机制方面进行了大胆探索，其中普通高校以民营机制和模式试办的相对独立的二级学院或独立学院发展较快。浙江大学城市学院和华中科技大学武昌学院，是较早申办和获批的独立学院。这一时期独立学院在全国范围内普遍存在，其中湖北、江苏、辽宁、浙江等省份较多。公办学校转制和独立学院建设，一方面展现了人民群众对于接受教育特别是优质教育的旺盛需求，另一方面也体现了党的教育方针所提出的

---

① 何东昌主编：《中华人民共和国重要教育文献（1991—1997）》，海南出版社 1998 年版，第 3469 页。

② 同①。

③ 改革开放 30 年中国教育改革与发展课题组著：《教育大国的崛起：1978—2008》，教育科学出版社 2008 年版，第 105 页。

"教育必须为社会主义现代化建设服务、为人民服务"的宗旨。

（二）继续巩固"两基"成果

我国实施基本普及九年义务教育、基本扫除青壮年文盲（简称"两基"），是党中央、国务院为提高民族素质、实现社会主义现代化建设"三步走"的战略目标所作出的重大决策，也是落实"教育为社会主义现代化建设服务、为人民服务"的关键举措。

1994 年全国教育工作会议将"两基"确定为我国教育工作的"重中之重"。20 世纪 90 年代，在各级党委、政府的重视和领导下，在广大人民群众的大力支持和参与下，经过广大教育工作者的辛勤努力，我国"两基"工作取得了历史性的巨大成就。1998 年全国小学适龄儿童入学率、初中阶段毛入学率分别达到 98.93％和 87.30％[1]，分别比 1990 年提高了约 1.1 和 17.1 个百分点。1998 年全国累计扫除青壮年文盲 320.8 万人，有 19 个省、自治区、直辖市达到当时国家规定的基本扫除青壮年文盲的目标，"两基"人口覆盖率已达 73%。[2] 这些是新中国成立以来特别是改革开放以来社会主义现代化建设所取得的伟大成就。其意义和影响远远超出了基础教育事业和教育工作本身，保障了公民受教育的基本权利，开创了我国依法治教的新局面，促进了经济发展和社会进步，营造了重视教育的社会氛围，为我国教育事业的振兴奠定了基础。然而，在充分肯定我国"两基"工作取得巨大成就的同时，也必须清醒地认识到实现"两基"目标的艰巨性和巩固"两基"成果、提高"两基"

---

[1]　数据来源：《1998 年全国教育事业发展统计公报》。

[2]　方晓东主编：《中华人民共和国教育 60 年》，湖北教育出版社 2009 年版，第 434 页。

水平的长期性。世纪之交，我国的"两基"进入了一个关键时期，只有采取切实有效的措施解决"两基"工作中的难点、重点问题，才能确保规划目标的实现和达标后的巩固提高。

第一，加大教育投入，改善办学条件。对农村中小学的危房进行改造，是 20 世纪 90 年代"普九"工作中的一项重大任务。截至 2002 年 5 月，"全国中小学危房改造工程"已开工项目达 26 个省、自治区、直辖市的 9800 所学校，其中已竣工项目学校 4993 所。①2004 年 4 月 5 日，教育部、国家发展改革委、财政部、建设部联合下发《关于进一步加强农村中小学危房改造工程管理的意见》，要求各级政府成立危房改造工程领导小组，将资金筹措、工程管理等工作纳入制度化轨道。2005 年，国务院决定建立农村义务教育经费保障新机制，将农村义务教育全面纳入公共财政保障范围，建立农村中小学校舍维修改造投入机制。至此，农村义务教育学校，特别是贫困地区农村学校办学条件显著改善。

第二，启动西部地区"两基"攻坚工作。20 世纪末，党和政府兑现了在《德里宣言》中的庄严承诺，在全国范围内基本实现了"两基"目标。但是，全国基础教育发展的水平很不均衡，西部地区经济社会发展落后，教育投入严重不足，义务教育远远落后于全国平均水平。西部地区"两基"攻坚成为重要工作。

2003 年 12 月 30 日，国家科教领导小组会议审议通过了由教育部、国家发展改革委员会、财政部和国务院西部地区开发领导小组办公室制定的《国家西部地区"两基"攻坚计划（2004—2007

---

① 《三十亿元打造"中小学危房改造工程"》,《光明日报》2002 年 5 月 10 日第 A2 版。

年）》，西部攻坚工作正式启动。该计划明确了西部地区"两基"攻坚的主要措施：加快农村寄宿制学校建设；扶持西部农村地区家庭经济困难学生就学；实施农村中小学现代远程教育；大力加强西部农村地区教师队伍建设；深化教学改革，提高教育质量；加大教育对口支援力度；明确地方各级人民政府在"两基"攻坚中的责任。为解决西部地区教师不足、素质不高的问题，2006 年，经国务院同意，教育部、财政部、人事部、中央编办启动了"农村义务教育阶段学校教师特设岗位计划"，中央财政设立专项基金，招募高校毕业生到西部"两基"攻坚县农村学校任教。2007 年 5 月，国务院办公厅转发教育部、财政部、人事部、中央编办制定的《教育部直属师范大学师范生免费教育实施办法（试行）》，该办法规定从 2007 年秋季入学的新生起，在北京师范大学、华东师范大学、东北师范大学、华中师范大学、陕西师范大学和西南大学六所部属师范大学实行师范生公费教育。师范生公费教育政策对于解决我国中西部农村地区师资短缺、质量不高、年龄老化等现实问题，对合理配置中西部地区教育资源，具有重大战略意义。2007 年 11 月 28 日，国家西部地区"两基"攻坚总结表彰大会在京召开，宣布《国家西部地区"两基"攻坚计划（2004—2007 年）》提出的各项任务如期完成。

（三）全面推进素质教育

进入 21 世纪，在 1995 年《中华人民共和国教育法》提出"教育必须为社会主义现代化建设服务"的基础上，党的十六大报告把"为人民服务"纳入教育方针体系中，充分体现了以人为本的价值取向。党的十七大报告延续了党的十六大报告的基本精神，明确提出"坚持育人为本、德育为先，实施素质教育"①，有力地回应了教育活动贯彻落实"以人为本"理念的基本要求。

2010 年 7 月，胡锦涛在 21 世纪第一次全国教育工作会议上强调："坚持以人为本，遵循教育规律，面向社会需求，优化结构布局，提高教育现代化水平。"②他进一步指出："坚持以人为本，在教育工作中的重要着眼点是全面提高国民素质。这就需要全面实施素质教育。"③上述话语不仅彰显了中国共产党对贯彻"教育为人民服务"这一方针要求的坚强决心，而且从实践层面上回应了如何更好地落实"以人为本"的教育理念。在这次会议上正式发布的《国家中长期教育改革和发展规划纲要（2010—2020 年）》也明确提出"坚持以人为本、全面实施素质教育是教育改革发展的战略主题，是贯彻党的教育方针的时代要求"④，又一次将推行素质教育作为落实"以人为本"育人理念及"教育为人民服务"方针要义的重要选择。

全面推进素质教育是教育创新的重要内容，也是教育思想和人才培养模式的重大变革。进入 21 世纪，党中央、国务院始终把全面贯彻党的教育方针、全面推进素质教育摆在教育工作的首要位置，鲜明地提出素质教育是全部教育工作的主题，并采取一系列举措推动素质教育向纵深发展。

第一，把德育工作摆在首要位置，贯穿教育教学的各个环节。

---

① 《胡锦涛文选》第二卷，人民出版社 2016 年版，第 642 页。
② 《胡锦涛文选》第三卷，人民出版社 2016 年版，第 418 页。
③ 同②，第 421 页。
④ 《国家中长期教育改革和发展规划纲要（2010—2020 年）》，《中国教育报》
　2010 年 7 月 30 日第 1 版。

2004 年 2 月，中共中央、国务院印发了《关于进一步加强和改进未成年人思想道德建设的若干意见》，同年 8 月又印发了《关于进一步加强和改进大学生思想政治教育的意见》，两份文件为加强和改进大中小学德育工作指明了方向，提供了遵循。

首先，中小学广泛开展了"弘扬和培育民族精神月"和唱响"新童谣"等活动，认真落实升降国旗制度，组织中小学生参加瞻仰革命圣地、参观爱国主义教育基地等多种形式丰富且内容鲜活的实践教学活动，积极推进中小学校依法治校，增强学生的爱国主义情感和创新精神，培养学生的劳动实践观念，培养学生做合格守法的公民，自觉成为社会主义建设者和接班人。进一步改进了中小学德育课教学内容和方法，修订了小学品德与生活和品德与社会的课程标准与教材，开展了初中思想品德新课程标准和教材实验，集中力量编写了一套高质量的高中思想政治课教材，把学习知识与陶冶情操、养成良好的行为习惯结合起来。坚持不懈地进行文明习惯养成教育，在小学重点进行讲文明、讲礼貌、爱劳动、爱集体教育，培养学生良好的卫生习惯；在中学重点进行遵守校规校纪、法律法规教育，培养学生自觉遵守法律法规、社会公德和社会秩序的意识和习惯。中小学少先队、共青团工作和班主任队伍建设得到进一步加强。

其次，高等学校思想政治工作在创新中发展，在改进中加强。一是全面实施了高校思想政治理论课新课程方案，全面完成了《马克思主义基本原理概论》《毛泽东思想、邓小平理论和"三个代表"重要思想概论》《中国近现代史纲要》《思想道德修养与法律基础》教材编写工作，并经中央审定通过开始使用。二是全面开展了政治理论课教师培训工作。对全国高校思想政治理论课教师普遍进行了课前培训；从 2007 年开始，教育部与中宣部联合举办了全国高校思想政治理论课骨干教师研修班，每年举办六期，连续举办五年；着力培养中青年教学带头人和学术带头人，提高思想政治理论课教师的理论素养和科研能力。此外，还积极推进了形势政策教育，广泛开展了社会实践活动，进一步加强了校园文化建设，加强了辅导员队伍建设。

第二，新一轮基础教育课程改革取得突破性进展。1999 年教育部全面启动了国家基础教育课程改革工作，调整和改革基础教育的课程体系、结构、内容，构建符合素质教育要求的新的基础教育课程体系。2001 年 6 月 8 日，教育部印发《基础教育课程改革纲要（试行）》。到 2006 年 9 月，全国所有的小学和初中起始年级的 1 亿多学生参与了新课改。[①] 到 2009 年年初，全国共有 21 个省份的实验高中开设了新课程。新课程改革从功能、目标、课型、管理方式等方面精心策划，立足于培养学生创新精神和实践能力，开创了教育教学改革的新局面。一是确立三维目标，把原来目标单一（知识与技能）的课堂转变为目标多维（知识与技能、过程与方法、情感态度与价值观）的课堂。二是开设综合化课程。例如，一至九年级的音乐、美术合称"艺术"；七至八年级的历史和地理合称"历史与社会"；生物、物理、化学合称"科学"；从小学三年级起开设"综合实践活动"课，学生可以自主选择感兴趣的专题，主要包含研究性学习、社区服务、社会实践活动与劳动技术教育等。三是推进"一纲多本"的教材政策，结束了"一个大纲、一套教材"的

[①] 改革开放 30 年中国教育改革与发展课题组著：《教育大国的崛起：1978—2008》，教育科学出版社 2008 年版，第 291 页。

历史。四是开发地方课程，建立了国家、地方、学校三级课程管理体系。

第三，招生和考试评价制度改革继续深入推进。一是中考改革取得突破并在全国范围内推开。改变了过去用百分制方式呈现考试结果的做法，提倡用等级制方式呈现学生考试成绩；增加了综合素质评价，将学生成长记录纳入评价范围；逐步推广将初中毕业生学业考试与综合素质评价相结合，以及将优质高中大部分招生指标均衡分配到初中学校等高中招生方法。二是高校招生考试改革稳步推进。在不断改革高考考试内容、科目等的基础上，又积极稳妥地推进了若干重要的改革试点，如在高水平大学开展了自主选拔录取，在部分省份进行高职院校单独招生考试和高考自主命题，以及在高中新课程改革试点省份实行高考综合改革等。

第四，把加强体育作为推进素质教育的突破口。2007年5月7日，中共中央、国务院发布《关于加强青少年体育增强青少年体质的意见》，要求保证学生每天锻炼一小时，切实增强广大青少年的体质。该文件强调："各地和各级各类学校必须全面贯彻党的教育方针，高度重视青少年体育工作，使广大青少年在增长知识、培养品德的同时，锻炼和发展身体的各项素质和能力，成长为中国特色社会主义事业的合格建设者和接班人。"[1]为落实"健康第一"的要求，把加强学校体育、提高学生体质作为推进素质教育的突破口和重要任务，切实落实学生每天锻炼一小时的要求，全国中小学校广泛开展了"全国亿万青少年学生阳光体育运动"[2]。这一活动的目

---

① 方晓东主编：《中华人民共和国教育60年》，湖北教育出版社2009年版，第121页。

② 同①，第48页。

的，就是通过"阳光体育"的抓手作用，促进各级各类学校形成浓郁的校园体育锻炼氛围和全员参与的群众性体育锻炼风气，吸引广大青少年学生走向操场、走近大自然、走到阳光下，积极主动参与体育锻炼，培养体育锻炼的兴趣和习惯，有效提高学生体质健康水平。此外，为有效落实该文件要求，教育部还出台了有关加强学校体育工作的一系列措施，如实施学生体质健康标准制度，将达到标准作为评选"三好学生"的基本条件之一；在新的课程标准中，较大幅度地增加体育课时；实施初中毕业升学体育考试；延长课间操时间，推广课间体育活动；建立学生体质健康监测与公告制度；等等。总之，该文件对深入贯彻全面发展的教育方针、推进素质教育进一步向纵深发展具有重要意义。

（四）持续深化高等教育改革

十一届三中全会以后，随着党的工作重心转向社会主义现代化建设，教育在现代化建设尤其是经济建设中的地位和作用重新得到重视。1992 年，党的十四大报告指出："我们必须把教育摆在优先发展的战略地位，努力提高全民族的思想道德和科学文化水平，这是实现我国现代化的根本大计。"[1]2002 年，党的十六大报告进一步指出，"教育是发展科学技术和培养人才的基础，在现代化建设中具有先导性全局性作用，必须摆在优先发展的战略地位"[2]，同时提出"教育为社会主义现代化建设服务"[3]的教育方针，为我国教育事业发展指明了方向。

---

[1] 《江泽民文选》第一卷，人民出版社 2006 年版，第 233 页。
[2] 《江泽民文选》第三卷，人民出版社 2006 年版，第 560 页。
[3] 同[2]。

　　高等教育是教育的最高层次，在提高民族素质，造就各类高级创新人才，促进科研成果转化为现实生产力，推动我国经济和社会持续、健康、快速发展等方面，发挥着举足轻重的作用，担负着不可替代的历史责任。进入 21 世纪，为适应经济建设和社会发展的需要，党和政府采取一系列重大举措，深化高等教育改革，不断提高教育为社会主义现代化建设服务的能力。

　　第一，扩大招生规模，高等教育发展实现历史性跨越。1999 年 6 月 24 日，国家计委、教育部联合召开新闻发布会，宣布在年初扩大招生规模的基础上，进一步扩大高等学校招生计划，计划 1999 年普通高校招生从 1998 年的 108 万人扩大到 156 万人，由此，我国高等教育转入了大发展的轨道。根据 2003 年全国普通高等学校招生计划工作会议上的报告，2002 年，我国普通高等学校招生 320.5 万人。截至 2002 年秋季，全国各类高等学校在校生已达 1600 万人，比 1998 年翻了一番多。高等教育毛入学率由 1998 年的 9.8% 提高到 15%，历史性地跨入国际公认的高等教育大众化阶段①。加快高等教育发展，扩大高校招生规模，不断满足人民群众日益增长的对高等教育的强烈需求，是党中央、国务院根据经济和社会发展形势的变化审时度势作出的一项重大决策，对增强综合国力、提高国民素质、促进经济发展和社会进步具有深远的意义。

　　首先，高校扩招促进了我国高等教育规模的扩大和高等教育结构的变化。1998 年到 2005 年，全国共增加普通高等学校 770 所，其中本科院校 110 所、专科层次学校 660 所。2007 年全国高等职

---

① 改革开放 30 年中国教育改革与发展课题组著：《教育大国的崛起：1978—2008》，教育科学出版社 2008 年版，第 192 页。

业教育招生 284 万人，比 1998 年增长了 6 倍，在校生达到 860 万人。[①] 为适应扩招需要，各地方政府还支持高校通过土地置换和利用金融机构贷款等方式建设新校园、新校区，拓宽办学空间。

其次，高校扩招加速了高等教育办学体制改革的进程。通过"共建、调整、合作、合并"改革，组建了一批学科综合和人才汇聚的综合性大学，形成了中央和省两级管理、以省为主的管理新体制。高校内部管理体制改革不断深化，后勤社会化改革取得重大突破，招生和毕业生就业制度改革取得明显成效。

第二，全面实施教学质量与教学改革工程，高等教育教学改革不断深化。党的十六大以后，党和政府进一步强调了高等教育要提高质量的问题。2004 年 2 月，国务院批转了教育部《2003—2007 年教育振兴行动计划》。这个行动计划把实施"高等学校教学质量与教学改革工程"（以下简称"质量工程"）作为突出问题提出，并着重进行阐释，表明这一时期我国高等教育事业逐步进入了一个以深化教学改革、提高教育质量为核心的大提高阶段。"质量工程"是《2003—2007 年教育振兴行动计划》的重要组成部分。实施"质量工程"的指导思想是培养适应我国社会主义现代化建设需要，具有国际竞争力、创新精神、实践能力和可持续发展能力的高素质人才。

"质量工程"首先启动了四个项目。一是推进高校精品课程建设。2003 年，高校精品课程建设工作在全国范围内正式启动，当年评审产生了 151 门国家精品课程。高校精品课程建设是深化教学

---

① 改革开放 30 年中国教育改革与发展课题组著：《教育大国的崛起：1978—2008》，教育科学出版社 2008 年版，第 195 页。

改革、以信息化带动教学现代化、共享优质教育资源、推动教育教学质量全面提高的一项重要举措，有力推动了教学改革的深化和教育质量的提高。

二是开展"高等学校教学名师奖"评选表彰活动。2003 年 4 月，该活动正式启动，首次共确定了 100 名获奖教师。此后，"高等学校教学名师奖"作为教育部常设表彰奖励项目，每三年评选一次，每次评选 100 人。"高等学校教学名师奖"的设立及评选表彰活动的举办，对于落实学校以教学为中心、提高教师的社会地位、提升教学质量均起到了积极的作用。

三是推进大学英语教学改革。这项改革主要包括三个方面的内容：制定《大学英语教学基本要求》，更新教学思想；建设基于网络的大学英语教学系统，改革传统的英语教学模式；健全和完善教学评价系统，改变单一的考核模式，形成多层面、多角度、多环节的大学英语教学评价系统。2006 年 8 月，教育部办公厅印发了《关于进一步提高质量全面实施大学英语教学改革的通知》，培训了 26 个省、自治区和直辖市的近 1000 所高校的 15000 余名大学英语教师，并顺利完成了新的大学英语六级试点考试。① 这一系列举措，大大推进了大学英语教学改革。

四是大力开展普通高等学校本科教学评估工作。以《普通高等学校本科教学工作水平评估方案（试行）》作为评估依据，评估结果分为优秀、良好、合格和不合格四种。首轮全国普通高校本科教学工作水平评估从 2003 年开始，到 2008 年 9 月结束。589 所普

---

① 方晓东主编：《中华人民共和国教育 60 年》，湖北教育出版社 2009 年版，第 332 页。

通高等学校积极参与了首轮评估工作，包括两院院士、知名大学领导、境内外知名学者在内的评估专家 6000 人次参加了评估中的进校考查工作。[①] 这项评估活动有力地强化了整个高教战线，特别是参评高校的质量意识，明显促进了高校办学条件的改善，保证了"以评促建"目标的实现。

第三，高校科技创新取得突破性进展，为建设创新型国家贡献重要力量。培育创新精神和创新人才，是我国教育改革与发展的基本任务和目标。高等教育肩负着高级专业人才的培养任务，在提高创新能力和提供知识、技术创新成果方面具有重要作用。由 20 世纪 90 年代步入 21 世纪，为加快我国国民经济和社会发展的步伐，以培养创新人才为动力推动教育创新，我国高等教育的改革也进入了新阶段。

一是创建世界一流大学和高水平大学。为了在全国创建世界一流大学、高水平研究型大学和一批世界一流的重点学科，造就高层次拔尖创新人才队伍，我国从 1995 年开始实施"211 工程"，1999 年正式启动"985 工程"。1991 年 12 月，在国家教委、国家计委和财政部报送给国务院的《关于落实建设好一批重点大学和重点学科的实施方案的报告》中正式提出实施"211 工程"。"211 工程"是新中国成立以来高等教育领域规模最大的重点建设工程。这一工程的实施有效带动了高等教育整体水平的提高，较大程度地改善了高等学校的办学条件，提高了我国高等教育信息化程度。1998 年 5 月 4 日，江泽民在庆祝北京大学建校一百周年大会的讲话中宣

---

① 方晓东主编：《中华人民共和国教育 60 年》，湖北教育出版社 2009 年版，第 333 页。

告："为了实现现代化，我国要有若干所具有世界先进水平的一流大学。"① 据此，国家决定在"211 工程"的基础上对部分高等学校予以重点支持，目标是经过 20 年或稍长一段时间的努力，在我国建设若干所世界一流大学和一批世界一流学科，从而全面启动了"985 工程"。②

与"985 工程"相配合，教育部又进一步提出实施高等学校"高层次创造性人才计划"项目。该项目主要包括三个层次的人才培养与支持体系。第一个层次，着眼于吸引、遴选和造就一批具有国际领先水平的学科带头人，形成一批优秀创新团队，重点实施"长江学者和创新团队发展计划"项目；第二个层次，着眼于培养、支持一大批学术基础扎实、具有突出的创新能力和发展潜力的优秀学术带头人，重点实施"新世纪优秀人才支持计划"；第三个层次，着眼于培养数以万计的青年骨干教师，带动教师队伍整体素质的提升，主要由高等学校组织实施"青年骨干教师培养计划"。

二是建设国家大学科技园。1999 年，中共中央、国务院颁布了《关于加强技术创新，发展高科技，实现产业化的决定》，该决定明确指出："高等学校要充分发挥自身人才、技术、信息等方面的优势，鼓励教师和科研人员进入高新技术产业开发区从事科技成果商品化、产业化工作。支持发展高等学校科技园区，培育一批知识和智力密集、具有市场竞争优势的高新技术企业和企业集团，使产学研更加紧密地结合。"科技部、教育部据此组织开展国家大学

---

① 《江泽民文选》第二卷，人民出版社 2006 年版，第 123 页。

② 改革开放以来的教育发展历史性成就和基本经验研究课题组撰写：《改革开放 30 年中国教育重大历史事件》，教育科学出版社 2008 年版，第 160–161 页。

科技园建设试点工作，提出以大学这一最具潜力的创新基地和源头为对象，推进高校的科技创新和高校科技产业发展。2001 年 5 月，教育部、科技部召开国家大学科技园工作会议，正式确立了 22 个大学科技园为"国家大学科技园"。国家大学科技园的创建标志着中国高校产学研结合所形成的科技产业开始壮大，产学研结合也由早期的以服务、合作为主转向了以自主知识创新为主的新阶段。

三是繁荣发展哲学社会科学。2004 年 3 月，中共中央发出的《关于进一步繁荣发展哲学社会科学的意见》指出："繁荣发展哲学社会科学的总体目标是，努力建设面向现代化、面向世界、面向未来，具有中国特色的哲学社会科学。"[①]结合《2003—2007 年教育振兴行动计划》的启动实施，各地教育部门和高校采取了一系列举措，认真落实繁荣发展哲学社会科学的各项任务：积极参与"马克思主义理论研究和建设工程"，与中央有关部门联合举办教学科研骨干研修班；组织实施了"高校哲学社会科学繁荣计划"项目，建立健全了国家、地方和高校三级科研创新体系，形成了完善的哲学社会科学研究项目资助体系。繁荣和发展哲学社会科学反映了中国共产党对哲学社会科学地位和作用的认识的进一步深化与发展，对全面建设小康社会、开创中国特色社会主义事业新局面、实现中华民族伟大复兴的历史进程具有不可替代的作用。

综上，深化高等教育改革正是在党的教育方针的指导下，不断提高教育为社会主义现代化建设服务能力的生动体现。高等教育的改革与完善为整个教育事业的发展和创新拓展了更大的空间，也为

---

① 改革开放 30 年中国教育改革与发展课题组著：《教育大国的崛起：1978—2008》，教育科学出版社 2008 年版，第 304 页。

我国社会主义现代化建设的宏伟事业奠定了坚实基础。

（五）把美育列入教育目标

在改革开放初期，受当时历史条件影响，党的教育方针仍然延续了之前"三育"的提法，但美育在促进学生全面发展方面的独特作用引起越来越多的关注。1993 年 2 月 13 日，中共中央、国务院印发《中国教育改革和发展纲要》，明确提出"要提高认识，发挥美育在教育教学中的作用，根据各级各类学校的不同情况，开展形式多样的美育活动"①，并把美育列入 20 世纪末我国教育改革和发展的战略目标。1999 年 6 月，《关于深化教育改革全面推进素质教育的决定》把美育作为全面推进素质教育的重要手段，认为"美育不仅能陶冶情操、提高素养，而且有助于开发智力，对于促进学生全面发展具有不可替代的作用"，同时提出"要尽快改变学校美育工作薄弱的状况，将美育融入学校教育全过程。中小学要加强音乐、美术课堂教学，高等学校应要求学生选修一定学时的包括艺术在内的人文学科课程。开展丰富多彩的课外文化艺术活动，增强学生的美感体验，培养学生欣赏美和创造美的能力"②。此后，随着党的十六大报告明确将美育以教育目标构成要素的形式列入党的教育方针，美育被推向新的历史阶段。

2002 年，教育部颁发的《学校艺术教育工作规程》指出："各级各类学校应当加强艺术类课程教学，按照国家的规定和要求开齐

---

① 何东昌主编：《中华人民共和国重要教育文献（1991—1997）》，海南出版社 1998 年版，第 3472 页。

② 何东昌主编：《中华人民共和国重要教育文献（1998—2002）》，海南出版社 2003 年版，第 287 页。

开足艺术课程。职业学校应当开设满足不同学生需要的艺术课程。普通高等学校应当开设艺术类必修课或者选修课。"[①] "课外、校外艺术教育活动是学校艺术教育的重要组成部分。学校应当面向全体学生组织艺术社团或者艺术活动小组,每个学生至少要参加一项艺术活动。"[②] 为认真贯彻落实上述规程、加强对全国中小学校艺术教育工作的检查督导,教育部又于2005年制定并下发了《普通中小学校和中等职业学校贯彻〈学校艺术教育工作规程〉评估方案(试行)》,该方案在指导思想、课程建设和课堂教学、课外校外艺术教育活动、校园文化艺术环境、艺术教师队伍、组织管理与保障机制等方面作出了详细的规定,强调各地教育行政部门要把对学校艺术教育的评估纳入对学校的综合评估,要明确学校艺术教育的指导思想,改善艺术教育的办学条件,加强艺术教育的基本建设,强化艺术教育教学管理,不断深化艺术教育改革,推动学校艺术教育发展,促进学生德智体美全面发展。与此同时,针对农村学校艺术教育发展的薄弱状况,2000年2月教育部办公厅下发《关于开展全国农村学校艺术教育实验工作的通知》,在全国不同地区选择了58个县(市、区、旗)作为农村学校艺术教育实验单位。58个实验县(市、区、旗)分别承担了13个专题的实验项目研究。[③] 通过5年的研究实验,农村学校艺术教育取得了显著成果,产生了以点带面的示范作用。

---

① 何东昌主编:《中华人民共和国重要教育文献(1998—2002)》,海南出版社2003年版,第1286页。

② 同①,第1287页。

③ 教育部体育卫生与艺术教育司、教育部艺术教育委员会组编:《学校艺术教育60年(1949—2009)》,湖南师范大学出版社2009年版,第104页。

此外，为全面贯彻党的教育方针，展示学校艺术教育的成果，推动学校艺术教育的改革和进步，教育部还相继成功举办了数届全国大学生艺术展演活动、全国中小学生艺术展演活动、高雅艺术进校园活动，激发了学生对艺术的兴趣和爱好，培养了学生健康的审美情趣和良好的艺术修养，引领当代青少年弘扬中华民族伟大精神、吸纳人类文明的优秀成果、提升自身的精神境界，促进当代青少年向真、向善、向美，获得全面和谐的发展。

进入 21 世纪，随着党的教育方针将美育列入教育目标，德智体美四育形成了一个更加健全完整的育人体系。在这个育人体系中，任何一育的存在与发展都以其他各育的存在和发展为条件，并为其他各育的存在和发展提供前提。美育与其他三育之间既相互独立，又辩证统一。美育是促进其他三育发展的有效手段，它能够提升学生的道德修养，活跃学生的思维，促进学生身心的和谐发展，达到以美储善、以美启智、以美助健的效果。反过来说，其他三育也是增强美育功能、提升美育水平、强化美育效果的有效途径，只有在德育、智育、体育中渗透美育，并将美育融入学校教育的全过程，才能加速实现党的教育方针中提出的"培养德智体美全面发展的社会主义建设者和接班人"的教育目的。

（六）加强教育国际交流与合作

全球化时代是一个资源共享的时代。对于中国这样的发展中国家，如果想要实现教育的跨越式发展，必须大胆而积极地借鉴一切有益的和可资借鉴的国外教育思想、教育理念、教育模式、教育制度；同时，对引进的各种外部资源审慎而科学地加以规范，以便做到全球化思维、本土化吸纳，全球化引进、本土化规制，真正做到以开放促进改革，以开放服务改革。进入 21 世纪，党和国家作出了一系列教育对外开放的重大决策，取得了伟大的成绩，积累了宝贵的经验。

第一，举办各类中外校长论坛。1992 年 9 月，江泽民到北京师范大学视察并题词"吸收和借鉴人类文明的一切优秀成果，谱写中国教育的新篇章"[①]。这个题词体现了党的第三代中央领导集体对我国教育改革与发展的深层次思考，也对我国教育主动面向世界发展提出了新要求。正是在上述思想的指引下，我国教育的国际交流取得前所未有的进步，中外大学校长论坛的举办就是一个很好的例证。首届中外大学校长论坛于 2002 年在北京举行，来自中国、美国、英国、法国、德国、日本的大学校长、专家就高等教育改革发展和高校办学经验等问题作了精彩演讲。[②] 此后，以"大学发展战略和科学研究及成果转化"为主题的第二届中外大学校长论坛，以"大学创新与服务"为主题的第三届中外大学校长论坛，以及以"提高大学人才培养质量"为主题的第四届中外大学校长论坛也分别于 2004 年、2006 年和 2010 年在北京、上海、南京举行。此外，我国还通过各种形式搭建了多种区域教育合作与交流平台，如"中非教育部长论坛""中欧（盟）高等教育论坛""亚洲教育北京论坛"等，建立了定期交流的有效机制，形成了我国教育对外开放的互利、共赢、共享的生动局面。

第二，来华留学教育稳步推进。改革开放以来，我国政治稳定、经济发展、国力不断增强，来华留学的吸引力和潜在价值越来

---

① 改革开放 30 年中国教育改革与发展课题组著：《教育大国的崛起：1978—2008》，教育科学出版社 2008 年版，第 378 页。

② 同①，第 378-379 页。

越大。2010 年，我国发布并实施的《留学中国计划》提出了"到 2020 年，使我国成为亚洲最大的留学目的地国家"的发展目标，以及打造中国教育国际品牌的发展战略。同时，该计划也对来华留学制度作了进一步完善，把工作方针调整为"扩大规模、优化结构、规范管理、保证质量"，启动了来华留学质量认证体系建设，使来华留学制度与国际接轨。

2011 年，全年在华学习的外国留学人员总数首次突破 29 万人，共有来自 194 个国家和地区的 292611 名各类来华留学人员，分布在全国 31 个省、自治区、直辖市（不含台湾省、香港特别行政区和澳门特别行政区）的 660 所高等院校、科研院所和其他教学机构中学习。来华留学生总人数、生源国家和地区数、我国接收留学生单位数及获中国政府奖学金人数四项均创新中国成立以来新高。[①]

第三，中外合作办学迅速发展。2003 年 3 月，国务院正式发布《中华人民共和国中外合作办学条例》，规定中外合作办学者不得举办实施义务教育和实施军事、警察、政治等特殊性质教育的机构，主要招收中国公民，旨在引进境外优质教育资源，借鉴有益的教学及管理经验，促进我国教育改革与发展，创新人才培养模式，增加教育的选择性和多样性，提高教学、科研和教育管理水平，加强学校专业与学科建设，加快培养高层次创新及应用型人才，提高我国教育的国际竞争力。在政策的推动下，我国的中外合作办学探索出了多元化的合作模式，如"1+3""2+2""3+1"等模式，同时国外高校在我国设立的独立学院、联合学院或双学位项目、项目合作等也蓬勃发展。2005 年，宁波诺丁汉大学由教育部批准正式成

---

① 《2011 年来华留学生超 29 万》，《中国教育报》2012 年 2 月 29 日第 1 版。

立。2006 年由西安交通大学与英国利物浦大学合办的西交利物浦大学正式挂牌成立。2012 年上海纽约大学成立，成为世界一流大学携手中国 "985 工程" 大学创建的第一所具有独立法人资格的中美合作大学。中外合作办学在引进外国优质教育资源、借鉴外国先进教育管理经验、深化教育改革、创新办学模式、促进学科建设、提高师资水平、拓宽人才培养途径等方面发挥了积极作用。

第四，孔子学院助推世界了解中国。2004 年 11 月 21 日，全球第一所孔子学院落户韩国首尔。2005 年 2 月 18 日，欧洲首个孔子学院——北欧斯德哥尔摩孔子学院在斯德哥尔摩大学中文系挂牌成立。2005 年 3 月 8 日，由南开大学承办的马里兰大学孔子学院开班招生，这是中国在北美创立的第一所孔子学院。2007 年 4 月 9 日，孔子学院总部揭牌仪式在北京举行。党的十六大报告指出："我们将继续广泛开展民间外交，扩大对外文化交流，增进人民之间的友谊，推动国家关系的发展。"①这对中国教育的国际合作与交流具有重要的指导作用，可以视为新形势下党中央的一项重大决策，要将这项重大决策落到实处，就必须找到一些有力的抓手，孔子学院就是一个非常好的抓手。孔子学院是中外合作建立的非营利性教育机构，致力于适应世界各国（地区）人民对汉语学习的需要，增进世界各国（地区）人民对中国语言文化的了解，加强中国与世界各国教育文化交流合作，发展中国与外国的友好关系，促进世界多元文化发展，构建和谐世界。2012 年汉语国际推广事业实现新发展，已建立 400 所孔子学院、500 多家孔子课堂，注册学员

---

① 《江泽民文选》第三卷，人民出版社 2006 年版，第 568 页。

达 65 万人。① 汉语作为中华文化的载体，作为世界了解中国、与中国交往的重要工具，越来越受到关注和重视。孔子学院为增进国际社会对我国的理解和认同、推动中外教育交流与合作，奠定了坚实基础。

四、经验启示

自 1995 年《中华人民共和国教育法》提出，又在党的十六大报告、党的十七大报告中得以丰富和完善的改革开放全面深化时期的教育方针，一方面继承了德智体全面发展、脑力劳动与体力劳动相结合的方针要义；另一方面又被赋予了新的时代内涵，明确提出教育为社会主义现代化建设服务、为人民服务的宗旨以及教育与社会实践相结合的育人方式，并首次以法律形式正式提出培养社会主义事业的建设者和接班人的教育目的。对这一时期的教育方针进行历史回溯与学理剖析，可以发现，改革开放全面深化时期教育方针的基本经验是：坚持发挥思想引领和行动指南作用，坚持贯彻人的全面发展思想，坚持兼顾社会发展和人的发展的现实需要。

（一）坚持发挥思想引领和行动指南作用

首先，作为引领教育事业改革与发展的一面思想旗帜，党的教育方针是教育规范、教育政策、教育法规的根本精神以及教育价值

---

① 《办好孔子学院 为增进中外了解友谊架起沟通之桥》，《光明日报》2012 年 12 月 17 日第 6 版。

观的集中体现，是教育规范化体系的总表征。1995 年《中华人民共和国教育法》及其后提出的改革开放全面深化时期的教育方针，一方面明确了教育为社会主义现代化建设服务和为人民服务的社会主义教育性质和宗旨，指明了教育发展的总方向和总任务；另一方面践行了马克思主义关于人的全面发展思想，确立了"培养德智体美全面发展的社会主义建设者和接班人"的教育目的和价值归属。在此之后，党和国家出台的各项教育政策、法规、制度及规范，均以这一时期教育方针的内容表述为依据，以其精神实质为引领，严格贯彻执行其中的内涵要义，充分展现了党的教育方针在党和国家教育事业及其发展中的思想引导和价值引领地位。

其次，作为推动教育事业朝着更加美好的方向迈进的行动纲领，党的教育方针规定了潜在的教育行动方式和行为发展方向。进入 21 世纪，党的十六大报告提出的教育方针在继承以往教育方针中"教劳结合"的内容表述基础上，又汲取时代发展内涵，增加了"教育与社会实践相结合"，进一步拓展了实现"培养德智体美全面发展的社会主义建设者和接班人"这一教育目的的方式和途径，为教育改革与实践提供了积极、正向的引导。21 世纪初，基础教育课程改革将包含社会实践学习领域在内的综合实践活动课程加入课程序列中，全面提升了学生的综合素质。这一举措有效印证了党的教育方针在激发适切、成功的教育改革行为与行动方面所具有的实践引领和行动指南作用。

（二）坚持贯彻人的全面发展思想

改革开放后，从 1981 年《关于建国以来党的若干历史问题的决议》提出"坚持德智体全面发展"，到 1995 年《中华人民共和国教育法》明确"培养德、智、体等方面全面发展的社会主义事业的建设者和接班人"，再到 2002 年党的十六大报告、2007 年党的十七大报告强调"培养德智体美全面发展的社会主义建设者和接班人"，可以看出，中国共产党的教育方针在教育目的、培养目标的设定与规划上，始终贯穿着一条重要的思想主线，那就是遵循马克思主义关于人的全面发展思想。马克思指出，未来社会是以每个人的全面而自由的发展为基本原则的，这揭示了人的全面发展所具有的重要价值。进入 21 世纪，以高新技术为核心的知识经济占据了主导地位，现代信息技术的广泛应用导致教育系统发生了深刻变革，以创新精神和实践能力培养为核心的素质教育成为我国在国际人才竞争中取胜的法宝。而作为贯彻落实新时期党的教育方针的有力抓手，素质教育恰恰是运用马克思主义关于人的全面发展思想解决当代中国教育实际问题所形成的中国特色社会主义教育理论体系和话语体系的集中代表与体现。由此，彰显党和国家的教育理想与教育目的的教育方针也必须坚持马克思主义的指导地位，充分贯彻人的全面发展思想。与此同时，马克思主义关于人的全面发展思想具有鲜明的时代特征，在不同历史时期和不同社会条件下有着不尽相同的内涵和层次，然而，无论在不同时期、不同社会条件下对"全面发展"的理解有多么不同，其实质都是不断地追求个体自身的发展与完善，这也解释了为何在不同历史时期党的教育方针虽存在内容表述上的差异，但始终没有脱离马克思主义关于人的全面发展思想的影响和指导。

（三）坚持兼顾社会发展和人的发展的现实需要

教育需要是推动教育发展的最根本、最本质的力量。教育需要主要来源于两个方面：人民群众与经济社会。教育是培养人的活动，教育活动的直接对象是人民群众。人民群众的教育需要是直接的、多种多样的。经济社会作为一个有机体，也有着自己的教育需要，特别是现代社会，对教育的需求更加多样。经济社会与人民群众的教育需要存在长期的、整体的、本质上的一致性与短期的、个体上的不一致性。正确处理教育满足经济社会需要与满足人民群众需要的关系，核心就在于发挥这种一致性，协调这种不一致性。2001 年 7 月 1 日，江泽民在庆祝中国共产党成立八十周年大会上指出："我们进行的一切工作，既要着眼于人民现实的物质文化生活需要，同时又要着眼于促进人民素质的提高，也就是要努力促进人的全面发展。这是马克思主义关于建设社会主义新社会的本质要求。"[①]"推进人的全面发展，同推进经济、文化的发展和改善人民物质文化生活，是互为前提和基础的。人越全面发展，社会的物质文化财富就会创造得越多，人民的生活就越能得到改善，而物质文化条件越充分，又越能推进人的全面发展。"[②]这段论述准确把握了社会需要与个体需要之间相互促进、并行不悖的关系，同时也成为改革开放全面深化时期党的教育方针在"为社会主义现代化建设服务"的基础上加入"为人民服务"表述的理论依据。马克思主义的教育价值观认为，教育事业的发展过程是社会发展需要与人的发展需要的辩证统一过程，教育不仅要满足社会延续和发展的需要，也要满足人类自身延续和发展的需要，促进社会发展和人的发展是教育最基本的职能。由此，中国共产党的教育方针也必须兼顾社会发

---

① 《江泽民文选》第三卷，人民出版社 2006 年版，第 294 页。

② 同①，第 295 页。

展和人的发展的现实需要，在价值取向上做到社会本位和个人本位的有机统一，协调好经济社会与人民群众的教育需要，从而不断提升人民群众对教育的满意度和获得感。

第四编

中国特色社会主义进入新时代的教育方针

       党的十八大以来，以习近平同志为核心的党中央，准确把握中国特色社会主义的历史新方位、时代新变化、实践新要求，推动中国特色社会主义进入了新时代。新时代之"新"在于中华民族迎来了从站起来、富起来到强起来的伟大历史飞跃；在于党的理论创新实现了新的与时俱进，在马克思主义中国化进程中具有鲜明的时代特色；在于我们面临着新的社会主要矛盾，即人民日益增长的美好生活需要和不平衡不充分的发展之间的矛盾；在于我们迈向了新的奋斗目标，即将决胜全面建成小康社会，开启全面建设社会主义现代化国家的新征程。①

       党的十八大报告提出"全面贯彻党的教育方针，坚持教育为社会主义现代化建设服务、为人民服务，把立德树人作为教育的根本任务，培养德智体美全面发展的

---

① 《习近平总书记教育重要论述讲义》编写组编：《习近平总书记教育重要论述讲义》，高等教育出版社 2020 年版，第 4—5 页。

社会主义建设者和接班人"①，将立德树人作为教育的根本任务确立下来。2015 年 12 月修订的《中华人民共和国教育法》规定，"教育必须为社会主义现代化建设服务、为人民服务，必须与生产劳动和社会实践相结合，培养德、智、体、美等方面全面发展的社会主义建设者和接班人"②，增加了为人民服务、社会实践和美育等方面的要求。新时代教育方针取得了创新性发展。

习近平总书记在作党的十九大报告时庄严宣告："中国特色社会主义进入了新时代，这是我国发展新的历史方位。"③关于党的教育方针，2018 年 9 月，在全国教育大会上，习近平总书记系统总结了推进我国教育改革发展的"九个坚持"，并首次提出德智体美劳"五育并举"的教育要求，丰富、发展了新时代党的教育方针的内涵。2019 年 3 月 18 日，习近平总书记在学校思想政治理论课教师座谈会上发表重要讲话，提出："新时代贯彻党的教育方针，要坚持马克思主义指导地位，贯彻新时代中国特色社会主义思想，坚持社会主义办学方向，落实立德树人的根本任务，坚持教育为人民服务、为中国共产党治国理政服务、为巩固和发展中国特色社会主义制度服

---

① 《坚定不移沿着中国特色社会主义道路前进　为全面建成小康社会而奋斗——在中国共产党第十八次全国代表大会上的报告》，人民出版社 2012 年版，第 35 页。

② 《中华人民共和国教育法》，中国法制出版社 2016 年版，第 8 页。

③ 《决胜全面建成小康社会　夺取新时代中国特色社会主义伟大胜利——在中国共产党第十九次全国代表大会上的报告》，人民出版社 2017 年版，第 10 页。

务、为改革开放和社会主义现代化建设服务，扎根中国大地办教育，同生产劳动和社会实践相结合，加快推进教育现代化、建设教育强国、办好人民满意的教育，努力培养担当民族复兴大任的时代新人，培养德智体美劳全面发展的社会主义建设者和接班人。"[1]重点强调落实立德树人根本任务，培养德智体美劳、担当民族复兴大任的"时代新人"，进一步拓展了新时代党的教育方针的新内涵。2021 年 4 月，新修订的《中华人民共和国教育法》提出"教育必须为社会主义现代化建设服务、为人民服务，必须与生产劳动和社会实践相结合，培养德智体美劳全面发展的社会主义建设者和接班人"[2]，劳动教育首次被写进《中华人民共和国教育法》。新修订的《中华人民共和国教育法》健全了劳动教育的法律保障，新时代教育方针的内涵得到深化发展。在新时代党的教育方针的指引下，我国开启了加快教育现代化、建设教育强国、办好人民满意的教育的历史新征程。

---

[1] 《习近平：用新时代中国特色社会主义思想铸魂育人 贯彻党的教育方针落实立德树人根本任务》，《人民日报》2019 年 3 月 19 日第 1 版。

[2] 《中华人民共和国教育法》，中国法制出版社 2021 年版，第 7 页。

第七章
新时代教育方针的创新性发展

党的十八大是在我国进入全面建成小康社会决定性阶段召开的一次十分重要的会议。党的十八大以来，以习近平同志为核心的党中央领导全党全国人民统筹推进中国特色社会主义事业"五位一体"总体布局，协调推进"四个全面"战略布局，为新时代坚持和发展中国特色社会主义进行了全面部署。党的十八大报告提出："全面贯彻党的教育方针，坚持教育为社会主义现代化建设服务、为人民服务，把立德树人作为教育的根本任务，培养德智体美全面发展的社会主义建设者和接班人。"①与改革开放全面深化时期党的教育方针相比，十八大时期党的教育方针的内涵更加突出把立德树人作为教育的根本任务。2015 年 12 月修订的《中华人民共和国教育法》提出："教育必须为社会主义现代化建设服务、为人民服务，必须与生产劳动和社会实践相结合，培养德、智、体、美等

---

① 《坚定不移沿着中国特色社会主义道路前进 为全面建成小康社会而奋斗——在中国共产党第十八次全国代表大会上的报告》，人民出版社 2012 年版，第 35 页。

方面全面发展的社会主义建设者和接班人。"①在党的教育方针指引下，我国教育取得了全方位、开创性的历史性成就，为经济发展、社会进步和民生改善作出了重要贡献。其主要经验得益于坚持党对教育工作的全面领导，坚持做好教育顶层设计和总体谋划，坚持推进教育高质量发展，坚持提升教育治理效能，坚持以人民为中心发展教育。

一、历史背景

2012 年 11 月 8 日，中国共产党第十八次全国代表大会在北京召开。党的十八大报告对中国特色社会主义事业"五位一体"的总体布局进行了新的谋划，对坚持教育为社会主义现代化建设服务、为人民服务提出了更高要求。实现中华民族伟大复兴的中国梦，要求教育提供高质量人才及智力支撑；全力推进全面建成小康社会进程，要求不断促进教育发展成果更多更公平惠及全体人民；坚持立德树人、全面发展育人导向，要求深化教育领域综合改革，充分激发教育事业发展活力。

（一）实现中华民族伟大复兴中国梦要求把教育摆在优先发展战略位置

在新的历史条件下续写坚持和发展中国特色社会主义这篇大文章，需要凝心聚力，需要精神支撑，需要目标引领。2012 年 11 月

---

① 《中华人民共和国教育法》，中国法制出版社 2016 年版，第 8 页。

29 日，习近平总书记在参观《复兴之路》展览时首次提出并阐述实现中华民族伟大复兴的中国梦。此后，习近平总书记在十二届全国人大一次会议等重要场合就中国梦的基本内涵、实践途径和依靠力量作出进一步阐释。他指出，中国梦的核心内涵是中华民族伟大复兴，本质是国家富强、民族振兴、人民幸福。实现中国梦必须走中国道路，这就是中国特色社会主义道路；必须弘扬中国精神，这就是以爱国主义为核心的民族精神和以改革创新为核心的时代精神；必须凝聚中国力量，这就是中国各族人民大团结的力量。中国梦把国家的追求、民族的向往、人民的期盼融为一体，为我国今后相当长一段时期的改革和发展提供了价值引领。① 为贯彻党的十八大精神，同心共筑中国梦，党中央召开七次全会，分别就政府机构改革和职能转变、全面深化改革、全面推进依法治国、制定"十三五"规划、全面从严治党等重大问题作出决定和部署。五年来，通过统筹推进"五位一体"总体布局、协调推进"四个全面"战略布局，"十二五"规划胜利完成，"十三五"规划顺利实施，党和国家事业全面开创新局面。

在此背景下，2013 年 9 月，习近平总书记在联合国"教育第一"全球倡议行动一周年纪念活动上发表贺词，指出教育是人类传承文明和知识、培养年轻一代、创造美好生活的根本途径，强调中国将坚定实施科教兴国战略，始终把教育摆在优先发展的战略位置。习近平总书记还进一步强调指出，"致天下之治者在人才"，没有一支宏大的高素质人才队伍，全面建成小康社会的奋斗目标和中华民族伟大复兴的中国梦就难以顺利实现。这些重要论述揭示了教

---

① 《中国共产党简史》编写组编著：《中国共产党简史》，人民出版社、中共党史出版社 2021 年版，第 386—387 页。

育的本质属性，阐明了教育在实现中国梦伟大征程中的重要作用和战略地位。因此，要从党和国家工作全局的高度，始终坚持教育优先发展，牢固树立抓教育就是抓发展、抓未来的理念，推动落实经济社会发展规划优先安排教育发展、财政资金优先保障教育投入、公共资源优先满足教育和人力资源开发需要。要形成大力推动优先发展教育的合力，确保到 2020 年基本实现教育现代化、基本形成学习型社会、进入人力资源强国行列。

（二）全面建成小康社会要求坚持教育的人民立场

进入新时代，随着经济社会发展水平的提高，人民对美好生活的向往更加强烈，民生领域需求日益复杂多元，保障和改善民生的任务十分繁重。党中央坚持以人民为中心，把增进人民福祉作为发展的根本目的，着眼在发展中补齐民生短板，在幼有所育、学有所教、劳有所得、病有所医、老有所养、住有所居、弱有所扶上取得一系列开创性成果，改革发展成果更多更公平惠及全体人民，改革开放和社会主义现代化建设取得了历史性成就。经济建设取得重大成就。经济保持中高速增长，在世界主要国家中名列前茅，国内生产总值从 54 万亿元增长到 80 万亿元，稳居世界第二，对世界经济增长贡献率超过 30%。供给侧结构性改革深入推进，经济结构不断优化，数字经济等新兴产业蓬勃发展，高铁、公路、桥梁、港口、机场等基础设施建设快速推进。农业现代化稳步推进，粮食生产能力达到 1.2 万亿斤。城镇化率年均提高 1.2 个百分点，8000 多万农业转移人口成为城镇居民。区域发展协调性增强，"一带一路"建设、京津冀协同发展、长江经济带发展成效显著。创新驱动发展战略大力实施，创新型国家建设成果丰硕，天宫、蛟龙、天眼、悟空、墨子、大飞机等重大科技成果相继问世。开放型经济新体制逐步健全，对外贸易、对外投资、外汇储备稳居世界前列。[1]思想文化建设取得重大进展。加强党对意识形态工作的领导，党的理论创新全面推进，马克思主义在意识形态领域的指导地位更加鲜明，中国特色社会主义和中国梦深入人心，社会主义核心价值观和中华优秀传统文化广泛弘扬，群众性精神文明创建活动扎实开展。公共文化服务水平不断提高，文艺创作持续繁荣，文化事业和文化产业蓬勃发展，互联网建设管理运用不断完善，全民健身和竞技体育全面发展。[2]人民生活不断改善。深入贯彻以人民为中心的发展思想，一大批惠民举措落地实施，人民获得感显著增强。脱贫攻坚战取得决定性进展，6000多万贫困人口稳定脱贫，贫困发生率从10.2%下降到4%以下。教育事业全面发展，中西部和农村教育明显加强。就业状况持续改善，城镇新增就业年均1300万人以上。城乡居民收入增速超过经济增速，中等收入群体持续扩大。覆盖城乡居民的社会保障体系基本建立，人民健康和医疗卫生水平大幅提高，保障性住房建设稳步推进。[3]

随着经济社会发展水平的提高，人民对美好生活的向往更加强烈。在此背景下，我国坚持以人民为中心发展教育，在满足人民对优质教育的需要方面取得了重要进展。学前教育实现跨越式发展，九年义务教育普及成果进一步巩固，高中阶段教育普及水平不断提升，高等教育国际竞争力明显提升，现代职业教育体系初步建立，

---

[1] 《决胜全面建成小康社会 夺取新时代中国特色社会主义伟大胜利——在中国共产党第十九次全国代表大会上的报告》，人民出版社2017年版，第3页。

[2] 同①，第4—5页。

[3] 同①，第5页。

教育信息化建设取得突破性进展。2012 年起，国家财政性教育经费支出占当年国内生产总值比例连续保持在 4% 以上。全面改善贫困地区义务教育薄弱学校基本办学条件、农村义务教育学生营养改善计划、全学段学生资助政策体系等深入实施，教育公平得到更好保障。各级政府不断扩大优质教育资源覆盖面，努力解决人民群众反映强烈的"择校热""入园难"问题。2017 年，学前教育毛入园率达 79.6%，小学学龄儿童净入学率达 99.91%，初中阶段教育毛入学率达 103.5%，九年义务教育巩固率为 93.8%，高中阶段教育毛入学率达 88.3%，90% 以上的残疾儿童享有受教育机会，80% 以上的外来务工人员随迁子女在流入地公办学校就学。高等教育毛入学率达 45.7%，即将从大众化迈进普及化阶段。教师队伍建设大为加强，覆盖大中小学完整的师德建设制度体系加快建立。①这一时期，党和政府为增强人民群众教育获得感所作的不懈努力，鲜明体现了发展教育以人民为中心的价值立场。

（三）全面创新育人模式要求深化教育领域综合改革

党的十八大以来，全面创新育人模式深化了教育领域综合改革，凸显了加强美育的新要求。习近平总书记主持中央全面深化改革领导小组和中央全面深化改革委员会会议，审议通过了一系列事关教育改革发展的重要文件，紧扣落实立德树人根本任务，不断推动教育领域改革创新纵向发展，努力破除制约教育事业科学发展的体制机制障碍，开启了新时代教育改革的新征程。一是以改革激活

---

① 《中国共产党简史》编写组编著：《中国共产党简史》，人民出版社、中共党史出版社 2021 年版，第 406–407 页。

力、增动力。党中央、国务院就深化考试招生制度改革、加快发展现代职业教育、加快发展民族教育、改革教育体制机制、规范发展学前教育、统筹推进城乡义务教育一体化改革发展、加快推进中国教育现代化等涉及教育发展的重要问题，制定一系列意见、方案，教育改革顶层设计更加完善。二是以改革解决人民关心的教育热点问题。通过强化教育扶贫意识、强化对农村地区教育的支持力度以及强化对民族地区教育的投入力度等，大力促进教育公平，让教育改革发展成果更好地惠及最广大人民群众。三是构建高质量教育体系。针对教育存在的突出问题，将提高各级各类教育质量作为核心工作，通过建设"双一流"大学、深化教育教学改革，努力实现制度化、专业化、网络化，使基础学科拔尖学生培养取得新进展，高等教育发展更加协调。四是以开放促改革、促发展。坚持强强合作，引进优质教育资源，提升我国教育实力和创新能力；鼓励各级各类学校开展多种形式的国际交流与合作，办好一批高水平中外合作办学机构和项目；引进世界一流大学和一流学科，借鉴世界名校先进管理经验，完善内部治理结构，加快建设具有中国特色的现代大学制度。这一时期，推动全面深化教育改革的主体框架基本确立，教育领域综合改革呈现全面发力、多点突破、蹄疾步稳、纵深推进的良好态势，我国教育快速发展，从人口大国转变为人力资源大国，正在向人力资源强国进军。

教育领域综合改革的成就与经验丰富发展了党的教育方针，2015 年修订的《中华人民共和国教育法》将美育纳入人才培养要求中，强调塑造美好心灵，尽力为每个学生提供适合的教育，让每个孩子都能成为有用之才，成为德智体美全面发展的社会主义建设者和接班人。

二、方针内涵

2012 年 11 月，党的十八大报告提出："全面贯彻党的教育方针，坚持教育为社会主义现代化建设服务、为人民服务，把立德树人作为教育的根本任务，培养德智体美全面发展的社会主义建设者和接班人"①，强调教育要为社会主义现代化建设服务、为人民服务，坚持以人为本、立德树人这一本质要求。

2015 年 12 月 27 日，第十二届全国人民代表大会常务委员会第十八次会议通过《关于修改〈中华人民共和国教育法〉的决定》，将《中华人民共和国教育法》第五条由原来的"教育必须为社会主义现代化建设服务，必须与生产劳动相结合，培养德、智、体等方面全面发展的社会主义事业的建设者和接班人"修改为"教育必须为社会主义现代化建设服务、为人民服务，必须与生产劳动和社会实践相结合，培养德、智、体、美等方面全面发展的社会主义建设者和接班人"②。

与改革开放全面深化时期的教育方针相比，这一时期党的教育方针明确提出将立德树人作为教育的根本任务，并将"美育""为人民服务"从立法层面确立下来，其内涵主要体现在以下三个方面。

---

① 《坚定不移沿着中国特色社会主义道路前进 为全面建成小康社会而奋斗——在中国共产党第十八次全国代表大会上的报告》，人民出版社 2012 年版，第 35 页。
② 《中华人民共和国教育法》，中国法制出版社 2016 年版，第 8 页。

（一）教育为社会主义现代化建设服务、为人民服务

为社会主义现代化建设服务、为人民服务是教育工作的根本宗旨。衡量一所学校办得好不好、一个地方教育办得好不好，关键看给国家和社会提供了多少高质量人才和高质量成果，关键看是否能够满足人民群众对教育的综合利益诉求。

一是坚持教育为社会主义现代化建设服务。社会主义现代化强国需要数以亿计的人才来建设，需要强大的人才队伍来支持。20世纪80年代邓小平同志从社会主义现代化建设的高度看教育，强调"教育要面向现代化，面向世界，面向未来"，要求把沉重的人口负担转化为人才资源巨大优势。党的十七大报告第一次提出"提高教育现代化水平"的重要要求。党的十八大谋划出"五位一体"的中国特色社会主义事业总体布局，提出在中国共产党成立一百年时全面建成小康社会，在新中国成立一百年时建成富强民主文明和谐的社会主义现代化国家。为了实现这一宏伟目标，需要培养数以亿计的高素质的劳动者、数以千万计的专门人才和一大批拔尖创新人才，教育肩负着重大的责任和使命。教育要服务于全面建成小康社会的各项目标任务，积极主动为社会主义市场经济建设、社会主义民主政治建设、社会主义先进文化建设、社会主义和谐社会建设、社会主义生态文明建设服务，为党的执政能力建设、先进性和纯洁性建设服务。如高等教育要为创新型国家建设提供技术支持和智力支撑，在加快转变经济发展方式中有所作为。要加快发展现代职业教育，大力提高劳动者素质，推动由"中国制造"向"中国创造"转变。要推进义务教育均衡发展，不断提高质量，努力让每个孩子都能成为有用之才。

二是坚持教育为人民服务。教育为人民服务是我国社会主义教育事业的出发点和落脚点，是党的教育方针始终坚持的基本原则，也是以人民为中心的治国理政思想在教育领域中的具体体现。坚持教育为人民服务就是要努力办好人民满意的教育。党的十八大报告把党的十七大报告提出的"办好人民满意的教育"调整为"努力办好人民满意的教育"，这是实事求是、量力而行的重要体现。在社会转型期，人民对教育的期盼和要求越来越高，人民日益增长的教育需求和教育资源供给之间还存在很大差距，增加"努力"二字，不是降低要求，而是更加务实。什么是人民满意的教育？一是"成学之教"，即有利于满足人的学习需求的教育才是人民满意的教育；二是"成人之教"，即有利于满足人的成人需求的教育才是人民满意的教育；三是"成业之教"，即有利于满足人的就业谋业需求的教育才是人民满意的教育；四是"成己之教"，即有利于满足人的终身发展需求的教育才是人民满意的教育；五是"幸福之教"，即有利于满足人的终身幸福生活需求的教育才是人民满意的教育。如何努力办好人民满意的教育？一是要满足人民群众的基本需求，为人民群众提供公平的受教育机会，满足人民群众对接受基本教育的期望，切实解决人民群众极为关注的人人"有学上"的问题；二是要满足人民群众的高质量需求，促进人的全面发展，实现社会全面进步；三是要满足人民群众的多样化需求，为每个学习者提供适合的教育，满足不同学习者的多元教育需求，满足所有人的不同需要，解决社会成员"选学上"的问题。

（二）把立德树人作为教育的根本任务

党的十八大以来，习近平总书记从确保党和国家兴旺发达、长治久安的战略高度，多次就落实立德树人根本任务作出重要指示，这是以习近平同志为核心的党中央继承、丰富和发展党的教育方针的集中体现，是对党的全面发展的教育方针的重大突破，是党的教育理论创新的最新成果，具有以下三方面的深刻含义。一是立德树人揭示了教育的本质，是对教育本质的最新认识。教育的本质是培养人，这是古今中外的共同认识。党的十八大把立德树人作为教育的根本任务，体现了党对教育如何培养人这一教育本质的新认识。二是立德树人揭示了德育在学校教育中的突出地位，强调促进人的德性成长是教育的首要任务，体现了党对人的全面发展的最新要求。三是立德树人揭示了道德发展与人的全面发展的辩证关系，强调德性成长是人的全面发展的根本保障，体现了党对教育规律的深刻认识。

落实立德树人根本任务，必须与加强社会主义核心价值观教育紧密结合。青少年是国家的未来、民族的希望，他们的价值取向决定了未来整个社会的价值取向。培育和践行社会主义核心价值观必须从小抓起、从学校抓起，真正落实到教材、课堂中，落实到文化育人中，落实到实践活动中，落实到政策制度中。加强社会主义核心价值观教育，要同中华优秀传统文化教育，同公民思想道德建设和社会诚信建设，同民族团结教育，同提高法治意识、环境意识、国防意识等紧密结合，形成全员全过程全方位育人的强大合力。

落实立德树人根本任务，必须把增强学生社会责任感、创新精神、实践能力作为工作重点。人才培养的质量，不应只看学生考试分数，更根本的是看学生是否具备服务国家服务人民的社会责任感、勇于探索的创新精神和善于解决问题的实践能力。要面向全体学生，牢固树立人人成才观念、多样化人才观念、终身学习观念和系统培养观念，更加注重教学、科研、实践紧密结合，更加注重学校之间、校企之间、学校与科研机构之间协同育人，努力形成体系开放、机制灵活、渠道互通、选择多样的人才培养体制。要适应国家和社会发展需要，遵循教育规律、教学规律和人才成长规律，更加注重学思结合、知行统一、因材施教，培养社会主义合格建设者和可靠接班人。

（三）把美育纳入培养社会主义建设者和接班人的要求之中

关于培养什么人，2002 年党的十六大报告提出"培养德智体美全面发展的社会主义建设者和接班人"，党的十七大、十八大报告继续沿用这一表述。2015 年 12 月 27 日，第十二届全国人民代表大会常务委员会第十八次会议通过的《关于修改〈中华人民共和国教育法〉的决定》提出"培养德、智、体、美等方面全面发展的社会主义建设者和接班人"①，将"美"作为人才培养要求纳入法律层面，再次凸显出新时代美育工作的重要性。

美育是审美教育，也是情操教育和心灵教育，不仅能提升人的审美素养，还能潜移默化地影响人的情感、趣味、气质、胸襟，激励人的精神，温润人的心灵。美育与德育、智育、体育相辅相成、相互促进。党的十八大以来，以习近平同志为核心的党中央高度重视学校美育工作，把学校美育工作摆在更加突出位置，作出一系列重大决策部署，推动学校美育实现了跨越式发展。2013 年 11 月 12 日，党的十八届三中全会通过的《中共中央关于全面深化改革若干重大问题的决定》，首次要求"改进美育教学，提高学生审美和人

---

① 《中华人民共和国教育法》，中国法制出版社 2016 年版，第 8 页。

文素养"。2015 年，国务院办公厅印发《关于全面加强和改进学校美育工作的意见》，这是中华人民共和国成立以来国务院发布的第一个学校美育工作文件。该文件系统构建了科学的美育课程体系，并提出通过深化学校美育教学改革、加强美育的渗透与融合、建立美育网络资源共享平台、注重校园文化环境的育人作用、加强美育教研科研工作等措施来大力改进美育教育教学，在统筹整合学校与社会美育资源的基础上，大力保障学校美育健康发展，为推进学校美育改革发展作出全面部署。同年，教育部印发《中小学生艺术素质测评办法》《中小学校艺术教育工作自评办法》《中小学校艺术教育发展年度报告办法》，填补学校美育评价制度的空白，对学校美育质量进行全方位、立体化评价。2017 年 1 月，国务院印发《国家教育事业发展"十三五"规划》，进一步确定了"以美育人、以文化人"的学生艺术文化素养培养方向，要求学校艺术教育以提高学生艺术素养、陶冶高尚情操、培育深厚民族情感、激发创新意识为导向，统筹整合学校与社会美育资源，推动开齐开足艺术课程，开展艺术类第二课堂教育活动，鼓励特色发展，促进每个学生形成一两项艺术特长和爱好。

三、主要实践

党的十八大以来，以习近平同志为核心的党中央始终坚持把教育摆在优先发展的战略地位，部署一系列重大教育改革、政策措施等，中国教育事业取得了全方位、开创性的历史性成就，总体发展水平跃居世界中上行列，培养了一大批高素质人才，提高了全民族素质，为经济发展、社会进步和民生改善作出了重要贡献。

（一）构建立德树人机制

在"创新、协调、绿色、开放、共享"五大发展理念的指导下，国家系统出台了促进学校德智体美全面发展的政策措施，坚持立德树人，全面育人的新机制得到基本构建。

第一，全面加强教育系统党的建设。中小学教育是国民教育体系的基础，担负着培养德智体美全面发展的社会主义建设者和接班人的重要使命。2016年9月，中共中央组织部、教育部党组联合印发《关于加强中小学校党的建设工作的意见》，强调要充分发挥中小学校党组织政治核心作用，健全完善中小学校党建工作管理体制，全面提升中小学校党组织建设水平，这是中央层面首次对中小学校党建工作作出专门部署的文件。2016年12月，习近平总书记出席全国高校思想政治工作会议时强调，要坚持把立德树人作为中心环节，把思想政治工作贯穿教育教学全过程，实现全程育人、全方位育人，努力开创我国高等教育事业发展新局面。2017年2月，中共中央、国务院印发《关于加强和改进新形势下高校思想政治工作的意见》，加强和改进高校思想政治工作力度空前。5年间，一系列措施加快推进了高校党组织和党的工作全覆盖，补齐高校党建工作制度短板。此外，民办学校党的建设、加强高等学校中外合作办学机构党建工作也在积极推进。

第二，系统规范教材建设。一是统编义务教育三科教材启用。从2012年开始，教育部统一组织编写义务教育道德与法治、语文和历史三科教材。2017年上半年，三科教材经国家教材委员会审查通过。2017年秋季学期开始，三科教材在全国中小学起始年级投入使用，2018 年覆盖小学初中一、二年级，2019 年义务教育阶段所有年级全部使用统编教材。二是成立国家教材委员会，指导统筹全国教材工作。2017 年 7 月，国务院办公厅发布《关于成立国家教材委员会的通知》，规定国家教材委员会的主要职责包括审查国家课程设置和课程标准制定、审查意识形态属性较强的国家规划教材等。

第三，开展社会主义核心价值观教育。一是弘扬优秀传统文化。2014 年 3 月，教育部印发《完善中华优秀传统文化教育指导纲要》，提出分学段有序推进中华优秀传统文化教育。同年，教育部印发《关于培育和践行社会主义核心价值观进一步加强中小学德育工作的意见》，强调通过不同方式将社会主义核心价值观和中华优秀传统文化贯穿于学校教育教学的全过程。2017 年 8 月，教育部印发《中小学德育工作指南》，将中华优秀传统文化教育作为重要内容，教育引导学生传承发展中华优秀传统文化，增强文化自觉和文化自信。二是修订学生守则。2015 年 8 月，教育部印发《中小学生守则（2015 年修订）》，涵盖学生德智体美劳全面发展的基本要求，补充更具操作性的具体行为规范内容，并增加家务劳动、上网行为以及环保生活等学校、社会和家庭高度关注的内容。三是发布《中等职业学校学生公约》和《中等职业学校德育大纲（2014年修订）》。2014 年 9 月，教育部发布《中等职业学校学生公约》，针对中等职业学校学生的特点，提出了八个方面的基本要求。同年12 月，教育部印发《中等职业学校德育大纲（2014 年修订）》，确立德育内容要以中国特色社会主义理论体系为统领，科学设置教育教学内容，主要包括理想信念教育等六大方面。四是加强高校思想政治教育。2015 年 1 月，中共中央办公厅、国务院办公厅印发《关于进一步加强和改进新形势下高校宣传思想工作的意见》，指出加强高校意识形态阵地建设，是战略工程、固本工程、铸魂工程，具有十分重要而深远的意义。2015年7月，中共中央组织部、中共中央宣传部、教育部发布《关于领导干部上讲台开展思想政治教育的意见》，进一步增强高校思想政治工作的针对性、实效性。2017年4月，教育部审议通过《2017年高校思想政治理论课教学质量年专项工作总体方案》，并将2017年定为"高校思想政治理论课教学质量年"。一支高擎旗帜的思政课教师队伍也建设起来。2017年，全国高校新增思政课专职教师岗位近4000个，新增经费近2.7亿元，越来越多的马克思主义学院、一批马克思主义理论学科带头人，为中国特色哲学社会科学发展和提高大学生思想政治素质贡献智慧和力量。[1]

第四，促进学生身心健康。一是强化体育锻炼。2016年4月，国务院出台《关于强化学校体育促进学生身心健康全面发展的意见》，强化体育课和课外锻炼，促进学生体育锻炼习惯基本养成，运动技能和体质健康水平明显提升。2016年10月，中共中央、国务院印发《"健康中国2030"规划纲要》，明确提出构建相关学科教学与教育活动相结合、课堂教育与课外实践相结合、经常性宣传教育与集中式宣传教育相结合的健康教育模式。2012年10月，《国务院办公厅转发教育部等部门〈关于进一步加强学校体育工作若干意见〉的通知》提出，切实保证中小学生每天一小时校园体育活动，每个学生学会至少两项终身受益的体育锻炼项目。二是推广校

---

[1] 《立德树人，抓住教育根本任务不放松——党的十八大以来我国教育事业改革发展成就综述之二》，《人民日报》2018年9月8日第3版。

园足球。2015 年 3 月，国务院办公厅发布《中国足球改革发展总体方案》，提出开展校园足球特色学校试点工作，加大足球学时比重。2015 年 7 月，教育部等六部门发布《关于加快发展青少年校园足球的实施意见》，鼓励有条件的学校开展以足球为特色的"一校一品"体育教学改革，足球特色学校每周至少安排一节足球课。三是实施营养改善计划。2012 年 5 月，根据《国务院办公厅关于实施农村义务教育学生营养改善计划的意见》，教育部等十五部门印发《农村义务教育学生营养改善计划实施细则》《农村义务教育学生营养改善计划食品安全保障管理暂行办法》《农村义务教育学校食堂管理暂行办法》《农村义务教育学生营养改善计划实名制学生信息管理暂行办法》《农村义务教育学生营养改善计划信息公开公示暂行办法》五个配套文件，指导规范农村义务教育学生营养改善计划的组织实施。

第五，提升学生审美和人文素养。一是学生素养的培育方式不断丰富。艺术教育形成了大学生艺术展演、中小学生艺术展演、高雅艺术进校园、体育艺术"2+1"项目、"一校一品"项目、中华优秀传统文化艺术传承学校评选、全国高校音教专业本科学生基本功展示、全国农村学校艺术教育实验县等品牌活动。截至 2017 年，已确定的全国 31 个省份 102 个中小学生艺术素质测评实验区开始创建学习参与课外艺术活动记录制度。二是学生艺术素养在原有水平上得到提高。2015 年教育部针对学校美育改革发展情况的新闻发布会指出，对 200 余所普通高校一年级新生进行的美育调查表明：近 80% 的被调查学生在中小学阶段接受了正规的艺术课堂教学，62% 的学生参与了学校的艺术社团或兴趣小组，33% 的学生掌握了一定的艺术技能，67%的学生具备了一定的艺术鉴赏能力。[①]

第六，增强学生社会责任感和实践能力。2015 年 3 月，教育部出台《学生志愿服务管理暂行办法》，明确学生志愿服务的内涵、工作机构、组织实施、认定记录、教育培训、条件保障等流程，进一步规范了学生的志愿服务工作。2015 年 7 月，教育部、共青团中央、全国少工委联合印发《关于加强中小学劳动教育的意见》，要求加强中小学劳动教育，建立评价制度，评价结果记入综合素质评价档案，作为升学评优参考依据。2016 年 6 月，教育部、司法部、全国普法办联合发布《青少年法治教育大纲》，推动法治教育纳入国民教育体系，全面增强青少年法治观念和法律意识。2016 年 11 月，教育部等十一部门联合出台《关于推进中小学生研学旅行的意见》，把研学旅行纳入学校教育教学计划，让学生走出校园，拓展视野，丰富知识，增长才干。联合相关单位建设了 482 个专题教育社会实践基地，开展科普、环境、质量、爱粮节粮、节水等各类专题教育。[②]

（二）大力促进教育公平

党的十八大以来，教育领域深入贯彻落实共享发展新理念，全面提升各级各类教育普及水平，努力扩大多样化高质量教育服务供给，加快推进基本公共教育服务均等化，切实保障全体人民平等受

---

① 田慧生、邓友超主编：《让十三亿人民享有更好更公平的教育——十八大以来教育质量提升的成就与经验》，教育科学出版社 2017 年版，第 115-116 页。

② 刘利民：《落实立德树人根本任务　培育和践行社会主义核心价值观》，《中国教育报》2014 年 2 月 19 日第 1 版。

教育权利，教育发展水平和公平程度迈上一个新台阶。

　　第一，全面提升各级各类教育普及水平。一是学前教育实现跨越式发展。2017 年，全国幼儿园达到 25.50 万所，比 2012 年增加了近 7.37 万所，增长 40.65%；全国在园儿童 4600.14 万人，比 2012 年增加 914.38 万人，增长 24.81%。学前三年毛入园率达到 79.6%，五年提高 15.1 个百分点，提前完成了《国家中长期教育改革和发展规划纲要（2010—2020 年）》确定的 70% 基本普及目标，也超过了中高收入国家 73.7% 的平均水平。二是九年义务教育普及成果进一步巩固。2017 年，全国共有义务教育阶段学校 21.89 万所，在校生 1.45 亿人。义务教育巩固率达到 93.8%，比 2012 年提高 2.0 个百分点。高中阶段教育普及水平不断提升。2017 年，我国高中阶段毛入学率达到 88.3%，比 2012 年提高 3.3 个百分点。三是高等教育正在向普及化阶段快速迈进。2017 年，高等教育在学总规模 3779 万人，比 2012 年增加 454 万人，增长 13.65%，我国成为世界高等教育第一大国；高等教育毛入学率达到 45.7%，比 2012 年提高 15.7 个百分点，提前实现《国家中长期教育改革和发展规划纲要（2010—2020 年）》确定的 40% 目标，正在向国际公认的高等教育普及化阶段迈进。四是现代职业教育体系初步建立，基本实现《国家中长期教育改革和发展规划纲要（2010—2020 年）》确立的职业教育发展目标①。五是继续教育形式丰富，学习型社会建设稳步推进。2017 年，全国高等学历继续教育在学人数共计 1229.3 万人，接受各种非学历高等教育的学生 927.37 万人次，比 2012 年的

---

① 《教育规划纲要中期评估职业教育专题评估报告显示——现代职业教育体系框架基本形成》，《中国教育报》2015 年 12 月 3 日第 1 版。

394.8 万人次增长了 1.35 倍^①。

第二，基本公共教育服务水平显著提升。根据马克思主义理论研究和建设工程重大实践经验课题组"党的十八大以来中国教育改革发展的成就与经验研究"的调研，5 年间，我国城乡教育一体化进程加速，县域义务教育均衡发展成效显著。教育资助体系实现学前教育到研究生教育全覆盖，确保"不让一个学生因家庭经济困难而失学"。党的十八大以来的 5 年内，全国累计共资助学生 4.25 亿人次，资助金额达到 6981 亿元，财政投入达到 4780 亿元。^②

第三，教育精准扶贫成绩斐然。全面改善贫困地区义务教育薄弱学校基本办学条件工作取得显著成效，这一国家工程覆盖全国 2600 多个县近 22 万所义务教育学校，被誉为"我国义务教育学校建设史上中央财政投资最大的单项工程"，2014 年至 2017 年，中央财政累计投入 1336 亿元，带动地方投入 2500 亿元，过去学生自带课桌椅、睡"大通铺"、使用 D 级危房等现象基本消除。贫困地区农村义务教育学校营养改善计划全面实施，农村学生身体素质显著提高。重点大学面向农村贫困地区定向招生人数大幅增加，包括国家专项计划、地方专项计划、高校专项计划在内，5 年来共录取农村和贫困地区学生 27.4 万人，更多农村孩子有了上重点大学、改变自身命运的机会。^③

第四，政府兜底的行动步伐不断加快。2013 年，教育部等五

---

① 数据来源：《2012 年全国教育事业发展统计公报》和《2017 年全国教育事业发展统计公报》。

② 《努力让十三亿人民享有更好更公平的教育——党的十八大以来中国教育改革发展取得显著成就》，《人民日报》2017 年 10 月 17 日第 1 版。

③ 同②。

部门出台《关于加强义务教育阶段农村留守儿童关爱和教育工作的意见》，确定了留守儿童"三优先"的原则，要求优先满足留守儿童寄宿需求、营养需求和上下学交通需求。除了兜底留守儿童，政府还要保障进城务工人员随迁子女的权益。教育部等部门坚持"两为主、两纳入"政策，积极推动各地以流入地政府为主、以公办学校为主接收进城务工人员随迁子女入学，有力保障进城务工人员随迁子女平等接受义务教育。从 2013 年起，符合条件的进城务工人员随迁子女在流入地参加高考人数逐年增多。2016 年，除西藏以外的 30 个省份解决了进城务工人员随迁子女在流入地参加高考的问题，共有 11.8 万名符合条件的进城务工人员随迁子女在流入地报名参加高考，比 2015 年增加了 47%。①

第五，民族教育实现深度跨越。民族教育已经迎来投入最多、建设规模最大、民族地区办学条件改善最显著的时期：中央和地方政府先后投入 4000 多亿元，实施学前教育三年行动计划、农村义务教育薄弱学校改造计划等系列重大工程项目，建成了一批教学、生活、活动和卫生设施配套齐全、办学条件基本达标的寄宿制学校和双语幼儿园。2015 年，从学前到普通高中，我国实施双语教育的学校有 1.2 万多所，接受双语教育的学生有 410 万人，双语教师有 23.5 万人。② 通过实施"援助西藏中小学教师培训计划""援助新疆中小学教师培训计划""援助边境民族地区中小学骨干教师培

---

① 《织牢编密困境儿童保障"兜底网"——党的十八大以来我国促进教育公平综述⑤》，《中国教育报》2016 年 6 月 30 日第 1 版。

② 《守望相助下升腾的民族教育希望——党的十八大以来我国促进教育公平综述⑥》，《中国教育报》2016 年 7 月 4 日第 1 版。

训项目"等，民族地区 140 万人次的教师获得了有效素质提升。教育信息化覆盖了边远民族地区乡村，优质教育资源初步实现了共建共享。

（三）全面提高教育质量

党的十八大以来，习近平总书记多次强调要"推进教育改革，提高教育质量，培养更多、更高素质的人才①"，把提高教育质量作为教育改革发展的核心任务。

第一，教育质量标准不断健全。一是部署教育标准化战略规划。2015 年 12 月，国务院办公厅印发了我国标准化领域第一个国家专项规划《国家标准化体系建设发展规划（2016—2020 年）》，从国家层面部署推动实施标准化战略，并提出建立健全教育领域标准体系，标志着我国教育标准化体系建设被纳入国家标准化体系建设的范畴。二是试点教学标准。发布《3—6 岁儿童学习与发展指南》，明确中等职业学校教学规范，制定研究生教育质量的"国家标准"，推动成人教育培训服务标准化建设。三是研制学生评价标准体系。深化中小学教育质量综合评价，修订《国家学生体质健康标准》；推行研究生"申请–考核"制和分类考试；强化研究生学术规范与学术道德。

第二，学生综合素质稳步提高。一是我国北京、上海、江苏、广东四省市学生在国际学生评估项目（PISA）2015 测试中成绩名列前茅，其中科学测试成绩排名第 10，阅读测试成绩排名第 27，数学测试成绩排名第 6。二是职业院校毕业生就业率和就业质量不断

---

① 《习近平会见清华大学经管学院顾问委员会海外委员》，《人民日报》2013年 10 月 24 日第 1 版。

提高，"十二五"期间，中职毕业生就业率在 95% 以上，高职毕业生就业率在 90% 以上。职业院校每年输送技术技能人才近 1000 万名，占新增就业人口的 60%，培训上亿人次。[1] 三是高校本科毕业生就业率和薪资水平稳步提升。四是研究生研究能力和科技创新贡献力进一步增强，研究生中的应用型人才进一步增加，研究生就业状况总体良好。

第三，课程改革成效显著。一是德育为先、能力为重、全面发展的教育理念得到广泛认同。二是各级各类学校课程体系不断优化。基础教育课程进一步关注核心素养，同时根据学生核心素养，建立素养不断提升的发展水平表现等级，进而对学生学业质量、核心素养进行监测评估，实现对学校教育教学行为的有效反馈与指导。"核心素养"概念的提出，促进了素质教育培养目标的明确化，提升了素质教育课程体系的建构水平，推动了素质教育评价体系的变革，为素质教育的扎实落地提供了有力抓手。职业院校探索形成基于校企合作的课程开发机制，在课程开发中，各校形成了自己的专业团队，教师队伍得到有效锻炼，课程开发能力显著提升。高校创新导向的课程与教学探索初见成效。其中 112 所中央部属高校制定了深化创新创业教育改革的方案，82% 的高校开设了创新创业必修课或选修课。特殊教育课程体系逐步健全，覆盖义务教育学校所有学科所有年级。民族地区有效开发双语教学资源，注重把中华民族共同体意识融入教材和教学资源，充分发挥教材和教学资源的育人功能。[2]

---

[1]　田慧生、邓友超主编：《让十三亿人民享有更好更公平的教育——十八大以来教育质量提升的成就与经验》，教育科学出版社 2017 年版，第 47–49 页。

[2]　同①，第 53 页。

第四，素质教育水平不断提升。一是基础教育阶段，不少地区的中小学以创新教育教学方法为抓手推行分层教学、走班制、学分制、选课制，采用自主、合作、探究式的学习方式，为每个学生提供更丰富的选择和满足其个性成长的发展空间。如北京启动实施高中、高校联合培养拔尖人才的"翱翔计划"，让学有余力的优秀高中生走进高校、科研院所的实验室，在科学家身边成长。二是高等教育阶段，基础学科拔尖学生培养试验计划、卓越系列人才培养计划、科教结合协同育人行动计划等一系列计划取得积极进展，一大批应用型人才、复合型人才和拔尖创新人才如雨后春笋般涌现。2016 年 6 月 2 日，《华盛顿协议》组织全体正式成员全票通过中国成为《华盛顿协议》第 18 个正式成员。这是我国高等教育发展的一个里程碑，意味着我国工程教育实现国际多边互认。2017 年世界一流大学和一流学科（简称"双一流"）建设高校及建设学科名单公布，中国高校正在向建设"双一流"迈出坚实步伐。三是职业教育方面，实习实训环节得到强化，专业教学改革深入开展，职业教育专业教学资源库建设项目启动，全国职业院校技能大赛影响力逐年扩大。教育部 2016 年统计显示，中等职业学校和高等职业院校累计为国家输送了近 8000 万名毕业生，成为我国中高级技术技能人才的主要来源。①

第五，教育服务经济社会发展能力明显增强。2012—2016 年，积极推进城乡教育协调发展，城区义务教育学校增加近 1500 所，镇区的初中学校增加 1000 多所，很好地适应了城镇化发展需要；

---

① 田慧生、邓友超主编：《让十三亿人民享有更好更公平的教育——十八大以来教育质量提升的成就与经验》，教育科学出版社 2017 年版，第 178 页。

持续加大对中西部地区的财政投入，中央财政将农村义务教育薄弱学校改造工程资金的 90% 投向中西部地区，贫困地区义务教育学校办学条件得到明显改善，为促进中西部地区经济社会发展、缩小中西部地区与东部地区差距提供重要支撑；继续实施"中等职业教育基础能力建设工程"，构建更加开放通畅的人才成长立交桥，畅通职业教育学生升学通道；积极发展专业学位研究生教育，专业学位硕士研究生招生数占硕士学位研究生总数近 50%；不断畅通终身学习"立交桥"，建成覆盖全国城乡、学历教育和非学历教育并重的继续教育组织体系。教育层次类型结构更加合理，人才培养体系日趋完备，人才培养的层次、类型、专业和区域布局结构不断优化，造就了数以千万计应用型人才、技术技能人才和一大批拔尖创新人才。①

（四）深化教育领域综合改革

党的十八大以来，以推进教育治理体系和治理能力现代化为总目标，深化教育领域综合改革，全面推进依法治教，基本形成教育改革的"四梁八柱"架构，教育改革呈现全面发力、多点突破、蹄疾步稳、纵深推进的新局面，重点领域和关键环节改革取得实质性突破，为加快构建和应用教育新观念、新技术、新模式提供体制机制支撑，激发了教育活力，释放了改革红利。

第一，教育结构不断优化。我国各级各类教育纷纷将"调结构"作为改革主线，出台了各自的改革目标和行动计划。一是针对

① 《努力让十三亿人民享有更好更公平的教育——党的十八大以来中国教育改革发展取得显著成就》，《人民日报》2017 年 10 月 17 日第 1 版。

普惠性民办园数量不足、质量不高，城乡保教质量存在巨大鸿沟的问题，2011 年起，国务院连续推出 3 个"学前教育三年行动计划"，目标直指"扩总量、调结构、建机制、提质量"，着力在普惠性民办园上下功夫，并重点向中西部、农村倾斜。二是针对义务教育城镇挤、乡村弱，城乡教育质量差距不断扩大的问题，2016 年，《国务院关于统筹推进县域内城乡义务教育一体化改革发展的若干意见》应运而生，要求各级政府以缩小校际差距为立足点，统筹城乡义务教育资源均衡配置，义务教育公办学校标准化建设、校长教师交流轮岗等十大举措随之出台。三是针对职业教育"就业难"与"技工荒"问题，2014 年，国务院印发《关于加快发展现代职业教育的决定》，提出以形成"中国特色、世界水平"的现代职业教育体系为目标，人才培养紧密对接经济社会发展需求和产业结构调整升级；中高职有机衔接、普职渗透，打破职教"天花板"；校企合作、产教融合，提高职业教育的质量。四是针对我国高等教育"千校一面、身份固化、重复交叉、发展活力动力不足"的问题，2015 年，《统筹推进世界一流大学和一流学科建设总体方案》《关于引导部分地方普通本科高校向应用型转变的指导意见》两个重要文件出台，以支撑创新驱动发展战略、服务经济社会发展为导向，推动高校转型发展，中国 2800 多所高校焕发出了新的活力和生机：老牌名校瞄准世界一流，向"高精尖"迈进；地方高校则积极向应用型转型，对接地方需求，选拔和培育优势特色学科，服务地方经济社会转型发展。

第二，考试评价改革逐渐落实。2013 年，教育部发布《关于推进中小学教育质量综合评价改革的意见》，提出建立体现素质教育要求、以学生发展为核心、科学多元的中小学教育质量评价制度，切实扭转单纯以学生学业考试成绩和学校升学率评价中小学教育质量的倾向。考试评价的各项改革举措在国家教育政策的引导和地方的积极探索下，逐渐得到落实，主要体现在以下几个方面。一是国务院启动自恢复高考以来最全面、最深刻的考试招生制度改革。全国 31 个省份均已形成高考改革实施方案，"两依据一参考"招生录取模式在上海、浙江取得突破。自 2014 年至今，全国 31 个省份都公布了高考改革方案。2017 年北京、湖南、海南、江西、山东、天津等 6 个省份正式启动高考改革，不再分文理科。云南、广西、新疆等省份招生制度改革方案于 2019 年开始实施。二是普通高中学生综合素质评价和学业水平考试全面启动，浙江、上海、北京等基本建成并使用学生综合素质评价信息化管理平台。三是高考加分项目得到有效清理规范。2015 年起取消体育、艺术等特长生加分项目。地方性加分项目被重点关注，原则上只适用于本地所属高校在当地招生。确有必要保留的加分项目，也通过设置合理分值、降低过高分值的方式来实施。四是实施"支援中西部地区招生协作计划"，高校招生录取公平状况明显改善，近百万中西部孩子圆了大学梦。

第三，教育督导不断强化。一是完善教育督导制度。2012 年 8 月，国务院办公厅发布《关于成立国务院教育督导委员会的通知》，统筹指导全国教育督导工作。2016 年，教育部印发《督学管理暂行办法》，对督学的聘任、责权、培训、考核等作出全面规定，构建了督政、督学、评估监测三位一体的教育督导体系。2012 年至 2016 年，相继制定了一系列督导评估办法。此外，国务院教育督导委员会办公室于 2015—2019 年每年开展一次全面改善贫困地区义务教育薄弱学校基本办学条件工作的专项督导，2016 年开始开展校园欺凌专项治理。

第四，教育治理能力不断提升。一是深化"放管服"改革。党的十八大以来，教育领域推动政府职能转变，从"越位点"退出，主动下放该放的权；加强省级政府教育统筹，使省级政府有更大的教育统筹权；向学校放权，教育"放管服"改革取得突破性进展。从"越位点"退出，同时把"缺位点"补上。二是全面依法治教步伐加快。《中华人民共和国民办教育促进法》《中华人民共和国教育法》《中华人民共和国高等教育法》一揽子法律的修订完成，代表着全面推进依法治教步伐加快。特别是新修订的《中华人民共和国民办教育促进法》经过"三审"通过，实施分类管理是此次修订的核心，触及了民办教育改革发展的主要矛盾。从取得合理回报到民办教育分类管理，理顺了民办教育发展过程中的顶层设计问题，将"营利"这一昔日敏感字眼置于阳光之下。

（五）完善教育保障体系

党的十八大以来，我国实施教育优先发展战略，高度重视增加教育投入，把教师队伍建设作为基础工作来抓，加快推进教育信息化，我国教育在经费保障、师资队伍、信息化建设等方面都取得了突破性成就。

第一，教育经费的体制进一步完善。一是教育投入不断加大。2012 年国家财政性教育经费首次突破 2 万亿元，占 GDP 比例首次超过 4%。2017 年，国家财政性教育经费达 3.42 万亿元，占 GDP 比例连续 6 年保持在 4% 以上。① 二是财政性教育经费使用体现了

---

① 数据来源：2012—2017 年《全国教育经费执行情况统计公告》。

"保基本、守底线、补短板、促公平"的原则。从各级教育分布看，一半以上用于义务教育；从地区之间分布看，一半以上用于中西部；从支出项目分布看，一半以上用于教师工资和学生资助。三是学生资助规模持续扩大，充分体现了教育公平保障水平不断提升。一方面，资助学生数量持续增长，2012—2017 年，全国累计资助学前教育、义务教育、普通高中教育、中职教育、高等教育等各教育阶段学生（幼儿）超过 5.2 亿人次。另一方面，资助金额持续增长，2012—2017 年，各教育阶段财政投入学生资助资金达 5982.25 亿元。①

第二，教师队伍呈现出新的面貌。一是专任教师基本满足各级各类教育发展的需求。截至 2017 年，全国各级各类学校专任教师 1627 万人，一支师德高尚、业务精湛、结构合理、充满活力的教师队伍正在形成。与 2012 年相比，学前教育专任教师增加 75.46 万人，增长 44.98%；特殊教育专任教师增加 1.23 万人，增长 28.15%；义务教育专任教师增加 40.38 万人，增长 4.44%；普通高校专任教师增加 19.29 万人，增长 13.39%。二是乡村教师队伍建设进入了全面提质增速的新阶段。2013 年乡村教师生活补助政策实施以来，中央财政支持 112 亿元，覆盖中西部 708 个连片特困地区县，惠及 130 余万名乡村教师，最高人均补助标准达 2000 元。"特岗计划"招聘教师 28 万人，为乡村学校输送了新鲜血液。积极推进部属师范大学师范生公费教育，5 年来有 6.3 万名毕业生走上了教师岗位。构建了覆盖大中小幼职特的国培体系，培训教师 1729 万人次，乡村教师轮训了一遍。2015 年乡村教师支持计划实施以来，实现了对全部乡村教师的轮训。三是教师队伍素质能力持续

---

① 数据来源：2012—2017 年《中国学生资助发展报告》。

提升，学历水平不断提高。小学专科学历以上教师占 93.7%，初中本科及以上学历教师占 82.5%，高中专任教师具有本科学历及以上的占 97.9%。中小学教师中，正高级职称教师近 4000 人。职业院校"双师型"教师比例不断提高，高职院校达 39%，中职提高到 29.5%。高等教育高端师资队伍不断壮大。全国高校聘任"长江学者"1681 人。教育系统共有 1357 名专家入选"万人计划"，占创新类人才入选总数的 63.6%。[①]

第三，教育信息化建设加速发展。教育信息化是教育现代化的基本内涵和显著特征，已经成为促进教育公平、提高教育质量、推动教育改革的有力抓手和有效手段。党的十八大以来，国家高度重视教育信息化建设的顶层设计，加快推进"三通两平台"（宽带网络校校通、优质资源班班通、网络学习空间人人通，教育资源公共服务平台、教育管理公共服务平台）的建设与应用，各项指标基本实现了翻倍增长，教育信息化建设取得了一系列成果。截至 2017 年，我国"宽带网络校校通"发展迅速，全国中小学互联网接入率超过 90%、多媒体教室比例增加到 83%；"优质资源班班通"不断普及深化，"课堂用、经常用、普遍用"的信息化教学新常态初步形成；"网络学习空间人人通"跨越式发展；"教育资源公共服务平台"初具规模；近 1000 万名中小学教师、10 万多名中小学校长、20 多万名职业院校教师经过培训，信息素养得到有效提升。[②] 二是着力打造慕课和微课。5 年间，以跨区域、跨校、跨学科专业

---

① 《教育部晒出 5 年"教育成绩单"我国教育跃居世界中上行列》，《中国教育报》2017 年 9 月 29 日第 1 版。

② 《为建设教育强国打下坚实基础——党的十八大以来我国教育改革发展述评·教育现代化篇》，《中国教育报》2018 年 9 月 9 日第 1 版。

等各种形式组建的慕课联盟覆盖面逐步扩大，推动跨校、跨区域在线学习、翻转课堂、线上与线下混合式学习等共享与应用模式不断涌现。各省级教育部门和高校纷纷制订在线开放课程建设和应用规划，并在学分认定、转换以及相关配套机制建立等方面开始了积极探索与实践。

（六）扩大教育对外开放

教育对外开放是我国对外开放事业的重要组成部分，5年来，我国教育对外开放事业步入了以提质增效为基本特征的历史时期，形成了全方位、多层次、宽领域的教育对外开放格局，在培养高层次人才、推动中外人文交流、引进优质教育资源、服务"一带一路"建设等方面取得了新成就，主要有以下五个方面。

一是双向留学工作迈上新台阶。"留学中国计划"扩大了来华留学规模。2016年，外国留学生有44万人次在华学习，比2012年的33万人次增加约11万人次，学历留学生特别是研究生比例上升较快，我国成为亚洲第一、全球第三的留学目的国。截至2016年年底，留学回国人员总数达265万人，党的十八大以来的5年回国人数占到70%。出国留学完成学业后选择回国发展的留学人员比例由2012年的72.38%增长到2016年的82.23%。[1]

二是中外人文交流事业打开新局面。教育在人文交流中具有基础性、先导性作用，截至2016年年底，我国与188个国家和地区建立了教育合作与交流关系，与46个重要国际组织开展教育合作

---

[1] 《努力让十三亿人民享有更好更公平的教育——党的十八大以来中国教育改革发展取得显著成就》，《人民日报》2017年10月17日第1版。

与交流，与47个国家和地区签署了学历学位互认协议。我国已先后与俄罗斯、美国、英国、欧盟、法国、印度尼西亚、南非、德国建立起8个高级别人文交流机制。人文交流已与政治互信、经贸合作一道成为我国外交的三大支柱。①

三是国内国际教育资源统筹形成新合力。注重高端引领，以优质教育资源请进来为重点，开展高水平人才培养和科研联合攻关，助推一流大学和一流学科建设。截至2017年9月，审批设立的中外合作办学机构和项目有2593个，其中本科及以上学历层次的机构和项目1288个。②通过"长江学者奖励计划"支持高校聘任具有海外工作或学习经历的高层次人才1094人。我国70%以上的高水平大学校长、80%以上的两院院士、90%以上的长江学者入选者，都有海外学习或工作经历。③

四是服务"一带一路"建设取得新进展。2016年7月，教育部印发《推进共建"一带一路"教育行动》，与甘肃、福建、贵州等14个省份签署教育行动国际合作备忘录，基本实现主要节点省份签约全覆盖，构建了全国"一带一路"教育行动网。实施中国政府奖学金等引领性项目，"一带一路"沿线国家奖学金生达到61%。积极开展国别和区域研究，重视培养非通用语种人才。教育部已设立42家国别和区域研究培育基地，备案395家国别和区域研究中心，实现国别和区域研究的全覆盖。④

---

① 《中国教育的世界胸怀——党的十八大以来教育改革发展成就述评·对外开放篇》，《中国教育报》2017年10月22日第3版。
② 《努力开创教育开放发展新局面》，《中国教育报》2017年12月21日第1版。
③ 同①。
④ 同②。

五是积极参与全球教育治理取得新发展。党的十八大以来，中国通过搭建教育、青年、旅游、影视剧创作等形式多样的交流平台，不断创新载体，提升人文交流的质量和水平。此外，中国在原有双边合作援助的基础上，还先后形成了多边的"中国—东盟教育交流周""中国—阿拉伯大学校长论坛""中国—非洲高校 20+20 合作计划""中国—拉美教育交流平台""金砖国家大学联盟"等一批教育合作与对外援助平台。这些体制机制的创新，成为中国参与全球教育治理并提升自身能力的重要抓手。

四、经验启示

在这一时期党的教育方针指引下，以习近平同志为核心的党中央更加重视发挥教育促进人的全面发展和服务现代化建设的关键作用，推动教育事业取得新的历史性成就。其主要经验有：坚持党对教育工作的全面领导，坚持做好教育顶层设计和总体谋划，坚持推进教育高质量发展，坚持提升教育治理效能，永葆办好人民满意的教育的初心。

（一）继续加强党对教育工作的全面领导

党的十八大以来，我国教育改革发展的经验和实践表明，教育工作取得的显著成绩，与党对教育工作的全面领导密不可分。面对教育改革和发展的深层次矛盾日益凸显、教育体制机制改革的任务更加严峻等问题，我们必须清醒地认识到，党对教育事业的全面领导必须继续坚持、全面巩固、深化加强。要继续以习近平新时代中国特色社会主义思想为指导，用"四个意识"导航、用"四个自信"强基、用"两个维护"铸魂；要全面加强党对教育工作的领导，坚持党管办学方向、党管改革，充分发挥党委总揽全局、协调各方的领导核心作用，健全党委统一领导、党政齐抓共管、部门各负其责的教育领导体制；要加强各级各类学校党的领导和党的建设工作，把加强政治建设摆在首位，把做好思想政治工作作为各项工作的生命线，牢牢把握意识形态领导权，保证党的路线方针政策不折不扣得到贯彻执行。

（二）不断优化顶层设计和系统规划

以习近平同志为核心的党中央用实际行动倡导、垂范优先发展教育的思想，使优先发展教育的理念和战略落到实处。对教育的本质及教育在实现中华民族伟大复兴的中国梦征程中的地位、作用，习近平总书记作出了一系列重要论述，发出了一系列重要指示。自党的十八届三中全会以来，习近平总书记主持的中央深改组和深改委会议上，涉及教育改革的文件和方案就有十几份。《乡村教师支持计划（2015—2020年）》《关于深化教育体制机制改革的意见》《统筹推进世界一流大学和一流学科建设总体方案》《关于统筹推进县域内城乡义务教育一体化改革发展的若干意见》等一系列政策，进行了务实精准的顶层设计，直指改革的难点，影响深远。因此，应以秉承统分并进、衔接贯通、远近兼顾、内外结合的原则，思考把握目标倒推必须完成、现实出发必须解决、结构调整必须优化、统筹全局必须推行、改革深化必须试点、持续发展必须巩固、内部建设必须思考的问题，作好教育发展系统谋划。

（三）坚持推进教育高质量发展

质量是教育的生命线，不断提高教育质量是教育发展的永恒主题。党的十八大以来，以习近平同志为核心的党中央坚持教育优先发展，把全面推进素质教育、促进人的全面发展、全面提高教育质量摆在了更加突出的战略位置，开启了提升教育质量的新时代。经过多年努力，我国教育正加速从"有学上"向"上好学"转变，进入"以提高质量和效益为中心"的内涵发展新阶段。要在教育信息化融合创新发展上下功夫，深入实施教育信息化 2.0 行动计划；要在聚焦国家战略需求上下功夫，释放高校基础研究、科技创新潜力，加快技术攻关，抢抓新一轮科技革命和产业变革的重大机遇；要沿着"实现人人皆学、处处能学、时时可学"方向，为我国终身学习体系和学习型社会的建设提供新思路、新方法；要在着眼未来上下功夫，抓紧培养能够适应和引领未来发展的一代新人，特别是培养集聚大批拔尖创新型人才，加快实现我国整体科技水平从跟跑向并跑、领跑的战略性转变，为建设教育强国提供人才资源。

（四）继续深化教育领域综合改革

党的十八届三中全会把"完善和发展中国特色社会主义制度、推进国家治理体系和治理能力现代化"确定为全面深化改革的总目标，开启了全面深化改革、系统整体设计推进改革的新时代。在此背景下，教育综合改革激发新活力，"放管服"改革不断深化，督导体系建设不断加强，教育资源空间布局得到进一步优化，考试招生制度改革稳步推进，教育面貌正在发生格局性变化，教育治理体系和教育治理能力不断提升，治理效能显著提高。要重视发展动力，"大力推动教育改革发展"。一要紧紧抓住考试招生制度改革这个枢纽，建立分类考试、综合评价、多元录取的考试招生模式，健全促进公平、科学选才、监督有力的体制机制，构建衔接沟通各级各类教育、认可多种学习成果的终身学习立交桥，实现个体的德智体美全面发展。二要着眼于解决短板问题。就是要盯住贫困地区、扭住教育脱贫持续用力。通过一系列有针对性的改革举措，不断提高贫困地区教育质量，阻断贫困的代际传递，实现东西部地区之间、城乡之间的教育公平与平衡发展。三要借助信息化建设实现弯道超车。加快构建网络化、数字化、个性化、终身化的教育体系，实现信息技术与教育的深度融合，建设"人人皆学、处处能学、时时可学"的学习型社会，特别是要把西部地区、农村学校作为教育信息化改革的优先领域，优先配置、优先探索、优先使用，尽快实现追赶和超越，真正汇聚社会各方面的智慧与力量，为实现教育强国的宏伟战略，为实现"两个一百年"奋斗目标和中华民族伟大复兴的中国梦提供坚实有力的保障。

（五）坚持以人民为中心发展教育

办教育要从全体人民的根本利益出发，追求人民满意，回应人民期待，满足人民需要，是我们党发展教育事业的出发点和落脚点。党的十八大以来，国家坚持大力推进教育公平政策，通过教育努力帮助个体实现自我发展，帮扶贫穷地区脱贫致富，促进社会纵向流动，增强人民教育获得感；统筹均衡教育资源分配，缩小城乡教育差距、区域教育差距、校际教育差距、群体教育差距，确保全体人民都有实实在在的教育获得感，让广大人民群众共享教育改革发展成果。要继续深挖办好人民满意的教育的理论内涵，科学解答

"什么是人民满意的教育""为什么要办好人民满意的教育""怎样办好人民满意的教育"等重大理论问题，更好地引领和指导教育改革发展实践；要建立和完善办好人民满意的教育的评价体系，加强教育满意度的测评，把"人民满意"作为衡量办学质量的最高标准和价值导向，始终牢记"时代是出卷人，我们是答卷人，人民是阅卷人"；要积极营造全党全社会关心支持办好人民满意的教育的良好氛围，营造人人皆可成才、人人尽展其才的良好环境，让每个人都有人生出彩的机会。

实现中华民族伟大复兴中国梦，教育任重而道远。要始终在以习近平同志为核心的党中央领导下，按照中央改革决策部署，锐意进取、勇于创新，加快制度建设，不断完善中国特色社会主义现代教育体系，不断提高中国教育现代化水平，努力办好人民满意的教育。

第八章
新时代教育方针的深化发展

2017 年，党的十九大胜利召开。在全面建成小康社会决胜阶段、中国特色社会主义进入新时代的关键时期，党的教育方针进一步得到深化发展。2018 年 9 月 10 日，全国教育大会在北京召开，会议首次提出德智体美劳"五育并举"的教育要求，并用"九个坚持"梳理概括了党的十八大以来习近平总书记关于教育的重要论述，形成了系统完整的新时代中国特色社会主义教育理论体系，标志着中国共产党对教育规律的认识达到了新高度。2019 年 3 月 18 日，习近平总书记在学校思想政治理论课教师座谈会上发表重要讲话，重点强调落实立德树人根本任务，培养德智体美劳全面发展、担当民族复兴大任的时代新人，进一步拓展了新时代党的教育方针的新内涵。2021 年 4 月修订的《中华人民共和国教育法》在第五条提出"教育必须为社会主义现代化建设服务、为人民服务，必须与生产劳动和社会实践相结合，培养德智体美劳全面发展的社会主义建设者和接班人"①，首次把劳动教育纳入党的教育方针，依法治

---

① 《中华人民共和国教育法》，中国法制出版社 2021 年版，第 7 页。

教，推进学校重视劳动教育。在新的教育方针指引下，中国特色社会主义教育制度体系的主体框架基本确立，教育面貌正在发生格局性变化，为如期全面建成小康社会提供了重要支撑。

一、历史背景

我们要根据时代变化和实践发展，不断深化认识，不断总结经验，不断进行理论创新，坚持理论指导和实践探索辩证统一，实现理论创新和实践创新良性互动。① 新时代中国特色社会主义教育方针是在洞悉全球发展大势、着力把握世界教育发展格局的背景下形成的，是在中国教育发展面临新任务新要求的背景下形成的，是在全面总结中国教育改革发展经验、着力破解现实问题的背景下形成的，具有鲜明的时代特色。

（一）"两个大局"奠定教育发展新基调

站在历史交汇点上，必须胸怀两个大局。2019 年 5 月，习近平总书记在考察江西时指出："领导干部要胸怀两个大局，一个是中华民族伟大复兴的战略全局，一个是世界百年未有之大变局，这是我们谋划工作的基本出发点。"② 这是对国际格局发生巨大变化和国内治理面临综合难度的重大判断，也是擘画未来教育发展蓝图的重要背景参考。

---

① 习近平：《辩证唯物主义是中国共产党人的世界观和方法论》，《求是》2019 年第 1 期。

② 《习近平谈治国理政》第三卷，外文出版社 2020 年版，第 77 页。

就国际环境而言，世界面临百年未有之大变局，新一轮科技革命和产业变革深入发展，国际力量对比深刻调整，和平与发展仍然是时代主题，人类命运共同体理念深入人心，同时国际环境日趋复杂，不稳定性、不确定性明显增加，新冠肺炎疫情影响广泛深远，经济全球化遭遇逆流，世界进入动荡变革期，单边主义、保护主义、霸权主义对世界和平与发展构成威胁。在此背景下，当今世界教育也正在发生革命性变化。教育与政治、经济、社会发展的结合更加紧密，教育模式、形态、内容和学习方式正在发生深刻变革，教育治理呈现出多方合作、广泛参与的特点。当今世界的综合国力竞争日趋激烈，人才培养与争夺成为焦点，如何构建现代教育体系，如何培养大批符合时代发展需求的创新性人才，已成为人类面临的重大课题。

就国内而言，中华民族已经站在实现"两个一百年"奋斗目标的历史交汇点上。党的十八大报告重申了"两个一百年"的奋斗目标：到中国共产党成立一百年时全面建成小康社会；到新中国成立一百年时建成富强民主文明和谐美丽的社会主义现代化强国。党的十九大立足新的历史起点，对实现第二个一百年奋斗目标作出分两个阶段推进的战略安排，即到2035年基本实现社会主义现代化，到21世纪中叶把我国建成富强民主文明和谐美丽的社会主义现代化强国。十九届五中全会审议通过了《中共中央关于制定国民经济和社会发展第十四个五年规划和二〇三五年远景目标的建议》。在此背景下，新时代教育要始终以"两个一百年"奋斗目标为导向，贯彻新时代中国特色社会主义思想，以立德树人为根本任务，培养担当民族复兴大任的时代新人，培养德智体美劳全面发展的社会主义建设者和接班人，为实现中华民族伟大复兴提供持续的智力保障和人才支撑。

（二）巩固全面建成小康社会成果呼唤办好人民满意的教育

面对错综复杂的国际形势、艰巨繁重的国内改革发展稳定任务，以习近平同志为核心的党中央不忘初心、牢记使命，带领全国各族人民砥砺前行、开拓进取，决胜全面建成小康社会取得决定性成就，人民生活不断改善。经济实力、科技实力、综合国力跃上新的大台阶，经济运行总体平稳，经济结构持续优化，2020 年国内生产总值达 101.6 万亿元。[①]人民生活水平显著提高，城镇新增就业人口超过 6000 万人，建成世界上最大的社会保障体系，基本医疗保险覆盖超过 13 亿人，基本养老保险覆盖近 10 亿人，新冠肺炎疫情防控取得重大战略成果。脱贫攻坚战取得了全面胜利，现行标准下 9899 万农村贫困人口全部脱贫，832 个贫困县全部摘帽，12.8 万个贫困村全部出列，区域性整体贫困得到解决，完成了消除绝对贫困的艰巨任务。[②]文化事业和文化产业繁荣发展，马克思主义在意识形态领域的指导地位更加鲜明，中国特色社会主义和中国梦深入人心，社会主义核心价值观得到广泛弘扬。污染防治力度加大，生态环境明显改善，党和国家坚持"绿水青山就是金山银山"的理念，以最坚定的决心、最严格的制度、最有力的举措推进污染防治攻坚战，推动我国生态环境保护发生历史性、转折性、全局性变化。对外开放持续扩大，共建"一带一路"成果丰硕，党和国家

[①] 《中国共产党简史》编写组编著：《中国共产党简史》，人民出版社、中共党史出版社 2021 年版，第 516 页。

[②] 《在全国脱贫攻坚总结表彰大会上的讲话》，人民出版社 2021 年版，第 1 页。

以"一带一路"建设、自由贸易试验区和自由贸易港建设，推动形成了陆海内外联动、东西双向互济的全方位对外开放新格局，为全面建成小康社会创造了新机遇、提供了新动力。十九届五中全会指出，决胜全面建成小康社会取得决定性成就，我国已经转向高质量发展阶段，但发展不均衡不充分仍是现阶段我国社会主要矛盾的一个重要方面，要"坚定不移贯彻创新、协调、绿色、开放、共享的新发展理念，坚持稳中求进工作总基调，以推动高质量发展为主题，以深化供给侧结构性改革为主线，以改革创新为根本动力，以满足人民日益增长的美好生活需要为根本目的，统筹发展和安全，加快建设现代化经济体系，加快构建以国内大循环为主体、国内国际双循环相互促进的新发展格局，推进国家治理体系和治理能力现代化，实现经济行稳致远、社会安定和谐，为全面建设社会主义现代化国家开好局、起好步"①，进一步解决好就业、教育、医疗、社保、住房、养老、食品安全、社会治安等突出民生问题。

在此背景下，党和国家要坚持办好人民满意的教育，"使教育事业为提高人民思想道德素质、科学文化素质和身心健康素质提供可靠保证，切实做到发展为了人民，发展依靠人民，发展成果由人民共享，不断满足人民日益增长的美好生活需要"②。要抓住机遇、超前布局，以更高远的历史站位、更宽广的国际视野、更深邃的战略眼光，对加快推进教育现代化、建设教育强国作出总体部署和战略设计，坚持把优先发展教育事业作为推动党和国家各项事业发展

---

① 《党的十九届五中全会〈建议〉学习辅导百问》编写组编著：《党的十九届五中全会〈建议〉学习辅导百问》，学习出版社、党建读物出版社 2020 年版，第 16 页。

② 陈宝生：《建设高质量教育体系》，《光明日报》2020 年 11 月 10 日第 13 版。

的重要先手棋，不断使教育同党和国家事业发展要求相适应、同人民群众期待相契合、同我国综合国力和国际地位相匹配。要强化服务意识，向自身内涵建设、服务国家重大战略、推动产教融合发展等方向重点发力，主动对接经济社会发展需求，主动服从于、服务于以国内大循环为主体、国内国际双循环相互促进的新格局，主动深入研究教育与社会的循环、教育与经济的循环、教育自身国内循环和国际循环，推动我国教育不断朝着更高质量、更高效率、更加公平、更可持续的方向前进，奋力书写出一张服务社会经济发展的时代答卷。要更好地参与城乡发展、改善人民生活品质，在以高质量供给适应引领和创造新需求方面进行新的探索实践，进一步发挥高质量教育体系在国计民生中的基础性、先导性、全局性作用①。

（三）人民对优质教育的期盼要求建设高质量教育体系

党的十九大以来，以习近平同志为核心的党中央把教育作为国之大计、党之大计，加强党对教育工作的全面领导，召开全国教育大会，对教育现代化和教育强国作出重大战略部署，统筹教育领域综合改革和教育治理现代化，教育面貌正在发生格局性变化②。党对教育工作的领导全面加强，学校思想政治工作力度空前，学生思想道德素质持续向好，教育自信进一步增强。办学质量和水平明显提升，基础教育、职业教育、高等教育等各级各类教育事业全面发展。教师的政治地位、社会地位、职业地位不断提升。加快补齐教

---

① 陈宝生：《建设高质量教育体系》，《光明日报》2020 年 11 月 10 日第 13 版。
② 同①。

育短板，形成覆盖各级各类教育的家庭经济困难学生资助体系，教育公平取得重大进展，人民群众教育获得感明显增强。推出一批具有标志性、引领性的重大教育改革举措，在解决教育深层次、根本性问题上取得重要突破。教育对外开放层次和水平不断提高，中国教育的世界影响力加快提升。但也必须清醒认识到，在受教育机会得到充分保障、解决了"有没有"的问题后，人民群众对公平优质的教育的需求日益强烈，更加关注教育"好不好"。社会主要矛盾在教育领域主要转化为人民群众对优质教育资源的巨大需求与优质教育资源供给不足之间的矛盾，人民群众教育需求的多样、个性与教育供给的单一、粗放之间的矛盾。具体表现在，我国区域教育资源配置不够均衡，城乡教育差距亟待缩小，人才培养模式改革需要提速，教育创新与服务潜力尚未更好释放，同人民群众对优质教育的需求相比还有很大差距。①

　　在此背景下，建设高质量教育体系是满足人民对优质教育需求的必然要求，是构建新发展格局的基础环节，也是锚定 2035 年远景目标的关键举措。建设高质量教育体系要求健全学校家庭社会协同育人机制，在强调"全面贯彻党的教育方针，坚持立德树人，加强师德师风建设，培养德智体美劳全面发展的社会主义建设者和接班人"②的基础上，明确要求"健全学校家庭社会协同育人机制，提升教师教书育人能力素质，增强学生文明素养、社会责任意识、实

---

① 陈宝生：《建设高质量教育体系》，《光明日报》2020 年 11 月 10 日第 13 版。
② 《党的十九届五中全会〈建议〉学习辅导百问》编写组编著：《党的十九届五中全会〈建议〉学习辅导百问》，学习出版社、党建读物出版社 2020 年版，第 38 页。

践本领，重视青少年身体素质和心理健康教育"①。要在深化改革促进公平上迈开新步伐，以"坚持教育公益性原则，深化教育改革，促进教育公平"为导向，布置一套夯实高质量教育体系根基、面向构建新发展格局、着眼可持续发展全局的政策"组合拳"，加快健全保证"幼有所育、学有所教"的国家基本公共服务制度体系，努力让青少年儿童都能享有公平而有质量的教育。要对标服务全民的终身学习体系，"发挥在线教育优势，完善终身学习体系，建设学习型社会"②，沿着"实现人人皆学、处处能学、时时可学"的方向，构建方式更加灵活、资源更加丰富、学习更加便捷的终身学习体系，不断适应教育需求多层次多样化的态势。

二、方针内涵

2018 年 9 月，在全国教育大会上，习近平总书记发表重要讲话，系统总结了推进我国教育改革发展的"九个坚持"。他强调，在党的坚强领导下，全面贯彻党的教育方针，坚持马克思主义指导地位，坚持中国特色社会主义教育发展道路，坚持社会主义办学方向，立足基本国情，遵循教育规律，坚持改革创新，以凝聚人心、完善人格、开发人力、培育人才、造福人民为工作目标，培养德智体美劳全面发展的社会主义建设者和接班人，加快推进教育现代

---

① 《党的十九届五中全会〈建议〉学习辅导百问》编写组编著：《党的十九届五中全会〈建议〉学习辅导百问》，学习出版社、党建读物出版社 2020 年版，第 38 页。

② 同①，第 39 页。

化、建设教育强国、办好人民满意的教育。① 这一论述丰富、发展了新时代党的教育方针的内涵。

2019 年 3 月，习近平总书记在学校思想政治理论课教师座谈会上发表重要讲话，强调新时代贯彻党的教育方针，要坚持马克思主义指导地位，贯彻新时代中国特色社会主义思想，坚持社会主义办学方向，落实立德树人的根本任务，坚持教育为人民服务、为中国共产党治国理政服务、为巩固和发展中国特色社会主义制度服务、为改革开放和社会主义现代化建设服务，扎根中国大地办教育，同生产劳动和社会实践相结合，加快推进教育现代化、建设教育强国、办好人民满意的教育，努力培养担当民族复兴大任的时代新人，培养德智体美劳全面发展的社会主义建设者和接班人。②

2021 年 4 月，第十三届全国人民代表大会常务委员会第二十八次会议通过《关于修改〈中华人民共和国教育法〉的决定》，将《中华人民共和国教育法》第五条修订为"教育必须为社会主义现代化建设服务、为人民服务，必须与生产劳动和社会实践相结合，培养德智体美劳全面发展的社会主义建设者和接班人"③。与此前的教育方针表述相比，此次修订主要将"培养德、智、体、美等方面全面发展的社会主义建设者和接班人"修改为"培养德智体美劳全面发展的社会主义建设者和接班人"，将劳动教育纳入党的教育方针，并落实为国家法律。

---

① 《坚持中国特色社会主义教育发展道路 培养德智体美劳全面发展的社会主义建设者和接班人》，《人民日报》2018 年 9 月 11 日第 1 版。
② 《用新时代中国特色社会主义思想铸魂育人 贯彻党的教育方针落实立德树人根本任务》，《人民日报》2019 年 3 月 19 日第 1 版。
③ 《中华人民共和国教育法》，中国法制出版社 2021 年版，第 7 页。

党的十九大以来，习近平总书记在全国教育大会、学校思想政治理论课教师座谈会等会议发表重要讲话，多次赴各级各类学校考察调研、致信回信，作出重要指示批示，对新时代全面贯彻党的教育方针提出明确要求，这些新理念新思想新观点不断丰富着党的教育方针的精神内涵，也使党的教育方针日臻成熟。综合起来，可以从以下三个方面来把握这一时期教育方针的内涵。

（一）坚持社会主义办学方向

方向决定道路，道路决定命运。坚持什么样的办学方向，关系教育事业兴衰和社会主义现代化建设全局。习近平总书记强调我国教育培养的是社会主义建设者和接班人，而不是旁观者，更不是反对派和掘墓人。因此，在事关办学方向问题上要站稳立场，始终坚持马克思主义在教育工作中的指导地位，坚持党对教育事业的全面领导。

一是坚持以马克思主义为指导。马克思主义是我们立党立国的根本指导思想。实践证明，马克思主义的命运早已同中国共产党的命运、中国人民的命运、中华民族的命运紧紧连在一起。在历史和人民的选择中，马克思主义成为我国社会主义教育最鲜亮的底色，也成为我国教育改革发展的旗帜和灵魂。因此，教育领域要成为马克思主义学习、研究、宣传的重要阵地，加强马克思主义理论研究，建设好马克思主义学院和马克思主义理论学科，并下大决心培养一批立场坚定、功底扎实、经验丰富的马克思主义学者；要坚持不懈传播马克思主义理论，抓好马克思主义理论教育，深化学生对马克思主义历史必然性和科学真理性、理论意义和现实意义的认识，教育学生学会运用马克思主义立场观点观察世界、分析世界，真正搞懂面临的时代课题，深刻把握世界发展走向，认清中国和世界发展大势，让学生深刻感悟马克思主义真理的力量；要坚持不懈用马克思主义中国化最新理论成果武装师生头脑。习近平新时代中国特色社会主义思想是马克思主义中国化的最新成果，要结合不同学段学生的学习特点，引导广大师生深入系统学、及时跟进学、深入思考学、联系实际学，做到学思用贯通、知信行统一。

二是坚持党对教育事业的全面领导。中国共产党的领导是中国特色社会主义最本质的特征，是中国特色社会主义制度的最大优势。习近平总书记强调，做好教育工作，加强党的领导是根本保证。只有坚持党对教育事业的全面领导，才能在更高水平上实现教育战线思想上的统一、政治上的团结、行动上的一致，才能确保教育事业发展的正确方向，才能坚定走好中国特色社会主义教育发展道路。因此，一要增强"四个意识"，真正解决好培养什么人、怎样培养人、为谁培养人的问题；坚定"四个自信"，并将其转化成办好中国特色社会主义教育事业的自信；做到"两个维护"，引导党员干部和广大师生不断增强"两个维护"的思想自觉、理论自觉、行动自觉。二要履行好把方向、管大局、作决策、抓班子、带队伍、保落实的领导责任，确保党的路线方针政策在各级各类学校得到贯彻落实。三要健全党对教育事业全面领导的体制机制，全面贯彻党的教育方针，加强党对教育事业的统筹管理，完善党组织领导下的校长负责制，形成党的领导纵到底、横到边、全覆盖的工作格局。

（二）坚持为党育人、为国育才，提升教育"四为"服务能力

教育是国之大计、党之大计。2021 年 3 月，习近平总书记在

参加全国政协十三届四次会议医药卫生界、教育界委员联组会时强调,"要从党和国家事业发展全局的高度,坚守为党育人、为国育才","办好人民满意的教育"。①其内涵具体表现为坚持教育为人民服务、为中国共产党治国理政服务、为巩固和发展中国特色社会主义制度服务、为改革开放和社会主义现代化建设服务。

坚持教育为人民服务,是党全心全意为人民服务根本宗旨的具体体现。这就要求教育事业必须秉持以人民为中心的发展思想,把握我国社会主要矛盾发生变化的实践要求,紧紧抓住人民群众最关心、最直接、最现实的利益问题,从让人民群众满意的事情做起,使人民的获得感、幸福感、安全感更加充实、更有保障、更可持续,推动教育发展成果更多更公平惠及全体人民。同时,坚持教育为人民服务,要把尊重社会发展规律、教育发展规律与尊重人民主体地位统一起来,广泛凝聚人民群众的实践智慧,使教育事业的改革发展获得最广泛的支持,依靠人民群众开创教育改革新局面。

坚持教育为中国共产党治国理政服务,是坚持和发展中国特色社会主义事业的根本要求,是巩固党的执政基础、提高党的执政能力、确保党长期执政和国家长治久安的现实需要。因此,要通过教育改革发展,举旗帜、聚民心、育新人、兴文化、展形象,不断巩固党的执政基础;要加强对广大党员干部的教育,建设一支高素质、专业化党员干部队伍,建设马克思主义学习型政党,着力提升党不断进行伟大斗争、建设伟大工程、推动伟大事业、实现伟大梦想的能力。

---

① 《把保障人民健康放在优先发展的战略位置 着力构建优质均衡的基本公共教育服务体系》,《新华日报》2021年3月7日第1版。

坚持教育为巩固和发展中国特色社会主义制度服务，是社会主义教育的重要任务和坚持社会主义办学方向的重要体现，也是坚持和发展中国特色社会主义事业、巩固和完善中国特色社会主义制度的必然要求。这就要求通过教育发展引导人们增强制度自信，树立为中国特色社会主义共同理想奋斗的信念和信心，最终使广大受教育者都自觉成为社会主义制度的拥护者和捍卫者，促进中国特色社会主义制度更加成熟、更加定型。

坚持教育为改革开放和社会主义现代化建设服务，是新时代全面深化改革、推进改革开放、建设社会主义现代化强国的必然要求。这就要求教育必须适应新形势新要求，充分发挥人才荟萃、学科齐全、思想活跃、基础雄厚的优势，面向经济主战场，面向民生建设大领域，努力培养造就一大批高水平科技人才、哲学社会科学人才和技能人才等创新性人才，产生更多科技创新，提供更多智力支持。

（三）坚持五育并举，把劳动教育纳入培养社会主义建设者和接班人的要求之中

党的十八大以来，习近平总书记立足新时代历史方位，对劳动和劳动教育作出重要论述。2013 年 5 月 29 日，习近平总书记在同全国各族少年儿童代表共庆六一国际儿童节时提出"少年儿童从小就要立志向、有梦想，爱学习、爱劳动、爱祖国"，并把劳动放在了非常重要的位置。2013 年 11 月 9 日，党的十八届三中全会通过的《关于全面深化改革若干重大问题的决定》提出"形成爱学习、爱劳动、爱祖国活动的有效形式和长效机制，增强学生社会责任感、创新精神、实践能力"。2013 年 8 月 31 日，教育部党组印发

《关于在全国各级各类学校深入开展"爱学习、爱劳动、爱祖国"教育的意见》，要求"各地各学校要组织学生走出校园、走向工厂和田间地头，积极参加劳动体验活动，……让学生获得劳动的切身体验"。2014年6月23日，全国职业教育工作会议在北京召开，习近平总书记作指示，提出要"弘扬劳动光荣、技能宝贵、创造伟大的时代风尚"。2015年4月28日，习近平总书记在庆祝"五一"国际劳动节暨表彰全国劳动模范和先进工作者大会上发表讲话，强调"要教育孩子们从小热爱劳动、热爱创造，通过劳动和创造播种希望、收获果实，也通过劳动和创造磨炼意志、提高自己"，深刻阐释了新时代劳动精神的内涵并为加强劳动教育指明了方向。随后，为贯彻落实习近平总书记的讲话，同年7月20日，教育部、共青团中央、全国少工委印发《关于加强中小学劳动教育的意见》（以下简称《意见》），强调要充分发挥劳动综合育人功能，以劳树德、以劳增智、以劳强体、以劳育美、以劳创新，促进学生德智体美劳全面发展。同时还强调要抓好劳动教育的关键环节，通过落实相关课程、开展校内劳动、组织校外劳动以及鼓励家务劳动，多措并举共同形成劳动教育合力。《意见》对中小学劳动教育进行了系统设计和全面部署，也开启了党的十九大以来全面推动劳动教育发展的新征程。2018年全国教育大会上，习近平总书记站在党和国家事业发展全局的战略高度，明确提出构建德智体美劳全面培养的教育体系，彰显了劳动教育的重要性。

党的十九大以来，习近平总书记对"教育与生产劳动和社会实践相结合"作了创造性运用和发展，将劳动教育纳入培养社会主义建设者和接班人的总体要求中，提出要通过各种措施和方式，教育引导广大青少年牢固树立热爱劳动的思想、牢固养成热爱劳动的习惯，为祖国发展培养一代又一代勤于劳动、善于劳动的高素质劳动者。[①] 为贯彻落实习近平总书记关于劳动教育的重要论述，中共中央、国务院于 2020 年 3 月颁布了《关于全面加强新时代大中小学劳动教育的意见》，提出要全面构建体现时代特征的劳动教育体系。同年 7 月，教育部印发《大中小学劳动教育指导纲要（试行）》，重点针对劳动教育是什么、教什么、怎么教等问题，细化有关要求，加强专业指导。该文件指出，劳动教育具有鲜明的思想性，必须将马克思主义劳动观贯彻始终，强调劳动是一切财富、价值的源泉，劳动者是国家的主人，一切劳动和劳动者都应该得到鼓励和尊重；倡导通过诚实劳动创造美好生活、实现人生梦想，反对一切不劳而获、崇尚暴富、贪图享乐的错误思想。劳动教育具有突出的社会性，必须加强学校教育与社会生活、生产实践的直接联系，发挥劳动在个人与社会之间的纽带作用，引导学生认识社会，增强社会责任感；同时注重让学生学会分工合作，体会社会主义社会平等、和谐的新型劳动关系。劳动教育具有显著的实践性，必须面向真实的生活世界和职业世界，引导学生以动手实践为主要方式，在认识世界的基础上，获得有积极意义的价值体验，学会建设世界、塑造自己，实现树德、增智、强体、育美的目的。

三、主要实践

党的十九大以来，我国教育取得了举世瞩目的成就，迈上了

[①] 《习近平在乌鲁木齐接见劳动模范和先进工作者、先进人物代表　向全国广大劳动者致以"五一"节问候》，《人民日报》2014 年 5 月 1 日第 1 版。

崭新的历史台阶，中国特色社会主义教育发展道路在实践中不断完善，焕发出强大的生命力。在贯彻习近平总书记系列重要讲话精神和治国理政新理念新思想新战略的基础上，我国教育事业坚持共享发展，人民群众教育获得感不断提升；坚持内涵发展，人才培养质量明显提高；坚持协调发展，教育服务经济社会发展能力明显增强；坚持创新发展，现代教育治理改革取得突破；坚持开放发展，中国教育正在走向世界教育中心。

（一）全力推进党对教育事业的全面领导

习近平总书记在全国教育大会上旗帜鲜明地指出，"坚持党对教育事业的全面领导"。这一重要论述突出强调了加强党的领导对于做好教育工作的极端重要性，是对我国教育事业规律性认识的深化，是坚持中国特色社会主义教育发展道路、培养德智体美劳全面发展的社会主义建设者和接班人的根本遵循。

不断完善党对教育事业的领导体制。党的十九大以来，中央进一步健全党对重大工作的领导体制机制，成立了中央教育工作领导小组。作为党中央决策议事协调机构，它的主要职责是研究提出并组织实施在教育领域坚持党的领导、加强党的建设方针政策，研究部署教育领域思想政治、意识形态工作，审议国家教育发展战略、中长期规划、教育重大政策和体制改革方案，协调解决教育工作重大问题等。中央教育工作领导小组的成立，有利于对深化教育体制改革、加快推进教育现代化、建设教育强国作出总体部署和战略设计，进一步健全了党委统一领导、党政齐抓共管、部门各负其责的教育领导体制，对于加强党中央对教育工作的集中统一领导具有十分重要的意义。

　　坚持和完善大中小学校党建工作。一是中小学校党建工作水平得到显著提升。中央组织部、教育部党组于2016年6月29日联合出台了《关于加强中小学校党的建设工作的意见》，理顺了中小学校党建管理体制，明确了中小学校党组织职责任务，深入开展了"不忘初心、牢记使命"主题教育，加大了对党组书记的全面系统培训。党建工作的活力显著增强，科学化、规范化水平不断提升，为提高办学治校水平提供了坚强的政治保障和有力的组织保障。二是党对高校工作的全面领导更加有力。高校普遍修订党委全委会、常委会、校长办公会等制度，规范院系党组织会、党政联席会决策制度，强化对学术组织、群团组织的政治领导，从体制机制、基层基础、关键环节上保证党的全面领导有机贯穿融入管党治党、办学治校、立德树人、事业发展全过程。党的十九大以来，各省、自治区、直辖市党政领导班子成员上讲台作报告已形成制度性安排。2019年，教育部会同国资委开展"国企领导上讲台、国企骨干担任校外辅导员"活动，联合中宣部等七部委开展"奋斗的我，最美的国"新时代先进人物进校园示范活动，高校党的政治建设取得新发展。

　　推进大中小学思政课一体化建设。大中小学教材建设整体推进，义务教育三科统编教材2017年正式投入使用，2019年实现了所有年级全覆盖。普通高中三科统编教材2019年正式投入使用，2020年年底已覆盖20个省、自治区、直辖市。教育部负责的96种马克思主义理论研究和建设工程重点教材，三分之二已投入使用①；颁布中等职业学校思想政治、语文、历史三科课程标准，

---

① 《"十三五"教材体系建设取得重大突破》，《中国教育报》2020年12月25日第1版。

填补了我国中等职业教育长期以来有教学大纲无课程标准的空白。2020 年 1 月，国家教材委员会印发了《全国大中小学教材建设规划（2019—2022 年）》，这是新中国成立以来我国第一次对大中小学各学段、各学科领域教材建设作出系统规划，使重大主题教育系统化、制度化地落实在课程教材中，进一步增强了课程教材育人的功能。大中小学思政课教师队伍专业发展一体化建设不断推进。2019 年 9 月，教育部等五部门联合印发《关于加强新时代中小学思想政治理论课教师队伍建设的意见》，明确提出："发挥高校马克思主义学院辐射作用，主动对接中小学思政课教师队伍建设，开发专门培训项目，并鼓励教师走进中小学校开展教学实践。推动大中小学思政课教师专业发展一体化团队建设，每年遴选一批国家级示范团队，确保每个团队涵盖各学段思政课教师，定期开展大中小学思政课—体化教学研究活动。鼓励高校马克思主义学院与中小学开展结对活动，定期开展教学研讨、课程研究、教师实践教育等活动。"大中小学思政课协同机制不断完善，实施"新时代高校思想政治理论课创优行动"和"一省一策思政课"集体行动。按照教育部的计划，2020 年秋季学期，37 所全国重点马克思主义学院所在高校全面开设习近平新时代中国特色社会主义思想概论课①。各地各高校深入开展"学习新思想、千万师生同上一堂课"等系列理论教育活动；教育部会同中央广播电视总台围绕抗战胜利 70 周年、纪念红军长征 80 周年等重大纪念活动，共同制作《开学第一课》，讲述革命英雄故事，激发学生爱党爱国热情。

---

① 中共教育部党组：《办好新时代学校思想政治理论课》，《求是》2020 年第 17 期。

（二）落实立德树人根本任务

党的十九大以来，习近平总书记高度重视立德树人在教育中的重要地位和作用，通过全面战略布局、系统政策部署，促使立德树人根本任务得到基本落实，在体育、美育、劳动教育上取得了丰富的实践成果。

学校体育纳入立德树人主渠道。一是在政策体系方面，学校体育实现了纳入教育现代化评估指标体系、纳入立德树人主渠道、纳入考试制度改革、纳入督导评价内容、纳入全民健身计划、纳入体育产业发展规划等"六纳入"，学校体育全方位、多角度地融入了教育改革大局和经济社会发展全局。二是在教学改革方面，学校体育与健康教学质量不断提高，课外锻炼实效持续改善，校园体育文化蓬勃发展，95% 的学校能够保障学生在校每天 1 小时体育锻炼。截至 2020 年年底，教育部开展的体育特色学校项目方面，有全国青少年校园足球特色学校近 3 万所、全国青少年校园篮球特色学校近 1 万所、北京 2022 年冬奥会和冬残奥会奥林匹克教育示范学校近 800 所等。三是在条件保障上，"十三五"期间，全国义务教育阶段体育教师增加到 59.5 万人，每年新增体育教师约 2 万人。"国培计划""省培计划"培训了 1 万多名国家级骨干教师和 10 万多名中西部特别是农村、偏远地区骨干教师。四是在评价体系建设方面，体育科目纳入初、高中学业水平考试范围，纳入高中阶段学校考试招生录取计分科目，2019 年实施"自主招生"和 2020 年实施"强基计划"的高校在招生考试中全面实施体育测试制度。[1]

---

[1] 《"十三五"学校体育美育劳动教育成效显著》，《中国教育报》2020 年 12 月 15 日第 1 版。

　　推动美育纳入人才培养全过程。一是资源保障持续向好，全国义务教育阶段美育教师人数由 2015 年的 59.9 万人增加到 2019 年的 74.8 万人，4 年来增加 14.9 万人，平均增速为 5.7%。二是在课程设置上，"十三五"期间，大部分省份义务教育阶段都能按照国家课程设置方案保证音乐、美术课程总量不低于总课时的 9%；高中教育阶段，全国 93.2% 的学校能够开设 6 个学分的艺术类必修课程；全国 80.7% 的中等职业学校将艺术课程纳入公共基础必修课，并保证 72 学时；全国 87.6% 的高校面向全体学生开设公共艺术课程。三是在学校美育工作品牌项目建设上，"十三五"期间，通过政府购买服务的形式，组织优秀经典剧目演出、专家讲学、作品展览等美育实践活动 1.5 万余场，惠及全国 2000 余所高校千万名学生。①

　　劳动教育实践探索全面推进。一是全面做好劳动教育顶层设计。中共中央、国务院颁布实施《关于全面加强新时代大中小学劳动教育的意见》，教育部印发《大中小学劳动教育指导纲要（试行）》，各级学校广泛组织形式多样的劳动实践活动，教育引导学生热爱劳动、尊重劳动、崇尚劳动。二是劳动教育的落实情况取得了比较显著的进展。教育部指导各地研制印发实施意见，对劳动教育进行具体部署。开展培训研讨活动，提升教师对劳动教育的认识。将劳动教育纳入"国培计划"，纳入各地教育工作领导小组学习和培训内容范围，支持有关专业机构开展专题培训和研讨活动。组织学生参加劳动实践活动，提高学生劳动素养。编制劳动实践指导手

---

① 《"十三五"学校体育美育劳动教育成效显著》，《中国教育报》2020 年 12 月 15 日第 1 版。

册，为学校劳动教育提供支持。①

（三）不断提高教育发展保障水平

坚持把教育摆在优先发展战略地位，高度重视增加教育投入，加快推进教育信息化和依法治教，我国教育在经费保障、信息化建设、教育法治建设等方面都取得了突破性成就。

教育经费保障更加坚实。教育投入是支撑国家长远发展的基础性、战略性投资，日益成为评价一个国家、一个地区教育事业是否优先发展的一项重要指标。党的十九大以来，党中央、国务院始终坚持把教育作为支撑国家长远发展的基础性、战略性工程，予以优先保障和重点投入，明确提出"一个不低于、两个只增不减"（保证国家财政性教育经费支出占国内生产总值的比例一般不低于4%，确保财政一般公共预算教育支出以及按在校学生人数平均的一般公共预算教育支出逐年只增不减）。从2016—2019年教育投入情况看，国家财政性教育经费支出占GDP比例做到了"一个不低于"，国家财政性教育经费支出在2019年首次突破4万亿元，年均增长8.2%，占GDP比例为4.04%，连续8年保持在4%以上；全国财政一般公共预算教育支出和全国生均一般公共预算教育支出均已做到"只增不减"。经费使用结构逐步优化。从使用情况看，一是体现了"保基本"，各级教育中义务教育支出占比最高，2019年国家财政性教育经费中用于义务教育的比例达到52.7%；二是体现了"补短板"，学前教育财政性教育经费年均增长15.4%，在各级教育

①　《"十三五"学校体育美育劳动教育成效显著》，《中国教育报》2020年12月15日第1版。

中增长最快；三是体现了"促公平"，80%以上的中央对地方教育转移支付资金都是用于中西部地区；四是体现了"提质量"，教职工人员支出占62%，比2015年提高近5个百分点。经费效益逐渐显现。国家财政性教育经费支出2019年超过4万亿元，并有效带动了全国教育经费总投入首次超过5万亿元，支撑了世界上最大规模的国民教育体系，建立了世界上覆盖面最广的学生资助体系，有力推动了我国教育总体发展水平跃居世界中上行列。随着经费使用结构的逐步优化，在推进教育现代化、建设教育强国的过程中，教育投入充分发挥了保障教育发展、推动教育改革、推进教育公平、促进教育内涵发展的政策导向作用，人民群众教育获得感不断增强。①

教育信息化支撑作用更加凸显。一是学校网络基础环境基本建成。到2020年，全国中小学（含教学点）联网率已从2015年的69.3%上升到99.7%，出口带宽达到百兆的学校比例从12.8%提升到98.7%。52个贫困县已实现了学校网络全覆盖，99.7%的学校实现了百兆带宽目标，95.2%的中小学拥有多媒体教室，学校统一配备的教师和学生终端数量分别为1060万台和1703万台。二是优质资源供给和教学应用水平大幅提升。全国建成203个国家级职业教育资源库，认定1291门国家精品在线开放课程和401个国家虚拟仿真实验教学项目。截至2020年，慕课学习人数达到3.1亿人次，获得在线课程学分的高校学生突破8200万人次，我国慕课数量和应用规模已位居世界第一。深入推进"三个课堂"应用，连续6年开展"一师一优课、一课一名师"活动，利用信息化手段扩大优质

---

① 《亮眼数据勾勒出教育格局性变化》，《光明日报》2020年12月2日第8版。

教育资源覆盖面的有效机制基本形成，并成为促进教育公平、提升教育质量的有效途径。在 2020 年新冠肺炎疫情来临时，可供 5000 万人同时在线使用的、免费为全国师生提供大量优质教学资源的"国家中小学网络云平台"正式上线，实现了"停课不停学、停课不停教"，为中国教育能够成功应对疫情"大考"提供了有力支撑。三是数字教育资源公共服务体系基本建成。截至 2020 年，国家数字教育资源公共服务体系已接入各级平台 184 个，为师生提供教育教学和教学管理服务，应用访问总人数累计超过 3 亿人次，资源共享总数超过 3.2 亿次，月活跃用户达 6000 多万人，全国各级各类学校师生网络学习空间开通数量超过 1 亿个，将近半数的教师应用网络学习空间开展教学和科研。四是信息化支撑教育治理现代化成效显著。我国已建成学校、教师、学生三大教育基础数据库，实现全国所有学校"一校一码"、师生"一人一号"。教育政务信息系统整合共享工作有序推进，共享教育基础数据达 2.1 亿次，支撑 600 多项地方业务开展。五是教师信息素养和应用能力得到全面提升，完成全国中小学教师信息技术应用能力提升工程 1.0，启动全国中小学教师信息技术应用能力提升工程 2.0，累计培训 1000 多万名教师。[1]

教育法治建设更加完善。一是教育立法取得重大突破。截至目前，我国已经形成了以 8 部教育法律为统领、包括 16 部教育法规和一批部门规章、地方性教育法规规章在内的比较完备的教育法律体系，基本实现教育事业各个领域有法可依，使得教育优先发展的战略地位进一步落实，教育的基本方针政策和若干重要制度更加明确，广大人民群众的受教育权得到更好的保障，有力引领、推动和

---

[1] 《全国中小学联网率达 99.7%》，《人民日报》2020 年 12 月 2 日第 12 版。

保障了教育事业改革发展。二是依法行政扎实推进。2019 年，教育部发布《关于加强教育行政执法工作的意见》，明确了各地教育部门加快建立健全权责清晰、权威高效的教育管理体制和政府统筹、部门合作、上下联动的执法工作机制。三是依法治校取得实效。截至 2020 年，所有高校和大部分中小学都已经制定了章程，大中小学校管理纳入制度化、规范化的轨道。党的十九大以来，我国扎实推进依法治教、依法治校，推动修订《中华人民共和国教育法》《中华人民共和国高等教育法》等法律，制定《中小学教育惩戒规则（试行）》，完善安全事故处理机制，构建依法治理"校闹"制度体系，师生合法权益和正常教学秩序得到有力保障，教育发展保障水平不断提高。

（四）持续推进教育领域综合改革

党的十九大以来，教育部深入学习贯彻习近平总书记关于教育的重要论述，按照党中央关于全面深化改革的总体要求，深化重点领域和关键环节改革，一些长期制约教育事业发展的体制机制障碍得到破除，教育的活力得到激发和释放，教育治理能力和水平进一步提升。

"放管服"改革不断深化。2015 年 5 月，教育部印发的《关于深入推进教育管办评分离　促进政府职能转变的若干意见》提出："到 2020 年，基本形成政府依法管理、学校依法自主办学、社会各界依法参与和监督的教育公共治理新格局，为基本实现教育现代化提供重要制度保障。"截至 2020 年 11 月，国家取消部本级行政审批事项 12 项，取消全部非行政许可审批事项、行政审批中介服务事项；放权 31 所高校开展学位授权自主审核，推动下放高校职称评审权和直属高校外事审批权，积极扩大高校科研相关自主权。①

　　督导体系建设不断加强。教育督导在督促落实教育法律法规和教育方针政策、规范办学行为、提高教育质量等方面发挥了重要作用，教育督导问责制度进一步健全，99% 的县（市、区）实行中小学幼儿园责任督学挂牌督导，省级人民政府履行教育职责评价办法进一步完善，教育督导长出了"牙齿"。针对教育督导方面仍存在的机构不健全、权威性不够、结果运用不充分等问题，2020 年 2月，中共中央办公厅、国务院办公厅印发《关于深化新时代教育督导体制机制改革的意见》，对教育督导体制机制作出系统设计，为改善教育管理、优化教育决策、指导教育工作提供科学依据。②

　　教育资源空间布局得到进一步优化。纵深推进教育现代化区域创新试验，以雄安新区、粤港澳大湾区、长三角、海南自由贸易试验区和东北地区为重点，加快构建点线面结合、东中西呼应的新时代教育发展空间格局。创新性开展部省合建高校模式。现代职业教育体系加快构建。培育产教融合型企业 800 多家，成立各类职教集团 1400 余个。③

　　规范治理教育培训成效显著。《中华人民共和国民办教育促进法实施条例》理顺了民办教育发展过程中的顶层设计问题，民办义务教育在规范中进一步发展壮大。为保障青少年身心健康发展、切实减轻中小学生过重的课业负担，2018 年 8 月，国务院办公厅发

① 《"十三五"教育改革发展目标如期实现》，《中国教育报》2020 年 12 月 2日第 1 版。

② 《破除体制机制障碍激发教育活力——党的十八届三中全会以来教育领域综合改革成就述评之五》，《中国教育报》2020 年 11 月 19 日第 1 版。

③ 同①。

布《关于规范校外培训机构发展的意见》，教育部协同其他部门全面开展校外培训机构专项治理，规范校外线上培训活动，取得显著成效。截至 2019 年，全国摸排校外培训机构 40 余万所，存在问题的机构基本完成整改。各地均出台了一系列措施，重拳治理校外培训机构，严肃查处超标超前培训行为，切实减轻学生过重课外负担。在规范治理校外培训机构的同时，天津、湖北等地有效开展课后延时服务，不仅解决了广大家长"三点半接孩子"的难题，而且为学生素质提高拓展了空间。在招生方面，遏制择校风，落实"公民办同招"要求，为中小学生"松绑""减负"，盲目择校的风气得到扭转。比如，浙江杭州六城区民办初中报名招生比从 2019 年的 4.36∶1 下降到 2.62∶1①。

破"五唯"的教育评价体系初步建立。教育评价是教育教学工作的"指挥棒"，是教育治理的重要环节。2020 年 10 月，中共中央、国务院印发新时代第一个关于教育评价系统性改革的文件《深化新时代教育评价改革总体方案》。该方案直击教育评价唯分数、唯升学、唯文凭、唯论文、唯帽子的"五唯"顽瘴痼疾，首次系统提出"四个评价"，即"改进结果评价""强化过程评价""探索增值评价""健全综合评价"，为建立科学的、符合时代要求的教育评价制度和机制指明了方向，对于引导全党全社会树立科学的教育发展观、人才成长观、选人用人观具有重大现实意义。

考试招生制度改革稳步推进。随着新高考、新中考、新课标、新教材等各项教育改革的推进，我国中小学被注入新的活力。从

---

① 《破除体制机制障碍激发教育活力——党的十八届三中全会以来教育领域综合改革成就述评之五》，《中国教育报》2020 年 11 月 19 日第 1 版。

2014 年起分三批扎实推进的高考综合改革，无论是完善高中学业水平考试和综合素质评价体系、大力推进高职分类招考，还是启动高校基础学科招生改革试点，其目标指向都十分清晰，即突出德智体美劳全面考查要求，构建促进德智体美劳全面发展的考试内容体系。2021 年，第三批高考综合改革省份首次实施新高考，全国实施新高考的省份达到 14 个 [①]。其中 8 个省份采取"3+1+2"选考模式，这是一次全新的机制性构建，考试和录取面临系统性重塑。新中考与新高考一脉相承，新课标、新教材则与新高考、新中考相辅相成，在此背景下，我国中小学必然面临重塑传统意义上的教与学的问题。基于此，14 个高考综合改革省份因地制宜，有序推进选课走班制，探索形成了规范有序、科学高效的新型教学组织方式。建立学生发展指导制度，完善综合素质评价实施办法，以省为单位，建立学生综合素质评价信息管理系统，建立健全信息公开和监督保障机制，客观真实、简洁有效地记录学生突出表现，引导育人方式转变，大力发展素质教育，促进学生全面发展。深化中考改革，推动建立基于初中学业水平考试成绩、结合综合素质评价的招生录取模式。坚持教考科学衔接，取消中考考试大纲，严格依据义务教育课程标准命题，实现"以学定考"。教育部印发《关于加强初中学业水平考试命题工作的意见》，组织开展中考命题评估，加快推进省级统一命题，中考命题质量稳步提升，有效引领素质教育。

（五）坚定不移地走中国特色社会主义教育发展道路

独特的历史、文化和国情决定了中国的教育必须按中国的特点

---

① 陈宝生：《乘势而上 狠抓落实 加快建设高质量教育体系——在 2021 年全国教育工作会议上的讲话》，《中国教育报》2021 年 2 月 5 日第 1 版。

和中国的实际办，坚定不移地走中国特色社会主义教育发展道路。通过加强中华优秀传统文化教育、大力提升我国国际影响力，发展具有中国特色、世界水平的现代教育。

不断加强中华优秀传统文化教育。一是不断完善中华优秀传统文化教育的顶层设计。2017 年，教育部印发《中小学德育工作指南》，将中华优秀传统文化教育作为重要内容，教育引导学生传承发展中华优秀传统文化，增强文化自觉和文化自信。二是深入开展中华优秀传统文化的研究阐释。教育部以人文社会科学研究项目为抓手，深入推进中华优秀传统文化研究阐释，以高校人文社会科学重点研究基地为载体，实施中华优秀传统文化传承创新研究基地建设计划。三是扎实推进中华优秀传统文化进课堂进教材进头脑。义务教育教材中《语文》教材统筹安排中华优秀传统文化教育内容，扩大体裁覆盖面，提高题材多样性；《道德与法治》教材通过介绍传统节日、民歌民谣、历史故事等具有中华民族特色的内容，培育学生对中华优秀传统文化的亲切感和认同感；《历史》教材 6 册书中有 2 册集中反映中华优秀传统文化精髓内容。四是积极搭建中华优秀传统文化的宣传教育载体。教育部组织"礼敬中华优秀传统文化""少年传承中华传统美德""寻找最美孝心少年"等传统文化教育活动；充分利用博物馆、纪念馆、文化馆等场所，依托全国高校博物馆育人联盟，推进大中小学生研学实践教育；积极打造传统文化传播精品，联合中央电视台举办三季《中国诗词大会》、三届《中国汉字听写大会》、两届《中国成语大会》，三档节目深受欢迎。截至 2020 年 11 月，建设中华优秀传统文化传承学校 1500 多所和传承基地106个^①，真正将中华优秀传统文化融入学校教育全过程，用中华优秀传统文化浸润学生心田。

大力提升我国教育国际影响力。一是教育对外开放顶层设计不断完善，整体牵引力不断强化。《推进共建"一带一路"教育行动》《国家教育事业发展"十三五"规划》《中国教育现代化2035》等多个政策文件的颁布，为我国教育对外开放工作的顺利进行提供了重要的政策保障。教育对外开放深度融入国家区域发展战略，加快布局"四点一线一面"，打造教育对外开放的新高地。例如，2019年，教育部、海南省政府联合出台《关于支持海南深化教育改革开放实施方案》，海南国际教育创新岛建设全速推进，允许境外理工农医类高水平大学在海南自由贸易试验区独立办学。二是教育对外开放制度建设和体制机制创新力度不断加大。来华留学聚焦提高质量。出台《学校招收和培养国际学生管理办法》《来华留学生高等教育质量规范（试行）》等文件，规范高校接收国际学生的资格条件，完善来华留学质量规范与监管体系，优化来华留学生结构。截至2019年，来华留学学历生比例达到54.6%，比2016年提高了7个百分点^②。出国留学聚焦完善服务。打造"平安留学"服务体系，健全留学人员回国服务体系，深化"放管服"改革，取消留学回国人员证明，留学服务的科学化、信息化、人性化水平稳步提高。合作办学聚焦提升活力，改革中外合作办学准入审批制度，在上海试行理工农医类学科专业"双一流"建设高校中外合作办学项目备案制，在海南、福建、广东、浙江、重庆、河南等6省份试点实施部

① 《办好人民满意的教育》，《人民日报》2020年11月11日第7版。
② 《"十三五"教育国际影响力迈上新台阶》，《中国教育报》2020年12月23日第1版。

省联合审批制。外事管理聚焦简政放权，授予"双一流"建设高校一定的外事审批权，为高校开展对外合作交流提供更大的自主性和便利性。三是依托"一带一路"建设，深度参与全球教育治理。教育对外开放的政策和措施，核心指向为"参与全球教育治理"，具体表现为"一带一路"教育行动和双边多边国际教育交流与合作的深入推进。2019 年在我国学习的"一带一路"沿线国家留学生占比达 54.1%。"十三五"期间，我国新签 11 份高等教育学历学位互认协议，学历学位互认已累计覆盖 54 个国家和地区。[①] 此外，作为最大的发展中国家，我国高度重视教育减贫国际合作。一方面，通过与联合国儿童基金会等机构合作，开展农村义务教育全面普及和质量提升项目、儿童早期教育与发展项目，为国内教育脱贫攻坚助力；另一方面，积极分享我国教育脱贫经验做法，为教育减贫国际合作赋能。四是教育亲和力助力人文交流不断深化。在人文交流框架下，各类中外青少年交流活动丰富多彩、与时俱进。比如，中美青年创客大赛连续举办了 7 届，吸引超过 3.5 万名两国青年积极参与，产生了近万件作品，为两国青年在创新创业领域的交流合作搭建了平台。语言交流也是人文交流的重要组成部分。截至 2020 年，全球有 70 个国家将中文纳入国民教育体系，中国以外正在学习中文的人数约为 2500 万，"十三五"期间全球参加 HSK（中文水平考试）、YCT（中小学中文考试）等中文水平考试的人数达到 4000 万人次，这表明国际中文教育拥有广泛而坚实的基础。[②]

---

① 《"十三五"教育国际影响力迈上新台阶》，《中国教育报》2020 年 12 月 23 日第 1 版。

② 同①。

（六）大力提升教育服务经济社会发展的能力

习近平总书记在全国教育大会上强调，要坚持把服务中华民族伟大复兴作为教育的重要使命，在统筹推进"五位一体"总体布局、协调推进"四个全面"战略布局的伟大实践中，进一步提升教育服务经济社会发展的能力。党的十九大以来，党中央对深化教育领域综合改革作出一系列战略部署，教育战线涌现了一大批服务国家急需、具有国际影响的标志性成果，教育服务经济社会发展的能力迈上了一个新台阶。

高等教育服务经济社会发展能力实现新跨越。一是围绕服务国家重大战略和经济主战场，优化高等学校区域和学科布局，大力支持雄安新区、粤港澳大湾区、长三角、海南自由贸易试验区等，建设研究生教育高地，支撑经济高质量发展。二是围绕世界科技前沿，实施关键领域急需高层次人才培养专项计划，统筹一流学科、一流师资和一流平台资源，加快培养紧缺人才，为解决"卡脖子"问题和科技创新作出贡献。2020 年 1 月 13 日，教育部出台《关于在部分高校开展基础学科招生改革试点工作的意见》，决定在部分高校开展基础学科招生改革试点，重点聚焦高端芯片与软件、智能科技、新材料、先进制造和国家安全等关键领域以及国家人才紧缺的人文社会科学领域。三是高校的科技成果和社会服务为产业升级以及高铁、光伏、数控等领域提供了关键技术支撑。2016 年至 2019 年，高校服务产业、企业和社会需求获得的横向科研经费总额超过 2147 亿元。2019 年，全国高校签订技术转让合同 13918项，比 2016 年增长 45.1%；合同总金额 67.5 亿元，比 2016 年增长

34.3%。①2020 年以来，面对新冠肺炎疫情，高校快速响应，重点围绕检测试剂、药物研发、疫苗研制等方面开展紧急攻关，取得了阶段性的成果，为疫情防控作出了贡献。四是围绕国际科技开放合作，"十三五"期间，高校深层次国际合作广泛开展，更多高校积极开展高水平国际科技合作平台建设、参与国际大科学计划、服务"一带一路"倡议，走出国门，深度参与全球科技治理。培育复旦大学"人类表型组国际大科学计划"、中山大学"天琴国际大科学计划"、中国地质大学（北京）"全球地球深部探测计划"等国际大科学计划和大科学工程，进一步凝聚国际共识，为世界科技创新发展贡献中国智慧和中国方案。

职业教育服务经济社会发展能力得到新提升。党的十八大以来，尤其是 2019 年国务院颁布《国家职业教育改革实施方案》以来，我国职业教育改革发展走上提质培优、增值赋能的快车道，服务经济社会发展能力得到新提升。一是在服务国家战略上，全国职业学校基本覆盖了国民经济各个领域。在现代制造业、战略性新兴产业和现代服务业等领域，职业教育社会认可度显著提升。制定实施了《制造业人才发展规划指南》，加快培养制造业紧缺人才。二是在服务区域发展上，实施职业教育东西协作行动计划，推进"东西职业院校协作全覆盖、东西中职招生协作兜底、职业院校全面参与东西劳务协作"三大行动。累计投入帮扶资金设备超过 18 亿元，共建专业点 683 个、实训基地 338 个、分校（教学点）63 个，共同组建职教集团（联盟）99 个，就业技能培训 14 万余人，岗位技

---

① 《"十三五"高等教育取得突破性进展》，《中国教育报》2020 年 12 月 4 日第 1 版。

能提升培训 16 万余人，创业培训 2.3 万余人。三是在服务脱贫攻坚上，职业院校 70% 以上的学生都来自农村，中职免学费、助学金覆盖率已经分别超过 90% 和 40%，高职奖学金、助学金分别覆盖近 30% 和 25% 以上的学生，千万家庭通过职业教育实现了拥有第一代大学生的梦想。"职教一人，就业一人，脱贫一家"成为阻断贫困代际传递见效最快的方式。四是在向产业、企业开放上，目前已培育 800 多家产教融合型企业、试点建设 21 个产教融合型城市，构建了以城市为节点、行业为支点、企业为重点的产教融合新模式。成立 1500 个职业教育集团，3 万多家企业参与职业教育，确定 150 家示范性职业教育集团（联盟）培育单位，组建 56 个行业职业教育教学指导委员会，发布近 60 个行业人才需求预测与专业设置指导报告。五是在向世界开放上，与 70 多个国家和国际组织建立了稳定联系，有 400 余所高职院校与国外办学机构开展合作办学。①

（七）以师德师风建设为核心加强教师队伍建设

"十三五"期间，教师队伍建设以习近平总书记关于教育的重要论述特别是关于教师工作的重要指示精神为指引，以新中国成立以来党中央出台的第一个专门面向教师队伍建设的重要政策文件——《中共中央国务院关于全面深化新时代教师队伍建设改革的意见》为统领，队伍素质不断提升，结构不断优化，规模不断扩大，由"十二五"末期的 1539 万人增长至 2020 年年底的 1732 万

---

① 《我国职业教育迈入高质量发展新阶段》，《人民日报》2020 年 12 月 9 日第 14 版。

人，增长 12.5%①，有力支撑起世界上最大规模的教育体系。

一是构建了新时代教师队伍建设的"四梁八柱"。实施教师教育振兴行动计划，部署开展教师教育五项重点任务和十大行动任务，完善师范生公费教育政策，初步形成了中国特色教师教育体系。明确新时代大中小幼教师职业行为十项准则，加强和改进新时代师德师风建设，建立教职员工准入查询性侵违法犯罪信息制度，全面建立了覆盖大中小幼的师德规范体系和违规行为处理制度机制。做好脱贫攻坚与全面实施乡村振兴战略有效衔接，出台新时代乡村教师队伍建设文件，激发教师奉献乡村教育的内生动力，"下不去、留不住、教不好"问题得到显著缓解。谋划教师队伍建设改革，印发《教育部关于深化高校教师考核评价制度改革的指导意见》，进一步挖潜创新，加强中小学教职工管理有关政策，深化中等职业学校教师职称制度改革，教师发展环境不断优化，"放管服"改革持续深化。

二是夯实了新时代教师队伍建设的基础地位。在质量保障上，2019 年《职业技术师范教育专业认证标准》与《特殊教育专业认证标准》一并发布，标志着三级五类师范专业认证标准体系正式建立。改革实施"国培计划"，聚焦乡村教师特别是"三区三州"等深度贫困地区乡村教师的培训。在提升层次上，实施卓越教师培养计划 2.0，推动完善地方政府、高等学校、中小学"三位一体"协同育人机制。加大师范教育支持力度，中央高校师范生和公费师范生生均拨款标准分别提高 3000 元和 5000 元。实施职业院校教师素质提高计划，遴选首批国家级教师教学创新团队立项培育建设单

---

① 《亮眼数据勾勒出教育格局性变化》，《光明日报》2020 年 12 月 2 日第 8 版。

位，公布首批全国职业教育教师企业实践基地。在创新融合上，实施人工智能助推教师队伍建设行动试点工作，实施信息技术能力提升工程2.0，引导教师积极探索新时代教育教学方法。会同中组部出台《中小学校领导人员管理暂行办法》，鼓励领导人员在实践中大胆探索创新，形成教学特色和办学风格。

三是增强了新时代教师队伍建设的改革发展活力。在完善教师资格制度方面，大部分省份参加中小学教师资格考试与定期注册制度改革试点，新增信息技术、心理健康教育等考试科目，出台港澳台居民申请中小学教师资格政策。2020年实施"先上岗、再考证"阶段性政策措施，全力做好应对疫情稳就业工作。在精准实施各类支教项目方面，通过"特岗计划"、中小学银龄讲学计划、边远贫困地区边疆民族地区和革命老区人才支持计划教师专项计划、援藏援疆万名教师支教计划等，为贫困地区输送了大量优质师资力量。其中，针对农村义务教育阶段学校教师推出的"特岗计划"，截至2020年11月，中央财政累计投入资金710亿元，累计招聘95万名特岗教师，覆盖中西部省份1000多个县、3万多所农村学校。[①]在职称评聘上，健全职称层级设置，中小学教师、中等职业学校教师职称均新设置到正高级，畅通了职业发展通道；完善评价标准，坚持品德、能力和业绩导向；创新评价机制，建立以同行专家评审为基础的业内评价机制，并下放评审权限，积极培育学校自主评审能力。推进县域内义务教育学校校长教师交流轮岗，启动"县管校聘"管理改革。在加强师德师风建设上，2018年11月，教育

---

① 《"十三五"以来我国教师队伍建设成就斐然》，《人民日报》2020年11月27日第1版。

部印发了新时代高校、中小学、幼儿园教师职业行为十项准则相关文件。2019 年 11 月，教育部等七部门印发《关于加强和改进新时代师德师风建设的意见》，从国家层面构建起了规范教师职业行为与指导师德师风建设整体工作相结合的新时代师德师风建设制度体系，进一步健全了师德师风建设长效机制。

四是提升了教师的地位待遇。在教师工资保障方面，会同中央教育工作领导小组秘书组秘书局、国务院教育督导委员会等部门，持续推动各地落实义务教育教师工资收入水平不低于当地公务员平均收入水平。乡村教师的待遇明显改善，近 5 年来，中央财政安排乡村教师生活补助奖补资金 207.74 亿元，惠及中西部 725 个县 8 万多所学校近 130 万名教师。① 在健全教师荣誉表彰制度方面，以教师节宣传庆祝活动为契机，连续开展全国教书育人楷模、寻找最美教师、全国模范教师和优秀教师评选表彰等活动，"人民教育家""时代楷模""全国优秀教师""全国模范教师""全国教育系统先进集体"等一大批优秀杰出教师和先进教育组织相继涌现。在营造教育教学环境方面，出台《关于减轻中小学教师负担　进一步营造教育教学良好环境的若干意见》，全面减轻中小学教师非教学任务负担，为教师安心、静心、舒心从教创造更加良好的氛围。

（八）办好人民满意的公平而有质量的教育

全面建成小康社会、坚持以人民为中心发展教育，要求办好公平而有质量的教育。党的十九大以来，我国教育发展开始注重从量

---

① 《"十三五"以来我国教师队伍建设成就斐然》，《人民日报》2020 年 11 月 27 日第 1 版。

的增长到质的提升的转变，在大力推进教育公平、不断推进教育的内涵发展上取得重要成就，人民群众对教育的满意度、获得感不断提升。

　　基本形成惠及全民的公平教育。党的十九大以来，教育基本公共服务均等化稳步推进，教育公平在我国各级各类教育中取得了重要进展。一是学前教育"入园难""入园贵"问题得到有效缓解。自 2018 年中共中央、国务院发布《关于学前教育深化改革规范发展的若干意见》后，"公益普惠"成为制定学前教育政策的逻辑起点。2019 年年初，国务院办公厅印发《关于开展城镇小区配套幼儿园治理工作的通知》，聚焦小区配套幼儿园规划、建设、移交、举办等环节存在的突出问题，"一园一案"开展治理，推动进一步扩大普惠性学前资源。到 2019 年，我国学前教育毛入园率比 2013 年提升了 15.9 个百分点。[①] 二是义务教育从基本均衡向优质均衡全面迈进。据统计，党的十八届三中全会以来，我国实施"全面改薄"工程，推进农村学校"厕所革命"，全面加强两类学校（乡村小规模学校和乡镇寄宿制学校）建设，落实学校建设、教师编制、生均公用经费、基本装备标准"四统一"，99.8% 的义务教育学校办学条件达到"20 条底线"要求，截至 2019 年年底，95.3% 的县（市、区）实现义务教育基本均衡发展。这表明我国义务教育从基本均衡向优质均衡全面迈进，实现了历史性跨越。[②] 三是高等教育迈入普及化阶段。高等教育毛入学率不断提升，由 2015 年的 40% 提升至 2019 年的 51.6%，在学总人数达到 4002 万，已建成世界上

---

① 《更好的教育惠及更多的孩子——党的十八届三中全会以来教育领域综合改革成就述评之三》，《中国教育报》2020 年 11 月 13 日第 1 版。

② 同①。

规模最大的高等教育体系。① 研究型、应用型等各类高校各安其位各展所长，学科专业结构不断优化，高等教育多样化发展体系正在形成。中西部高等教育实力不断增强。持续实施中西部高等教育振兴计划，中西部高校人才培养、师资队伍、服务能力、管理水平显著提升。四是特殊群体保障机制持续完善。2020 年，85.8% 的进城务工人员随迁子女在公办学校就读或享受政府购买的学位服务，落实进城务工人员随迁子女在当地升学考试政策，2020 年有 25.6 万名进城务工人员随迁子女在流入地参加高考。扩大残疾人受教育机会，适龄残疾儿童义务教育入学率接近 93%。已实现学生资助政策体系"三个全覆盖"，即学前教育、义务教育、高中阶段教育、本专科教育和研究生教育所有学段全覆盖，公办民办学校全覆盖，家庭经济困难学生全覆盖。2019 年全国受助学生达 10590.79 万人次，资助金额达 2126 亿元。深入实施农村义务教育学生营养改善计划，计划覆盖 29 个省份 1762 个县，受益学生达 4060.82 万人。② 五是教育精准扶贫取得实际效果。2019 年，《关于打赢脱贫攻坚战进一步做好农村义务教育有关工作的通知》《关于解决建档立卡贫困家庭适龄子女义务教育有保障突出问题的工作方案》等聚焦扶贫扶智的文件先后出台。教育部确定了 374 个控辍保学重点监测县，一县一案制定控辍保学工作方案，强力推进控辍保学，辍学人数大幅下降，其中全国建档立卡贫困家庭义务教育阶段辍学学生已从 2018 年的近 20 万人下降到 1.1 万人。教育部门通过"特岗计划"、教师

---

① 《建成世界规模最大高等教育体系，服务经济社会能力显著提升——"十三五"高等教育取得突破性进展》，《中国教育报》2020 年 12 月 4 日第 1 版。

② 《办好人民满意的教育》，《人民日报》2020 年 11 月 11 日第 7 版。

支教、银龄讲学等项目，共向农村贫困地区输送教师 10 多万名，一大批第一书记、挂职干部从机关和学校奔赴扶贫第一线，坚守和奉献在扶贫战场。① 六是疫情期间实施在线教学，保障贫困地区学生受教育权。面对突如其来的疫情，教育部指导国家中小学网络云平台和中国教育电视台开展空中课堂网上教学，支持湖北、武汉和"三区三州"等地。空中课堂每天滚动播放 14 小时，覆盖偏远贫困地区用户 1.4 亿，总覆盖人口超过 10 亿，确保疫情期间成功实现大规模"停课不停教不停学"，有力保障了贫困地区学生的受教育权。②

　　不断实现教育内涵式发展。我国教育正加速从"有学上"向"上好学"转变，进入"以提高质量和效益为中心"的内涵发展新阶段。一是强化顶层设计，为提升教育质量保驾护航。党的十九大以来，国家先后颁布了一系列聚焦提高教育质量的文件。例如：2019 年 1 月，国务院印发《国家职业教育改革实施方案》，大力推进职业院校高质量发展；2019 年 2 月，《中国教育现代化 2035》及《加快推进教育现代化实施方案（2018—2022 年）》发布，明确教育现代化是教育普及、教育质量、教育公平、教育结构等方面整体水平的提升；2019 年 6 月，中共中央、国务院印发《关于深化教育教学改革全面提高义务教育质量的意见》，发出了加快推动我国义务教育高质量发展的动员令；2020 年，中共中央、国务院印发的《深化新时代教育评价改革总体方案》提出"改进结果评价，强化过程评价，探索增值评价，健全综合评价"的评价思路，针对不

---

① 《开拓奋进　增强人民群众获得感——2019 年教育改革发展取得新进展》，《中国教育报》2020 年 1 月 12 日第 2 版。

② 教育部党组：《在疫情大考中交出合格教育答卷》，《旗帜》2020 年第 5 期。

同主体和不同学段、不同类型教育的特点进行分类评价，为破除"五唯"顽瘴痼疾、引导和促进学生全面发展、提高教育质量，提供了基本遵循。二是各级各类教育转向内涵提升。基础教育质量不断提升，学生的阅读、数学与科学素养水平处于全球前列。经济合作与发展组织（OECD）公布了2018年国际学生评估项目测试结果，在全部79个参测国家和地区中，我国北京、上海、江苏、浙江四省市作为一个整体，取得3项科目（阅读、数学、科学）全部第一名的成绩。课程教学改革得到全面深化。全国基础教育教学工作会议召开，成立教育部基础教育教学指导委员会，全面加强教学改革工作部署与指导。认真组织实施新课程新教材，义务教育道德与法治、语文和历史三科统编教材已全面投入使用，普通高中新课程新教材已在20个省份投入使用。信息技术与教育教学深度融合，大力推进"教育＋互联网"，深入实施"一师一优课、一课一名师"项目，积极推进融合信息技术的新型教与学模式变革，拓展了课堂教学空间，促进了优质教学资源共享。更好地服务农村地区开齐开足课程、提高教学质量，缩小教育差距。高等教育质量取得长足进步。2018年我国发布首个本科专业类教学质量国家标准，出台"新时代高教40条"，2019年实施"六卓越一拔尖"计划2.0，"强基计划"开局良好，高校本科阶段"双万计划"、高校科研领域"珠峰计划"等顺利开展，"四个回归"理念得到普遍认同。推出慕课建设中国方案、中国标准，遴选建设五大类国家级一流课程。聚焦未来革命性、颠覆性技术人才需求，建设新工科、新医科、新农科、新文科示范性本科专业，引领带动高校优化专业结构，促进专业建设质量提升，推动形成高水平人才培养体系，在全国高校掀起一场"质量革命"。高校改革创新人才培养模式工作持续推进。

2018年，高校打破第一课堂与第二课堂间的壁垒，将社会课堂、虚拟课堂引入传统的课堂教学，实现理论与实践相互融合。高校积极开展创新创业教育，持续深化科教融合，推动创新创业教育融入人才培养全过程。高等教育质量保障体系逐步健全，政府完善质量标准，强化外部教育教学评估；高校内修教学督导、专项评估、常态监测，质量文化得到培育，提高学生培养质量成为主旋律。职业教育迈入提质培优、增值赋能的高质量发展新阶段。在制度标准上，建立了国务院职业教育工作部际联席会议制度，形成了各部门之间、中央与地方之间协同发展职业教育的合力；《中华人民共和国职业教育法》修订工作取得了实质性进展；制定《中等职业学校德育大纲》《中等职业学校学生公约》，规范德育工作；进一步完善了"五位一体"的职业教育国家教学标准体系；启动实施了"中国特色高水平高职学校和高水平专业建设计划"、高水平实训基地等重大项目的建设。在协同育人上，坚持校企合作、工学结合，强化教学、学习、实训相融合的教育教学活动；推行项目教学、案例教学、工作过程导向教学等教学模式；开展现代学徒制试点，健全企业参与制度，发挥企业重要办学主体作用。在"三教"（教师、教法、教材）改革上，连续举办了全国职业院校技能大赛教学能力比赛，强化教师教学能力建设；推广线上线下混合式教学，建设职业教育国家专业教学资源库。

新时代的教育方针指引着中国教育现代化新征程，我们要办好人民满意的教育，促进教育事业蓬勃兴旺发展，点亮亿万人民的追梦之路，为早日建成教育强国、实现中华民族的伟大复兴而砥砺前行、努力奋斗！

结　语

中国共产党成立一百年来，披荆斩棘、艰苦奋斗，在党的教育方针指引下，中国教育发生了前所未有的历史性巨变，取得了举世瞩目的辉煌成就。

党的教育方针是党的理论和路线方针政策在教育领域的集中体现，在教育事业发展中具有根本性地位和作用。中国特色社会主义进入新时代，党的教育方针得到了进一步深化和发展。2020年，党的十九届五中全会召开，以习近平同志为核心的党中央站在"两个一百年"历史交汇点上，统揽中华民族伟大复兴战略全局和世界百年未有之大变局，擘画了"十四五"到2035年发展蓝图，为在全面建成小康社会基础上乘势而上建设社会主义现代化强国指明了方向、提供了遵循。面对新形势、新阶段、新理念、新格局、新目标、新要求，习近平总书记在全国教育大会、学校思想政治理论课教师座谈会等会议上发表重要讲话，多次赴清华大学等各级各类学校考察调研，作出重要指示批示，对新时代全面贯彻党的教育方针提出明确要求，将劳动教育纳入培养社会主义建设者和接班人的要求中，提出"德智体美劳全面发展"的总体要求。2021年4月，第十三届全国人大常委会第二十八次会议通过的《中华人民共和国教育法》提出"教育必须为社会主义现代化建设服务、为人民服务，必须与生产劳动和社会实践相结合，培养德智体美劳全面发展的社会主义建设者和接班人"①，将党的教育方针落实为国家法律规范。2021 年 5 月，中央教育工作领导小组印发《关于深入学习宣传贯彻党的教育方针的通知》，就作好党的教育方针学习宣传和贯彻落实工作作出部署安排。

一、全面贯彻落实党的教育方针

习近平总书记在 2018 年全国教育大会上站在坚持和发展中国特色社会主义的战略高度，把党的教育工作的理论创新和实践创新概括为"九个坚持"，即"坚持党对教育事业的全面领导，坚持把立德树人作为根本任务，坚持优先发展教育事业，坚持社会主义办学方向，坚持扎根中国大地办教育，坚持以人民为中心发展教育，坚持深化教育改革创新，坚持把服务中华民族伟大复兴作为教育的重要使命，坚持把教师队伍建设作为基础工作"②。要确保新时代党的教育方针落地生根，就必须深刻领会"九个坚持"的科学内涵和精神实质，切实增强"四个意识"，坚定"四个自信"，坚决做到"两个维护"，紧紧围绕统筹推进"五位一体"总体布局和协调推进"四个全面"战略布局，立足基本国情，遵循教育规律，坚持改革创新，以凝聚人心、完善人格、开发人力、培育人才、造福人民为工作目标，培养德智体美劳全面发展的社会主义建设者和接班人，

---

① 《中华人民共和国教育法》，中国法制出版社 2021 年版，第 7 页。

② 习近平：《坚持中国特色社会主义教育发展道路 培养德智体美劳全面发展的社会主义建设者和接班人》，人民日报 2018 年 9 月 11 日第 1 版。

培养一代又一代拥护中国共产党领导和社会主义制度、立志为中国特色社会主义事业奋斗终身的有用人才，加快推进教育现代化，建设教育强国，办好人民满意的教育。

二、持续推进马克思主义教育理论中国化

按照习近平总书记在党的十九大报告中提出的坚持以人民为中心的发展理念，不断促进人的全面发展，进一步加强对党的教育方针理论问题的研究，深入领会其科学内涵、核心要义和精神实质，持续推进马克思主义教育理论中国化。一百年来，党的教育方针，理念不断创新、内涵不断丰富、体系更加完善，核心要义始终围绕着培养什么人、怎样培养人、为谁培养人三个核心议题，深刻阐释了不同时期教育事业的指导思想、发展理念、方向道路、本质特征、根本宗旨、发展动力、战略任务、有效途径等诸多理论命题，提升了马克思主义教育理论中国化的境界。

党的教育方针规定了"培养什么人"的核心内涵。中国特色社会主义进入新时代，强调"立德树人""教劳结合""五育并举"，培养"德智体美劳全面发展的社会主义建设者和接班人"，"美育"与"劳动教育"被明确写入人才培养的内涵之中。其核心要义和精髓都是强调人才培养的社会属性和社会主义价值取向，都是对"培养什么人"问题的积极回应，体现了党领导教育事业的不变初心和坚定信心。

党的教育方针决定"怎样培养人"的实践路径。十八大以后，进一步强调教育与生产劳动和社会实践相结合。2017年，党的

十九大报告突出强调落实立德树人根本任务、五育并举等教育实践路径，回答了新时代"怎样培养人"这一重大理论问题。

党的教育方针规定了"为谁培养人"的服务方向。2012年11月，党的十八大提出"教育为社会主义现代化建设服务，为人民服务"。2019年3月18日，习近平总书记主持召开学校思想政治理论课教师座谈会，强调"四个服务"，即"坚持教育为人民服务，为中国共产党治国理政服务，为巩固和发展中国特色社会主义制度服务，为改革开放和社会主义现代化建设服务"，这为新时代回答"为谁培养人"提供了价值指引和基本遵循。

三、深入落实立德树人根本任务

首先，完善立德树人系统化落实机制，建立全员全方位育人的运行体系。将党的教育方针有效融入行政管理、办学治校和教育教学全过程，建立党政协同、全员育人、全过程育人、全方位育人的工作体系和运行顺畅的工作机制。加强教师思想理论教育，准确把握学生的思想动态和诉求，把立德树人和全面发展落实到课堂、落实到社会实践，培养学生的爱国精神、社会责任感、创新精神、实践能力等，形成全校上下齐心协力、通力合作、优势互补、协同育人的整体效应。

其次，全面加强学校思想政治教育工作，把立德树人融入思想道德教育、文化知识教育、社会实践教育各环节。进一步加强学校思想政治课专职教师队伍建设，深化学校思想政治理论课改革创新，统筹推进大中小学思想政治课一体化建设，增强学生文明素养、社会责任意识、实践本领、创新精神、法治观念，培养德智体美劳全面发展的社会主义建设者和接班人。

最后，全面深化教育评价改革，树立以德为先的评价理念。引导确立科学的育人目标，确保教育正确发展方向，改变单一化、工具化、功利化的教育评价方式。加快完善各级各类学校评价标准，落实党的全面领导、坚持正确办学方向，健全学校内部质量保障制度，坚决克服重智育轻德育、重分数轻素质等片面办学行为，促进学生身心健康、全面发展。

四、扎实推进高质量教育体系建设

首先，深入理解习近平总书记关于教育的重要论述，对标党的教育方针深入落实立德树人根本任务。要按照党的教育方针总体部署，把牢政治方向，坚定社会主义办学方向，不断增强贯彻落实新时代党的教育方针的自觉性和坚定性。

其次，构建德智体美劳全面培养的教育体系，形成更高水平的人才培养模式。要聚焦办好人民满意的教育，推动各级教育高水平高质量普及，坚持把促进公平作为国家基本教育政策，健全基本公共教育资源均衡配置机制，逐步缩小区域、城乡、校际差距，让教育改革发展成果更多更公平惠及全体人民。要立足基本国情完善全民终身学习体系，建设学习型社会。要统筹推进一流大学和一流学科建设，构建一流大学体系，围绕技能型社会建设加快构建现代职业教育体系，深化产教融合、校企合作，不断优化高等教育和职业教育学科专业结构、人才培养结构，促进教育链、人才链与产业链、创新链有机衔接，更好地服务和支撑高质量发展需要。要着力夯实教育优先发展的保障体系，强化教育发展的基础支撑和条件保障。健全学校家庭社会协同育人机制，坚持教育投入稳定增长的长效机制，加强高素质专业化创新型教师队伍建设。

最后，推进教育治理体系和治理能力现代化，提高教育法治化水平。贯彻落实党的十九大及十九大以来历次中央全会精神，推进教育治理体系和治理能力现代化，加快教育立法进程，提升政府教育管理服务水平，健全教育法律实施和监管机制，完善教育督导体制机制，提高学校自主管理和治理能力，为建设教育强国和人力资源强国提供有力的法律保障。

抚今追昔，放眼未来。纵观百年发展历程，教育方针是我国整个教育事业发展与改革的指导思想、价值遵循、根本要求、战略原则和行动纲领，在一百年新起点上领航新时代中国教育行稳致远，引领我们迈向建设教育强国、高质量教育体系之路，为建设社会主义现代化强国、实现中华民族伟大复兴中国梦作出新的卓越贡献！

主要参考文献

《毛泽东选集》第一、二、三、四卷，人民出版社 1991 年版。

《毛泽东文集》第一至八卷，人民出版社 1999 年版。

《邓小平文选》第一、二卷，人民出版社 1994 年版。

《邓小平文选》第三卷，人民出版社 1993 年版。

《邓小平文集》上、中、下卷，人民出版社 2014 年版。

《江泽民文选》第一、二、三卷，人民出版社 2006 年版。

《胡锦涛文选》第一、二、三卷，人民出版社 2016 年版。

《习近平谈治国理政》第一卷，外文出版社 2014 年版。

《习近平谈治国理政》第二卷，外文出版社 2017 年版。

《习近平谈治国理政》第三卷，外文出版社 2020 年版。

《决胜全面建成小康社会 夺取新时代中国特色社会主义伟大胜利——在中国共产党第十九次全国代表大会上的报告》，人民出版社 2017 年版。

《在全国脱贫攻坚总结表彰大会上的讲话》，人民出版社 2021 年版。

习近平：《辩证唯物主义是中国共产党人的世界观和方法论》，《求是》2019 年第 1 期。

《用新时代中国特色社会主义思想铸魂育人　贯彻党的教育方针落实立德树人根本任务》，《人民日报》2019 年 3 月 19 日第 1 版。

《把保障人民健康放在优先发展的战略位置　着力构建优质均衡的基本公共教育服务体系》，《新华日报》2021 年 3 月 7 日第 1 版。

孙春兰：《深入学习贯彻习近平总书记关于教育的重要论述　奋力开创新时代教育工作新局面》，《求是》2018 年第 19 期。

孙春兰：《唱响新时代爱国团结跟党走的青春之歌——在中华全国青联十三届全委会和全国学联二十七大上的致词》，《人民日报》2020 年 8 月 18 日第 6 版。

孙春兰：《为实现中华民族伟大复兴的中国梦时刻准备着——在中国少年先锋队第八次全国代表大会上的致词》，《人民日报》2020 年 7 月 24 日第 6 版。

陈宝生：《五年来学生资助工作成效显著》，《人民日报》2017 年 9 月 29 日第 17 版。

陈宝生：《建设高质量教育体系》，《光明日报》2020 年 11 月 10 日第 13 版。

陈宝生：《乘势而上　狠抓落实　加快建设高质量教育体系——在 2021 年全国教育工作会议上的讲话》，《中国教育报》2021 年 2 月 5 日第 1 版。

中共中央党史研究室著：《中国共产党的九十年》，中共党史出版社、党建读物出版社 2016 年版。

中共中央党史研究室著：《中国共产党历史》第一卷（1921—1949），中共党史出版社 2011 年版。

中共中央党史研究室著：《中国共产党历史》第二卷（1949—

1978），中共党史出版社 2011 年版。

《中国共产党简史》编写组编著：《中国共产党简史》，人民出版社、中共党史出版社 2021 年版。

王铁著：《中国教育方针的研究——新民主主义教育方针的理论与实践》上册，教育科学出版社 1982 年版。

王铁著：《中国教育方针的研究 —— 社会主义教育方针的理论与实践》中册，教育科学出版社 1999 年版。

董纯才主编：《中国革命根据地教育史》第一、二卷，教育科学出版社 1991 年版。

董纯才主编：《中国革命根据地教育史》第三卷，教育科学出版社 1993 年版。

何东昌主编：《中华人民共和国重要教育文献（1949—1975）》，海南出版社 1998 年版。

何东昌主编：《中华人民共和国重要教育文献（1976—1990）》，海南出版社 1998 年版。

何东昌主编：《中华人民共和国重要教育文献（1991—1997）》，海南出版社 1998 年版。

何东昌主编：《中华人民共和国重要教育文献（1998—2002）》，海南出版社 2003 年版。

何东昌主编：《中华人民共和国重要教育文献（2003～2008）》，新世界出版社 2010 年版。

何东昌主编：《中华人民共和国教育史》，海南出版社 2007 年版。

郝维谦、龙正中主编：《高等教育史》，海南出版社 2000 年版。

卓晴君、李仲汉著:《中小学教育史》,海南出版社 2000 年版。

方晓东主编:《中华人民共和国教育 60 年》,湖北教育出版社 2009 年版。

张烁:《坚持中国特色社会主义教育发展道路 培养德智体美劳全面发展的社会主义建设者和接班人》,人民日报 2018 年 9 月 11 日第 1 版。

后 记

　　"中国共产党教育方针百年历史研究"是中国教育科学研究院公益金 2020 年重大研究项目，由院领导牵头，中国教育科学研究院教育理论研究所组织院内外相关领域专家承担具体研究任务。

　　中国教育科学研究院的前身中央研究院中国教育研究室于 1941 年诞生在革命圣地延安，是由中国共产党亲自创建的教育科学研究机构。自成立以来，就以中国共产党教育史、中国革命根据地教育史、中华人民共和国教育史、中国共产党教育大事记、党和国家领导人教育思想为主要研究领域，有着长期深厚的积累和丰硕的研究成果，在学术界享有盛誉，为党和国家制定教育政策提供过重要的参考建议。在中国共产党成立 100 周年之际，深入研究党的教育方针百年发展脉络、理论内涵与历史经验，是我们义不容辞的历史重任和学术使命。

　　全书的编写，由崔保师院长、殷长春书记全面领导，崔保师院长负责总体策划并对研究框架进行具体指导，吴安春、徐卫红、王晓燕具体执行，教育理论研究所全体研究人员及院外专家参与研究工作。本书撰写的具体分工为：导论，储朝晖、郭元婕、徐卫红；第一章，徐卫红、王晓燕；第二章，姚宏杰；第三章，王晓燕、程方平、傅海燕、王涛；第四章，徐卫红、程方平、王军、高正亮；

第五章，刘巧利、黄晓磊、杨阳；第六章，李洋；第七章、第八章，金紫薇、陈金芳、杨志娟；结语，吴安春、王晓燕、万作芳。吴安春、徐卫红负责全书的统稿工作。高宝立、邓友超、王小飞、毕诚、刘正伟、宋荐戈负责审稿工作。

本书作为"中国共产党百年教育史研究丛书"之一，在编写过程中，得到了中共中央党史和文献研究院原副院长吴德刚同志的悉心关怀和全面指导。中共中央党史和文献研究院第七研究部对书稿提出了审核意见。原中央教育科学研究所所长卓晴君同志、清华大学原副校长谢维和教授、中国教育报刊社社长翟博同志、中共中央党史和文献研究院科研规划部副主任胡长栓同志对本书提出了宝贵的意见。本书的编写还得到了教育科学出版社的大力支持。

受时间、资料和我们的水平所限，有些问题还有待进一步探讨。书中疏漏之处，敬请读者不吝赐教。

本书编写组

2021 年 6 月